돈오입도요문론

깨달음의 혁명성과 일상성

대주혜해선사 술 · 학담 연의

큰수레총서 4 * 대중선 첫째권

돈오입도요문론

깨달음의 혁명성과 일상성

대주혜해선사 술 · 학담 연의

큰수레

증보판머리글

1 90년대 초 발간한 대주혜해선사의 『돈오입도요문론』 강의를 '깨달음의 혁명성과 일상성'이라는 부제를 붙여 다시 간행한다. 부제에서 '일상성'이란 일상 현실의 인과적 세계를 말하는 것으로, 경전에서 다섯 쌓임〔五蘊〕, 열두 들이는 곳〔十二處〕, 열여덟 존재의 영역〔十八界〕으로 표현된 세속제〔俗諦〕의 영역을 말한다.

불교는 세속제의 현실인과세계 그 실상을 깨달아 자재해탈을 이루게 하는 실천적 가르침이다. 깨달음의 혁명성은 곧 현실인과가 인과 아닌 인과임을 깨달아, 인과의 필연적 굴레로부터 곧바로 놓여나 인과를 창조적으로 굴려 씀을 말한다. 깨달음은 경전에서 진제(眞諦)로 표현되지만, 그 진제는 진제인 진제가 아니라 속제인 진제이다.

그러므로 '깨달음의 혁명성과 일상성'이라는 본서의 부제는 불교의 단박 깨침〔頓悟〕이 일상 인과적 세계에서 출발해 인과의 세계에로 돌아옴을 뜻하고 있다.

다만 중생의 미혹과 깨달음의 차별은, 인과의 실상을 깨치지 못하고 인과의 굴레에 묶여 사느냐, 인과가 공한 실상을 알아 인과를 온통 깨달음인 인과로 쓰느냐의 문제일 뿐이다.

이를 『법화경』 「방편품」에서는 '인과적 점진성이 있는 세간법이 자기 법 자리를 떠나지 않고, 세간법이 늘 머물러 생겨나지 않고 사라지지 않는다〔是法住法位 世間相常住〕'고 말한다. 이런 법화의 뜻으로 보면, 깨달으면 인과의 영역 밖 절대 신비의 장에 돌아간다고 말하는 돈오론자들이 실은 돈오(頓悟)의 뜻을 모르는 것이다.

지금 한국불교 선가의 많은 이들이 이처럼 불교의 돈오가 점차적 인과의 세계에서 출발하여 점차적 인과의 세계에 복귀하는 깨달음인 줄 모르고 '점차'라는 언어에 극단의 혐오감을 갖고, 오히려 점차적 수증을 거쳐 점차가 끊어진 절대의 무심(無心)을 얻어, 닦을 것 없는 경지에 돌아간다고 말한다.

이러한 실천관은 끊어야 할 점차적 인과의 세계가 있고 얻어야 할 절대의 영역이 모두 있으므로 끊는 것이 있고 얻을 것이 있는 수행이다.

참된 돈오란 인과의 세속제가 나되 남이 없고 사라지되 사라짐 없음을 통달하여 온통 닦음이 곧 성품이 되고〔全修卽性〕, 성품이 온통 닦음을 일으키므로〔全性起修〕 닦음 밖에 얻을 성품이 없고 성품 밖에 끊고 얻어야 할 닦음의 인과가 없는 것이다.

무엇이 옳은가 한 번 깊이 살펴볼 일이다.

2 중국 선종사에서 북종(北宗)의 점수문(漸修門)을 비판하여 돈오선문을 달마선종의 정통으로 세워, 선종(禪宗)을 하나의 종파로 수립한 이는 하택신회선사(荷澤神會禪師)이다.

그런데도 한국불교는 하택선사를 점수론자라고 비판하고 하택의 선관과는 다른 돈오선문이 조사선의 정통으로 존재하는 것처럼 말하고 있다.

그리고 그러한 조사선의 정통적 돈오선이 마치 대주혜해선사에 의해 크게 제창된 것처럼 설명한다.

그러나 대주선사의 『돈오입도요문론』을 읽어보면, 거의 요즈음 말로 표절이라 할 정도로 대주의 어록은 하택의 법문을 그대로 채택하고 있다.

한국불교 선류(禪流)들과 선문(禪門)의 종장(宗匠)들은 이에 대한 답변을 할 수 있어야 한다.

또한 그러기 위해서는 규봉종밀선사(圭峯宗密禪師)나 보조지눌선사(普照知訥禪師)에 의해 해석되고, 근래 조사선 지상주의 선류들에 의해 해석된 하택선이 아닌 하택 자신의 선관(禪觀)을 엄밀히 읽을 수 있어야 한다.

본 『대주어록』의 재발간은 지금 우리 불교에서 돈오선의 새로운 제창을 위해 『하택어록』의 우리말 번역과 하택선에 대한 새로운 해석의 필요성을 동시에 제기하고 촉구하고 있는 셈이다.

하택에 관해서는 많은 선류들이 흔히들, 그는 해오론자(解悟論者)이고 선의 정통인 증오(證悟)를 보이지 못하고 있다고 말한다.

그러나 해오(解悟)의 강조가 증오(證悟)의 부정이 될 수 없으니, 바른 언교〔教〕를 들어서〔聞〕, 연기론적 세계관을 바로 이해〔解 : 思〕하는 것이 돈오선의 닦음〔修〕에 무슨 장애가 된다는 말인가.

오히려 연기론적 실천관에 투철하여 '닦을 것도 없고 닦지 않을 것도 없음'을 바로 해오한 뒤, 닦음 없는 닦음으로 법계지혜〔法界智〕를 현발하고 법계인 행〔法界行〕을 현발하는 것이, 선(禪)의 증오의 뜻에 철저한 것이고 연기론적 실천관에 부합된 것이다.

오히려 끊을 것이 있고 닦을 것 있는 닦음으로 구경의 무심〔究竟無心〕을 얻어 마친다고 주장하는 증오관(證悟觀), 이는 돈오선의 옷을 입은 '점차적 수증주의'일 뿐이다.

어찌 끊을 것이 있고 얻을 것이 있음이 '돈오돈수(頓悟頓修)'의 길일 것인가.

중국 명말 자백진가선사(紫栢眞可禪師)는 천태의 육즉위(六卽位)를 풀이하며, 여섯〔六〕은 물결이고 같음〔卽〕은 물이라고 하였으니, 물과 물결이 끝내 둘 없음을 알아 닦음과 닦지 않음을 모두 넘어선 실천이 돈오선의 길이 아닐 것인가.

미망과 번뇌의 중생이 이미 진리로서 법계와 다름없으니 무엇을 끊을 것이며, 여래의 성품에는 머물러야 할 성품이 없어 구경각이 온전히 중생의 음욕과 성냄 어리석음의 세계를 떠나지 않고, 법 이루고 법 깨뜨림의 현실세계를 떠나지 않으니, 무엇을 새로 얻었다 할 것인가.

고도 과학지식과 언어문자, 정보가 넘치는 이 시대의 풍조 속에서는 마땅히 지식과 언어문자를 써서 중생을 구제해야 할 것이니, 무슨 꺼려야 할 해오가 있으며 두려워할 언어문자의 모습이 어디 있는가.

이 시대가 고도지식사회, 언어문자, 정보가 넘치는 신문명사회라면, 이 세상의 풍조와 이 시대 중생의 병통을 따라 대치실단(對治悉檀)과 세계실단(世界悉檀)을 세워, 끝내 닦을 것 없고 얻을 것 없는 제일의실단(第一義悉檀)을 열어가야 하리라.

불기 2553년 5월 2일 부처님오신날
용성진종선사 유업계승도량
대승사 수자의삼매당에서
학담(鶴潭)

초판 머리글

대중선(大衆禪) 첫째 권으로 대주혜해선사의 『돈오입도요문론』을 간행한다. 본문은 89년 광주에서 청년대중에게 강의하면서 우리말로 옮긴 것을 다시 92년에 재수정한 것이다. 우리말로 옮기는 과정에서 기존 성철선사의 『돈오입도요문론』 법어집과 일본 선학자 히라노 소오쇼(平野宗淨)가 편집한 『돈오입도요문론』을 기본자료로 사용하였다. 문헌적인 고증이나 인용 경전의 출처에 대해서는 히라노 소오쇼의 연구성과에 그대로 따랐으며 내용해석에 있어서는 깨달음의 근본내용은 중도실상(中道實相)이라는 관점을 일관되게 지켜가고자 하였다.

다만 한국불교 선가의 가풍이 홍주 임제의 정통성을 미리 전제하고 있다 한다면, 필자는 대주의 『돈오입도요문론』을 임제종이라는 특화된 한 종파의 입장에서 기술하지 않고 달마와 천태, 하택과 홍주가 서로 어울리고 서로 부딪히는 선종사의 전체적 흐름 안에서 기술하고자 하였다.

초기 선종사의 성립 과정을 개관하는 데는 성본스님의 『中國禪宗의 成立史研究』에서 많은 도움을 받았다. 본서의 제1장은 돈오선과 선종사에 대한 필자의 기본 시각을 정리하여 실었고, 2장과 3장은 대주선사의 『돈오입도요문론』과 『제방문인참문록』을 싣고 그것을 우리말로 옮기고 풀이하였다. 기존 『돈오입도요문론』의 원문편제 가운데 43단과 44단, 45단이 내용상 맨 끝에 배치되는 것이 전체의 흐름에 부합되므로, 본서에서는 차례를 조금 바꿔 43단 '스스로를 구제함〔衆生自度〕'과 44단 '세상 사람들과 함께 하는 법〔共住法〕', 45단 '해탈의 삶을 노래로 보임'을 마지막 51단, 52단, 53단으로 바꾸었다.

본서를 해석하면서 필자가 가장 힘을 기울인 점은 이미 전문화되고 특정 종파화된 깨달음과 선(禪)을 불교실천의 기본적인 모습으로 밝혀내고 대중의 구체적인 삶과 역사 속에 다시 가져오는 것이었다. 그러한 작업을 필자는 '대중선(大衆禪)'이라는 말로 표현한다. 대중선은 깨달음〔悟〕과 행(行)의 이원화를 반대한다. 그리고 대중선은 깨달음과 선의 출발점이자 귀착처는 바로 허위의식과 괴로움에 빠져있는 대중의 삶 자체라는 기본 인식을 통해서 천명된다. 그것은 대중과 선을 기계적으로 결합하는 일이 아니라 선(禪)은 대중의 선이어야 하며 동시에 대중은 선적 휴식과 자각을 매개한 대중이어야 함을 뜻한다. 그러므로 선(禪)의 대중과 대중(大衆)의 선이 하나되는 곳에 대중선의 길은 있다 할 것이다.

깨달음을 자기 혼자만의 높은 경지로 구하고 보존하려는 선사가 대중이 없는 선(禪)의 길을 걷는 이라면, 번뇌와 질곡을 이길 실천의 무기가 없이 괴로움의 쳇바퀴를 따라가는 범부의 삶은 선(禪) 없는 대중의 모습일 것이다. 이제 대중선의 실천 속에 선과 대중의 하나됨, 깨달음과 역사의 하나됨이 열릴 것이다.

1993. 6. 1.
삼각산하 대승원 공부방에서
학담(鶴潭) 손모음

차 례

제3부 제방문인참문어록(諸方門人參問語錄) · 309

제1부

초기 선종사와 돈오입도요문론

1. 돈오선의 근본 입장
2. 대주혜해선사(大珠慧海禪師)와 『돈오입도요문론』
3. 초기선종사와 대주혜해선사
4. 선(禪)과 행(行)

1. 돈오선의 근본 입장

불교에서 연기(緣起)와 공(空)은 존재의 실상을 해명하는 언어이다. 그에 비해 초기불교에서 실답게 앎〔如實觀〕이나 선(禪)에서 깨달음〔悟, 覺〕은 존재의 실상을 한 생각에 곧바로〔一念直下〕 주체화하여 모든 얽매임과 가로막힘에서 바로 놓여나는 삶의 혁명적 전환을 뜻한다. 곧 연기·공·실상 등의 언어가 진리의 객관적 표현이라면 깨달음은 진리의 주체적 표현이다.

공함과 나 없음〔空, 無我〕이 있음과 어떤 것의 실체를 조금씩 줄이고 덜어서 도달할 수 없듯이, 깨달음은 중생의 허위의식과 환상을 줄이고 덜어서 얻어지지 않는다. 깨달음은 중생의 허위의식이 실체적으로 일어남이 없음〔無生〕을 단박 사무쳐 보는 데서 구현되고 나의 나 없음〔無我〕을 통달한 데서 발현되므로 깨달음의 본질은 원래 '혁명적'이고 '보편적'이다.

망념(妄念), 번뇌(煩惱)로 표현되는 중생의 허위의식과 환상은, 인연으로 일어나므로 꼭 그렇다 할 것이 없는 존재의 활동상을 고정된 것으로 붙들어 둠으로써 인간의식과 삶이 존재의 모습에 물들고 가로막힌 것을 뜻한다. 그러므로 허위의식의 해탈은 존재의 실체성과 존재의 닫혀진 질곡에 실로 그것이라 할 것이 없음을 요달함으로써 구현된다. 내가 그것을 알 때 그것을 아는 나의 앎은 존재를 통해 일어나며 존재는 앎 자체로 주어지는 것이니, 나의 앎에 일어난 바가 없는 줄 통달하면 존재의 실체성 또한 곧바로 지양된다. 선(禪)에서 단박 깨달음〔頓悟〕과 깨달음을 통해 드러나는 존재의 남이 없는 참모습〔無生法忍〕은, 반야불교에서 반야(般若 : prajñā)와 공(空

: śūnyatā), 초기불교에서 여실지견(如實知見)과 제법무아(諸法無我)의 관계와 같다.

이렇게 보면 존재의 남이 없는 참모습을 단박 깨닫는 일〔頓悟〕이야말로 선(禪)의 요체이자 불교의 핵심이 되는 것이다.

'단박 깨달음이 도에 드는 요긴한 문임을 밝히는 논'이라 옮겨 볼 수 있는 대주선사의 『돈오입도요문론』은 존재의 실상을 단박 깨닫는 한 문이 바른 삶의 길 자체임을 제목에서 그대로 보여주고 있다. 요즈음 한국불교에서 대주선사의 『돈오입도요문론』에 실천적 관심을 환기시키고 '단박 깨달음'이라는 『돈오입도요문론』의 종지를 선의 요체로 다시 제시해낸 분은 성철선사(性徹禪師)이다. 지금 현행하는 『돈오입도요문론』의 우리말 번역본은 성철선사의 강의를 후학들이 정리해 내놓은 것이다.

성철선사는 중생의 망념과 객관대상이 본래 공한 줄 단박 깨치되 점진적인 수행을 통해서만 큰 깨달음에 이를 수 있다는 보조선사의 돈오점수관(頓悟漸修觀)을 반대하여 '단박 깨칠 때 다 닦아 마친다〔頓悟頓修〕'는 입장을 천명하며 그 이론적 토대로 대주선사의 『돈오입도요문론』을 든다.

단박 깨침〔頓悟〕이란 언어는 삶과 역사 속에 주어진 점진적 인과성이 실로 있다는 생각에 대하여 쓰여진다. 그러나 단박 깨침이라는 언어는 삶과 역사 속에 연기적인 점진성이 없지 않기 때문에 쓰여지는 것이라면, 돈오점수 · 돈오돈수의 논쟁에는 깨달음과 일상적 점차성, 깨달음과 행위의 문제가 걸려 있다.

깨달음이라는 언어를 존재의 실상이 주체의 삶 속에 전면적으로 체현된다는 뜻으로 사용할 때 그 깨달음은 결코 실천의 매개 없이 그냥 오지 않는다. 또한 깨달음이 닫혀진 정신의 신비가 아니고 활동으로 주어지는 삶의 참모습 자체라면, 그 깨달음은 다시 현실역사를 사는 방편의 문제와 무관하지 않을 것이다. 이렇게 보면 깨달음의 문제에는 그것에 들어가기 위한 원인으로서의 수행방편의 문제와 중생의 깨달음을 향한 추구〔菩提廻向〕와 깨달음의 역사회향〔衆生廻向〕의 문제가 걸려 있다. 이 문제를 『반야경』의 표현으로 보면 반야(般若)와 방편(方便)의 문제가 될 것이고, 다시 『법화경』의 표현으로 바꾸어 보면 진리 자체인 일승(一乘)과 진리를 생활 속에서 실현하는 방도로서의 삼승(三乘)의 관계와 같은 문제가 될 것이다.

깨달음과 열반은 중생의 번뇌와 괴로움의 현실이 있기 때문에 그에 대한 극복의 현실을 표현하기 위해 쓰여지는 언어다. 그렇다면 깨달음이라는 말을 불교역사에 몇 분 있을까 말까한 종교적 천재의 높은 체험에다 중심을 두고 사용하게 되면, 참으로 깨달음을 통해 고통현실을 돌이켜 해탈로 나아가야 할 광범한 대중은 그 높은 깨달음 밖에 서 있게 되는 것이다. 또한 그렇게 되면 불교가 제시하는 깨달음은 고통 받는 중생의 구제라는 실천의 보편적 지표를 잃게 될 것이다. 깨달음의 특수성과 보편성에 관한 위의 문제에 대해서는 중생의 못 깨친 모습〔不覺〕과 중생의 본디 깨쳐 있음〔本覺〕, 이미 깨친 자의 체험〔始覺〕이 모두 실체가 아니라는〔無自性〕『기신론(起信論)』의 가르침이 우리에게 중요한 시사점을 준다.

그런데 지금까지 돈오점수와 돈오돈수의 이론투쟁은 위에 제시한 몇 가지 문제가 전체적으로 깊이 있게 다뤄지지는 않고, 주로 완전한 깨달음이 되지 못한 해오(解悟)와 투철한 깨달음으로서의 증오(證悟)의 논쟁으로 되고 있으며, '자나 깨나 한결같음〔寤寐一如〕'을 통과한 깨달음만이 돈오돈수의 깨달음이라는 경지론의 차원에서 전개되고 있다.

물론 중생의 번뇌와 질곡이 본래 있지 않음을 단박 깨달으면 다시 따로 얻어야 할 깨달음의 모습이 있지 않으므로, 의식과 존재에 실체 없음을 단박 통달할 때 따로 닦아 얻어야 할 깨달음의 신비가 없다는 입장에 우리는 전적으로 함께한다. 닦아 얻어야할 깨달음의 실체적 모습이 본래 없는 줄 알면 진정한 의미에서 깨달음의 주체화이며 닦음의 완성이므로 그 뜻을 단박 닦아 마친다〔頓修〕는 뜻으로 쓰면 그것은 연기론의 입장에 어긋나지 않을 것이다. 이러한 의미의 단박 닦음은 존재의 실체성을 벗어날 뿐 아니라 깨달음의 사물화를 단박 지양한다는 뜻이므로 단박 닦음이 결코 인간의 향상의 노력과 역사진보의 노력에 배치되지 않을 것이다. 그것은 깨달음이 매개된 향상의 노력은 그 자체가 머묾 없는 묘한 행〔無住妙行〕이 되는 것이며 깨달음의 자기 발현이 되기 때문이다.

곧 깨칠 때 깨달음의 결과를 추구하는 수행의 원인으로서 닦음은 이제 깨달음의 대상화를 뛰어넘음으로써 닦음 자체를 깨달음의 자기현전으로 되돌려 놓는다〔全修卽性〕. 존재의 머묾 없는 실상을 단박 깨달음으로써 단박 닦아 마친 자는 낡은 것을 깨뜨리되 깨뜨림이 없고〔破而不破〕 새 것을 세우되 세움이 없게 된다〔立而不立〕. 그에게는 낡은 것에서 새 것을 창출하고 일상성의 닫혀져 있음을 부정하여 역사성에 나아가고 역사성을 일상성에 통일하는 나날의 노동과 생활 자체가 깨달음의 자기활동으로 될 것이다.

이처럼 오(悟)와 수(修)를 역동적으로 보게 되면 돈오돈수란 의식과 존재의 실체성을 단박 부정하면 깨달음의 외재화와 사물화를 단박 넘어서서 창조적 실천을 일으킬 수 있다는 뜻이 된다〔全性起修〕. 그러나 돈오돈수를 단박 깨칠 때 어떤 완성된 경지를 한꺼번에 닦아 마쳐 신비한 내면의 경지를 얻는다고 보면 깨달음은 하나의 사물로 고정되어 버릴 것이다.

단박 깨달음이란 의식과 존재에 실체 없음을 단박 깨달아 마침이므로 그 곳은 아무 것도 없는 허무의 늪이 아니라 앎과 앎 없음을 뛰어넘은 창조적 의식성〔無念之念〕과 모습과 모습 없음을 뛰어넘은 존재의 실상〔無相實相〕이 바로 드러나게 되는 것이다. 그러므로 단박 깨침으로 모두 닦음이란 말은 깨달음이라 표현된 바른 지혜가 현전할 때 있음〔有〕에 막히지 않는 바른 실천이 현전한다는 의미로 보아야 연기론의 기본입장에 부합될 것이다.

오(悟)란 있음의 있음 아님을 통달하는 것이니 그것은 초기불교의 삼법인설에서 제법무아(諸法無我)의 실천적 구성이라 할 수 있고, 수(修)란 질곡으로서 낡은 것을 부정하여 새 것을 긍정함이니 그것은 제행무상(諸行無常)의 실천적 구성이라 할 것이다. 그러므로 돈오돈수설은 인식론적으로는 철저히 중생의 환상과 허위의식이 공한 줄 사무쳐 볼 때 망념을 실로 끊지 않고 깨달음을 단박 주체화한다는 뜻으로 볼 수 있을 것이고, 존재론적으로는 철저히 진공〔空〕을 체달하면 철저히 묘유〔有〕를 실현한다는 의미로 해석해낼 수 있을 것이다. 그리고 실천적으로는 사유와 개념이 본래 일어남이 없는 줄 요달할 때〔緣起卽空觀〕 생각 없되 생각 없음도 없는 지혜와 창조적 사유를 새롭게 제출해낼 수 있으며〔空卽緣起觀〕, 지금 주어진 역사 현실이 있되 실로 있지 않은 줄 체달할 때〔體眞止〕 공에도 머묾 없이 역사의 새로운 전망을 만들어 낼 수 있으며, 인간화된 세계를 건설하는 실천의 길에 들어설 수 있음〔方便隨緣止〕을 뜻한다.

이때 있되 공함〔空〕으로 표현될 수 있는 깨달음의 영역은 있음〔有〕을 있음 아님〔非有〕으로 지양하는 것이므로 그것은 늘 혁명성으로만 구현될 수 있는 것이지만, 공하되 있음〔有〕으로 표현될 수 있는 닦음〔修〕의 영역은 개인의 일상성이 늘 역사성과 매개되고 낡은 것을 토대로 새 것을 산출하는 점진성을 통해서 발현되는 것이다.

공함과 있음으로 표현한 존재의 두 가지 측면을 화엄학에서는 진리〔理〕와 사법〔事〕으로 표현한다. 화엄에서 사법계(事法界)는 이것과 저것이 서로 어우러지고 개인의 일상성과 역사성이 겹쳐지며 낡은 것을 토대로 새 것이 산출되는 경험현실 역사현실을 뜻한다. 경험현실은 연기된 것이므로 그것에 그것이라 할 정해진 실체가 없으니, 화엄학은 사법〔事〕의 공한 참모습을 진리〔理〕로 정의한다. 진리〔理〕가 사법〔事〕 밖의 초월성이 아니라 사법〔事〕이 진리〔理〕이므로, 깨달음은 역사 밖의 초월적 비약이 아니라 깨칠 때 역사현실로서의 사법〔事〕의 세계를 진리〔理〕인 사법〔事〕의 세계로 정립〔理事無碍〕해 낸다.

존재에 있어 공(空)과 유(有)의 모순은 현실 자체가 안고 있는 두 가지 측면이다. 그렇듯 실천에 있어 혁명성과 점진성의 모순은 이것에서 저것으로 변화되는 존재운동 가운데 있는 비약과 계승의 계기를 반영하고 있다. 비유하자면 씨앗에서 싹으로 싹에서 꽃으로 사물이 변화되어 갈 때 싹은 씨앗이 아니면 싹이 될 수 없지만 씨앗이 부정되지 않고서는 싹이 나올 수 없는 것과 같다. 씨앗과 싹은 모두 있되 공한 것이므로 씨앗이 싹으로 그대로 오는 것도 아니지만, 씨앗은 허무 속으로 아주 사라지는 것도 아니다〔不來不滅〕. 닦음이 씨앗과 싹의 계승의 계기를 반영하는 언어라면, 깨달음은 씨앗과 싹 사이의 혁명적 비약을 반영한다.

깨달음이 공(空)과 유(有)라는 존재 속의 모순을 하나되게 하듯이 깨달음은 혁명성과 점진성의 하나됨을 주체의 생활 속에 안겨준다. 삶의 혁명적 전환이 매개된 일상생활의 점진성은 이미 존재의 닫혀져 있음을 부정하고 남이 없음〔無生〕을 통달한 점진성이므로 세우되 세움이 없고 가되 감이 없는 점진성이니, 이에 억지로 이름을 붙이면 혁명적 점진성이라 불러봄직하다.

여기서 혁명적 점진성은 돈(頓)의 있되 공한 비실재성〔有而非有〕과 점(漸)의 공하되 있는 실재성〔非有而有〕을 모두 깨뜨려서〔雙遮〕, 존재를 중도실상(中道實相)으로, 삶을 보현행원(普賢行願)으로 전환시켜내는〔雙照〕 혁명성과 점진성의 동시긍정으로 정의해볼 수 있을 것이다.

깨달음과 닦음의 범주를 위와 같이 정의해주면, 단박 닦아 마침〔頓修 : 여기서 修를 깨달음이 그대로 닦음으로 발현된다고 쓸 때〕의 혁명성과 점차 닦아감〔漸修 : 여기서 修가 닦아서 얻는다는 뜻으로 쓰이지 않을 때〕의 점진성이 꼭 모순되는 개념은 아닐 것이다. 곧 점수를 표방하는 이들이 중생의 망념과 객관대상이 공한 줄 깨쳤으나 다시 점차 수행하여 다시 크게 얻을 깨달음이 있다고 닦음의 뜻을 쓰면 그 뜻은 비연기론적인 것이다. 그러나 깨달음을 주체화한 뒤에도 깨달음이란 하나의 사물이 아니라 생각을 생각 아닌 생각으로 돌려쓰고 모습을 모습 아닌 모습으로 굴려쓰는 창조적인 행이므로 인간의 부단한 진보의 노력이 없을 수 없다는 뜻으로 쓰면 틀리지 않을 것이다.

태고종통이 확립된 서산(西山) 이후 한국 선불교의 흐름 속에서는 혜능, 회양, 마조, 황벽, 임제로 이어지는 선의 일파만이 달마선의 정통을 계승한 조사선맥이라고 이야기되어진다. 그에 비해 돈오점수를 표방하는 보조, 규봉, 하택은 투철하게 깨치지 못한 알음알이 종사로서 종문(宗門)의 전통이 될 수 없다고 주장한다. 이미 정설화된 이러한 주장에도 불구하고, 점진적 수행을 통해 깨달음에 도달하려는 북종(北宗)의 선적 입장을 부정하고, 경전의 여러 곳에서 제시하는 대치방편관〔對治觀〕마저 세우지 않고, 직하에 남이 없는〔無生〕존재의 실상을 통달하는 곳에 깨달음〔覺〕의 구현이 있다는 돈오선(頓悟禪)의 기치가 하택신회에 의해서 내걸어졌다는 객관적 사실에 대해서는 한국불교의 많은 이들이 별다른 주의를 보내지 않고 있다.

돈오선의 종지로 보면, 깨닫기 이전에 깨달음을 위해 실행했던 수행의 방편을 떠나서 지금 깨달음이 따로 있는 것은 아니지만, 수행의 원인이 깨달음의 결과 속에 그대로 있는 것도 아니다. 깨달음은 마음이 마음 아닌 마음으로 모습이 모습 아닌 모습으로 단박 전환되는 곳에 붙인 거짓 이름이므로, 이미 지나간 낡은 의식 낡은 모습은 결코 지금 깨달음이라는 새로운 자기 전환 속에 인과적 연속성으로 주어지지 않는다.

돈오(頓悟)를 선적 실천의 기본강령으로 제시한 하택신회선사(荷澤神會禪師)는 선(禪)을 삼매(三昧 : samādhi)로 기술했던 천태선사(天台禪師)를 전도시켜 선(禪)을 오(悟)라는 적극적 개념으로 기술한다. 그런데 천태의 삼매가 소극적이되 보편적 개념이라면, 하택의 오(悟)는 적극적이되 주체적 개념이라 할 것이다.

하택의 오(悟)는 흔히 공적영지(空寂靈知)로 표현된다. 그러나 하택이 표명한 공적영지(空寂靈知)는 많은 사람들에게 잘못 이해되고 있듯 내면에 있는 신령한 앎이 아니라 의식과 존재의 실체성이 지양된 곳에서 모습 없는 존재의 실상〔無相實相 : 所觀境〕을 드러내는 창조적 의식성〔無念之念 : 能觀智〕으로 보아야 할 것이니, 이는 천태의 그침 그대로의 살핌〔卽止之觀〕과 다름이 없으며 있음과 없음의 대립을 넘은 삶의 휴식〔息二邊分別止〕과 다름이 없는 것이다.

이렇게 보면 하택선과 동일선상에서 파악되는 초기 보조선(普照

禪)의 편향은 경지의 높낮이에 있는 것이 아니라 공적영지를 여기 주체 속에 있는 어떤 것으로 고정시키고 몸과 정신을 이원화하였다는 데 있을 것이다. 곧 통현의 『화엄론』과 남양혜충선사를 통과하기 이전 보조선사는 견성(見性)을 '모든 법이 공적한 곳에 신령한 앎이 어둡지 않음이라〔諸法皆空之處 靈知不昧〕'고 정의하며, '비록 이 몸에는 나고 사라짐이 있다 하더라도 참마음은 허공과 같아서 끊어지거나 변함이 없으며, 한 물건은 길이 신령하여 하늘을 덮고 땅을 덮는다〔色身是假 有生有滅 眞心如空 不斷不變 一物長靈 蓋天蓋地〕'고 말한다.

그런데 인식주체와 인식대상은 서로 의지해서 현전의 앎을 이루므로 그 바탕이 공적한 것이며, 공적하므로 서로 의지해 경험의 지평을 이룬다. 신령한 앎〔靈知〕이라 함은 앎이 있는 앎이 아니라 인식주체와 인식대상의 실체성이 지양된 앎 없는 앎〔境智冥合, 照體獨立〕이므로 신령한 것이니, 그 앎은 여기 나 안에 있는 것이 아니다. 영지는 공적의 영지이고 공적은 영지의 공적이며, 영지는 인식주체와 인식대상의 연기적 실상이 동시 긍정된 곳이며, 공적은 인식주체와 인식대상의 닫혀진 실체성이 동시에 부정된 곳이다.

그러므로 영지가 공적하므로 참된 선사는 너와 나, 이것과 저것의 대립물에 막히지 않고, 공적도 공하여 신령하게 알므로 참된 선사는 니르바나에도 머묾 없이 유무·생사의 모순 속에 의연히 서 현실역사를 사는 것이다. 이렇게 보면 하택선의 공적영지는 현실의 모순을 피해 내면의 신비에 돌아감이 아니라 현실의 모순을 모순 아닌 모순으로 돌려쓰는 인식운동이라 할 것이다.

지금 한국불교에서는 돈오돈수와 돈오점수의 논쟁이 상대방이 내거는 언어의 명확한 의미가 반성되지 않은 채 외도논쟁으로 치닫고 있으며, 과거의 사상적 업적도 그것의 치우침은 새롭게 걸러지고 옳은 면은 계승발전되지 못하고 그 업적 자체가 휴지처럼 내팽개쳐지고 있다.

모든 명제는 구체적 현실에서 추상된 것이며 실천적 강령은 그에 걸맞는 실천의 내용성이 그 안에 담겨져야 하는 것이다. 그러므로 단박 닦음과 점차 닦음이 뜻하는 의미 내용이 무엇인가가 분명하게 밝혀지고, 그런 주장들이 미망의 현실을 사는 인간에게 어떤 실천의 지평을 열어주는가가 명료해지지 못하면 논쟁은 결국 헛된 희론에 지나지 않게 될 것이다.

돈오돈수가 되었든 돈오점수가 되었든 모든 사상적 주장과 이론의 타당성은 결국 현실의 모순과 질곡을 어떻게 해탈현실로 전환시켜 내느냐에 있고, 그 주장의 진리됨은 고통 속에 있는 현실인간의 구체적 해탈을 통해서만 검증될 수 있는 것이다.

깨달음이 고통 받는 자 모두의 해탈의 실천으로 논의되기보다는 전문적인 수행자들의 고답적인 수행론으로 전개되듯, 선의 무념(無念) 또한 많은 이들에 의해 연기론의 역동성과 서로 배치된 개념으로 이해되거나 정의되고 있다.

무념(無念) 무심(無心)은 늘 돈오선의 근본종지로 제시된다. 곧 혜능, 하택으로부터 선의 많은 종장들은 일관되게 무념(無念)의 가르침으로, 생각을 움직여서〔動念〕 진리를 헤아리고 따져서 구하려는 환상의 무리에게 생각의 생각 없음〔無念〕을 통달하는 것이 선의 길임을 명쾌하게 보여주고 있다. 그러나 돈오선의 무념은 어떤 경지를 거쳐서 생각을 끊고 얻어지는 대무심(大無心)이라는 또 하나의 경지가 아니라, 생각이 남이 없음을 직하에 요달함으로써〔了心無生〕 생각을 생각 아닌 생각으로 돌려쓰는 데 있다. 그렇다면 천태의 지관구행(止觀俱行)과 하택의 공적영지(空寂靈知) 밖에 다시 들어가야 할 대무심의 경지가 없다 할 것이다.

지금 한국 선불교에서는 존재의 실상을 생활 속에서 체현하지 못하고 사변적인 앎으로써 깨달음을 이해하고 설명하려는 의리선(義理禪)을 부정하기 위해 동정일여(動靜一如), 몽중일여(夢中一如), 숙면일여(熟眠一如)를 통과해야만 참으로 투철하게 깨칠 수 있다는 주장이 꾸준히 제기되고 있다.

이러한 주장은 깨달음의 원인으로서 수행에 관한 입장천명이라 할 수 있는데, 여기서 깨달음은 움직임과 고요함, 밝음과 어두움이 본래 둘 없는 존재의 실상〔實相般若〕이 삶 속에 주체화됨〔觀照般若〕을 뜻한다. 그러므로 만약 깨달음을 공한 존재의 실상 자체로 본다면 그러한 수증주의(修證主義)적이고 점차적인 언어 자체를 세울 곳이 없게 될 것이다.

이 뜻을 『육조단경』은 돈오선의 견성법은 점차적 선정을 닦아 해탈 얻는 법과 다르다는 뜻으로 이렇게 말한다.

> 만약 자신의 참성품을 깨달으면 보리 열반도 세우지 않고 또한 해탈지견도 세우지 않으니, 한 법도 이루 얻을 것이 없어야 바야흐로 만 가지 법을 건립할 수 있게 된다. 만약 이 뜻을 알면 붇다의 몸〔佛身〕이라 이름하고, 또한 보리 열반이라 이름하며 해탈지견이라 이름한다.
>
> 성품을 본 사람은 세워도 되고 세우지 않아도 되니, 오고 감이 자유로워 막힘 없고 걸림 없어서 작용에 응하여 따라 짓고 물음에 응하여 따라 답하여, 널리 화신(化身)을 나투되 자신의 참성품 떠나지 않아서 곧 자재한 신통과 마음대로 노니는 삼매

를 얻게 되니 이것이 참성품 봄〔見性〕이다.[1]

동정일여·오매일여란 말은 불교의 선가(禪家)에서 쓰고 있을 뿐 아니라 '브리아드 아난야카 우파니샤드(Bṛihad-Āraṇyaka Upaniṣad)'에서도 나타나고 있다. 그런데 우파니샤드가 이 몸이 움직이거나 고요하거나, 자고 있거나 깨어 있거나에 관계없이 '몸 안에 있는 영적 자아'는 늘 깨어있는 것으로 동정일여·오매일여란 말을 쓰고 있다면, 불교는 그것을 연기론적으로 쓰고 있다. 우파니샤드는 오매일여의 상태를 '깊은 잠속에서도 깨어있는 신묘한 사람〔熟眠中神人〕'으로 묘사하고 있다.

그에 비해 『능엄경』은 동정일여를 '보고 듣는 인식활동 가운데서 들음 없는 지혜의 흐름에 들어 듣는바 대상의 실체성을 없애면, 주체와 대상이 이미 고요해지므로 움직이는 모습과 고요한 모습이 아주 일어나지 않게 된다〔入流亡所 所入旣寂 動靜二相 了然不生〕'고 말하니, 이는 세간의 함이 있음에도 머물지 않고 열반의 함이 없음에도 머물지 않는 역동적 삶을 말한다. 오매일여에 대해서도 대혜선사(大慧禪師)는 정지된 경지도 쓰고 있지 않고 '깨어있음과 잠듦이라는 두 가지 대립 속에서 대립에 떨어지지 않는〔寤寐二邊得一如〕' 해탈의 삶으로 표현하고 있다.

대혜선사가 말한바 '오와 매의 두 가지 대립에서 한결같음'이란 중도실상을 전면적으로 체현한 삶을 뜻한다. 그렇다면 오매일여란 천

---

1) 若悟自性 亦不立菩提涅槃 亦不立解脫知見 無一法可得 方能建立萬法 若解此意 亦名佛身 亦名菩提涅槃 亦名解脫知見
 見性之人 立亦得 不立亦得 去來自由 無滯無礙 應用隨作 應語隨答 普見化身 不離自性 卽得自在神通 遊戲三昧 是名見性

태의 지관구행(止觀俱行) 밖에 따로 있는 것이 아닐 것이니, 살핌 그대로의 그침〔卽觀之止〕으로써 깨어있음〔寤〕에도 머물지 않고, 그침 그대로의 살핌〔卽止之觀〕으로써 잠듦〔寐〕에도 머물지 않는 자가 남과 죽음의 대립상을 뛰어넘어 참된 해탈의 한 길을 갈 수 있다 할 것이다.

앞에서 우리는 하택의 공적영지를 천태의 지관구행의 관점으로 해석하였다. 공적영지의 공적함〔空寂〕이 아는 자와 알려지는 바에 얻을 것이 없는 자리라면, 공적영지의 신령하게 앎〔靈知〕은 아는 자와 알려지는 바가 서로 소외되거나 모순됨이 없이 밝게 드러나는 자리이다. 그러므로 영지(靈知)가 공적하므로 신령함과 밝음에도 머물지 않고, 공적도 공적하여〔空寂亦空〕 영지가 어둡지 않으므로 캄캄함과 어두움에 모두 머물지 않는 자가 오매의 대립에서 한결같음을 얻을 수 있을 것이다.

이렇게 보면 수행론에 있어 동정일여, 오매일여를 통과해야 된다는 주장은 동정일여 너머에 오매일여가 있고, 그 너머에 생사일여가 있다는 뜻으로 이해하게 되면 그것은 연기론적 돈오법을 등지고 점진적 수행론에 떨어지게 되는 것이며, 돈오를 표방하면서 선정해탈론에 돌아가는 것이다. 오히려 그 뜻은 모습이 모습 아님을 체달함으로써 얻어지는 의식의 영묘함마저 공한 줄 알 때 주관적인 관념의 늪에 빠짐 없이 참된 해탈을 구현할 수 있으며, 움직이는 모습과 고요한 모습, 깨어있음과 잠듦의 연기적 실상을 깨달을 때 두 가지 대립 가운데에서 중도를 구현할 수 있다는 뜻으로 보아야 할 것이다.

『돈오입도요문론』의 제목에서 돈오입도(頓悟入道)는 곧 단박 깨쳐 도에 들어간다고 말을 옮길 수 있으나, 그 뜻은 중도실상(中道實相)을 단박 깨칠 때 중도의 바른 행〔中道正行〕이 현전한다고 풀이할 수 있을 것이다. 이는 생각에 생각 없고〔於念無念〕 모습에 모습 없음〔於相無相〕을 바로 깨칠 때 인간의 삶 활동〔行〕이 머묾 없는 해탈의 행〔無住妙行〕으로 전환된다는 뜻으로 읽을 수 있다.

이처럼 돈오선(頓悟禪)은 번뇌와 미망의 쳇바퀴에 갇힌 범부의 삶과 중생의 번뇌를 끊고 깨달음을 얻으려는 치우친 수행관을 함께 넘어선다. 불교가 자기철학의 기본 내용으로 제시하고 있는 깨달음의 길이 이렇게 분명하건만 지금 선가에서 깨달음을 말함에 있어서는 대조된 두 가지 입장이 서로 엇갈려 있다.

그 하나는 허망함을 끊고 참됨을 이미 얻었다고 주장하는 이들의 입장에서 깨달음이란 중생의 미세망념을 모두 끊어야 얻을 수 있는 대무심의 경지라고 말하는 입장이라면, 다른 하나는 중생의 번뇌와 환상이 공하므로 다시 없앨 것도 없는 곳, 중생의 이미 깨쳐 있음〔本覺〕에 서서 깨달음의 길을 설명하는 입장이다.

깨달음을 중생의 자기 본질이자 현실의 질곡을 부정하는 주체적 실천으로 정의하는 입장은 바로 중생의 중생됨〔衆生相〕을 붙들어 쥐고 깨달음을 아득히 바라보고 깨달음을 도인이나 붇다의 높은 경지로 쳐다보는 범부의 못난 마음〔退屈心〕을 지양한다. 또한 그러한 입장에서는 중생의 번뇌가 공할 뿐 아니라 여래의 깨달음도 공하므로 깨쳤다는 높은 마음으로 중생을 내려다보고 깨친 모습〔覺相〕을 통해 중생의 못 깨친 모습〔不覺相〕을 새롭게 실체화하는 도인의 잘난 마음〔增上慢〕도 지양한다.

깨달음, 그것은 우리들 미망 속에서 고통 받는 자들의 이미 해탈되어 있는 삶의 모습이자 질곡과 시련 속에 있는 역사가 스스로를 해탈해가는 실천의 모습이다.

2. 대주혜해선사(大珠慧海禪師)와 『돈오입도요문론』

『돈오입도요문론』의 저자 대주혜해선사는 강서의 마조도일선사(馬祖道一 : 709~788)의 제자로 그 문하에서 6년간 수행하여 크게 깨쳤다고 전해진다. 현행 『돈오입도요문론』은 상하 2권으로 편집되어 있는데(1917 중국 馬沙刻經處刊 『大珠慧海禪師語錄』), 실로는 상권만이 대주선사가 직접 찬술한 것이고, 하권인 『제방문인참문어록(諸方門人參問語錄)』은 『경덕전등록』 가운데 실린 혜해의 법문을 재구성한 것이다.

『돈오입도요문론』이 상하권으로 최초로 편집된 것은 명나라 초기 홍무 7년(1374) 묘협에 의해서인데, 숭유(崇裕)가 쓴 초간본의 서문은 다음과 같다.

> 대저 선지식이란 큰 바다의 배가 헤매는 무리들을 건네주는 것과 같고, 긴 밤에 밝은 횃불이 뭇 어두움을 잘 깨뜨려 줌과 같다. 대주(大珠)화상은 맨 먼저 마조(馬祖)를 찾아뵈니, 마조는 지혜바다〔慧海 : 大珠의 이름이자 지혜가 광대함을 뜻함〕인 법계에 들도록 하고 자기집안의 보배창고를 열도록 하였다.
>
> 그러므로 신령스런 말재간은 막힘없음이 큰 강에 흐르는 물과 같고, 높고 빼어난 기틀이 널리 펼쳐짐은 둥근 그릇에 구르는 구슬과 같았다. 이에 간곡히 여러 가지 방편을 베풀고, 자비를 드리워 뭇 삶들을 이롭게 하며, 지극한 도를 드날려 펴시니, 어찌 붓과 혀로 찬탄할 수 있겠는가.
>
> 묘협유나(妙叶維那)는 사명의 취산에 계시는 대중이공(大中理

公)의 뛰어난 제자〔神足〕인데, 일찍 영특한 근기를 갖추고 지혜의 씨앗을 깨끗하게 길러 선정을 닦는 나머지 틈에 이 노선사의 어록을 보고 깨쳐 들어간 바가 있어서 평생에 가슴에 걸린 것이 확 벗어나 사라져 버렸다. 그리하여 위로 붇다와 조사의 말씀〔舌頭〕에 하나도 의심할 바가 없게 되었다.

이것은 고탑주(古塔主 : 饒州 薦福承古禪師, 운문선사의 어록을 보다 크게 깨치고 雲居道膺 의 묘를 지켰다)가 운문의 어록을 보고 운문의 가풍을 이었다 함이 바로 이러한 것을 말한 바이다. 그러므로 먹을 양식을 덜어 판에 새겨 선사가 전해 가르쳐줌을 넓혀서 뒤에 올 사람들이 함께 깨닫기를 기약하니, 이런 마음을 간직한 자가 어찌 낮고 가벼울 수 있겠는가.

이 공덕의 끼침은 결코 다하여 떨어지지 않을 것이니, 행과 원이 더욱 굳세어지면 이 공덕 끼침을 다 볼 수 있게 될 것이다.

바라는 바는 법의 흐름이 사라지지 않고 법의 물결이 길이 조계(曹溪 : 慧能)에 닿으며, 법의 등불이 길이 남아 빛이 소실(少室) 달마의 선풍을 더욱 밝게 함이다.2)

대주선사는 이 『돈오입도요문론』을 편집한 제자들에 의해 소실 달

---

2) 夫善知識者 如巨海舟航 能度迷類 長夜明炬 善破群昏 大珠和尙 首參馬祖 使入慧海之法界 令開寶藏於自家 所以靈辯滔滔 譬大川之流水 峻機疊疊 如圓器之傾珠 於是曲設多方 垂慈利物 發揚至道 烏可以筆舌贊歎哉

妙叶維那 四明翠山大中理公之神足 夙具靈根 素培智種 禪余之暇 閱此老語錄 有所證入 平生礙膺之物 脫然而去 從上佛祖舌頭 一無所疑矣

此亦古塔主覩雲門語而嗣之 正所謂也 故損資鏤板 以廣其傳 期以後之來者同一了悟 存此心者 豈淺淺耶 此之功勳不墮 行願彌堅 蓋可見矣 所幾法流不泯 派永接於曹溪 燈焰長存 光愈明於少室者也

마와 조계 혜능, 강서 마조(馬祖)로 이어지는 선맥의 정통으로 추앙된다. 『제방문인참문어록』에 보면 대주는 마조를 찾아가 마조로부터 '지금 나에게 묻고 있는 너 자신이 바로 자기 집 보배 창고'라는 한마디를 듣고 크게 깨쳤다 한다. 이를 서문은 대주화상이 맨 처음 마조를 뵙자 '마조는 지혜바다인 법계에 들도록 하고 자기 집안의 보배 창고를 열도록 하였다'고 표현한다.

대주선사의 전기는 분명치 않지만 속성은 주(朱)씨이고 건주(建州 : 현재 福建省)에서 태어나 월주(越州 : 현재 浙江省) 대운사(大雲寺) 도지화상(道智和尙)에 의지하여 출가하여 마조(馬祖)를 참방하여 깨닫고 그의 제자가 되었다. 초간본의 편자는 묘협(妙叶)이고 서문을 쓴 숭유(崇裕 : 1304~1378)는 부종법사(扶宗法師)라 일컬어지는데 아육왕산(阿育王山 : 浙江省 鄞縣의 동쪽에 있는 산)의 아육왕사에 머물렀다. 숭유의 서문에 의하면 묘협은 대주선사의 『돈오요문』을 보고 평생에 의심으로 두었던 바가 풀리어 그 법의 은혜를 갚기 위해 『돈오요문』을 발간하게 되었다 한다.

『돈오요문』을 발간하게 된 까닭을 기록한 묘협은 자신의 글〔妙叶由來書〕에서 다음 같이 말한다.

> 옛날에 조사들이 전등한 기록을 펼쳐 보다, 대주화상에 이르니 거기 『돈오입도요문론』 1권이 있다고 전하였다. 그 논에 대해 우러러 생각한 지 오래 되었지만 원하는 바와 같지 않았다.
>
> 나중 홍무(洪武) 2년 기유에 깨진 상자 가운데에서 한 옛 책을 얻었다. 손을 뻗쳐 책을 펼쳐서 몇 분 동안 따라 읽는 사이에 펄펄 끓는 열 속에서 시원함을 얻는 것 같았다. 뛸 것 같은 기쁨을 이기지 못해 비로소 책의 첫머리를 보니 바로 이 '논(論)'이

었다.

다시 자세히 펼쳐 탐구하여 뜻과 이치를 보니 바탕이 곧고 이르름이 진실하여 제호를 마신 것과 같고 값진 최상의 보배를 얻은 것과 같았다. 나중 다른 기록과 비교해 보니 어긋남이 없었다.

내가 원하는 바를 이미 얻었지만 혼자서만 비밀로 할 수 없으니, 온갖 중생이 함께 법의 맛에 젖기를 원할 뿐이다. 다시 '여러 종의 사람들이 묻는 바에 대답한 말씀을 기록한 책〔諸宗所問語錄〕' 1권을 뒤에 이어서 상하로 나누어 한 책을 이루었고, 아울러 달마대사의 『안심법문(安心法門)』을 권의 끝에 붙여 그 모든 것을 『돈오요문(頓悟要門)』이라 이름하였다.

부지런히 자금을 내어 장인을 시켜 나무에 아름답게 글씨를 새겨서 길이 뒷 세상에 남도록 하고, 온 세상에 유포하여 세상의 불법을 배우는 사람들이 각기 바른 수행의 길을 사무쳐 알도록 하였다. 이 글을 보는 수행자들이 삿된 견해에 떨어지지 않고 단박 스스로의 마음을 깨쳐 모두 붇다의 지혜를 여는 것이 참으로 묘협의 원하는 바인 것이다.3)

---

3) 昔披閱祖燈 至大珠和尚傳云有頓悟入道要門論一卷 思仰之久 未如所願 後於洪武己酉歲 從壞叶中 得一故冊 信手展卷 隨覽數分 如熱得凉 踊躍歡喜 不能自勝 方視其首 卽斯論也

復詳披究 見其義理 質直詣實 如飮醍醐 如得至寶 後較他錄 得無差謬 所願旣獲 不敢私秘 願與一切衆生 同霑法味 復綴諸宗所問語錄一卷於後 略分上下 共成一冊 幷達磨大師安心法門 附於卷末 總名曰頓悟要門

謹損布帛 命工繡梓 垂於不朽 流布十方 使天下學佛之士 各各了知正修行路 不墮邪見 頓悟自心 咸開佛慧 實叶之所志願矣

1374년(洪武七年歲在甲寅春三月丙戌日)에 쓰여진 묘협의 글에 의하면 『돈오입도요문론』의 지금 편제는 『돈오입도요문론』과 『제방문인참문어록』의 합본인데, 원래 유포됐던 『돈오입도요문론』은 지금 책의 상권에 해당한 부분 곧 대주선사가 직접 집필한 글을 의미한다. 여기에 묘협이 『제종소문어록(諸宗所問語錄)』과 『달마안심법문(達摩安心法門)』을 합본하여 『돈오입도요문론』으로 간행하였다.

현행본의 『제방문인참문어록』이 묘협이 말한 『제종소문어록』인데 『경덕전등록』에 실려 있는 대주화상의 어록을 재구성한 것이다. 어록의 첫째 단에서 아홉 째 단까지는 『전등록』 권6 「대주혜해선사전」의 글이고, 열 째 단에서 마흔 째 단까지는 『전등록』 권28 「대주혜해화상어」의 글이다. 하권에 해당되는 어록의 일부는 『조당집(祖堂集)』에도 실려 있다. 그리고 영명연수선사가 엮은 『종경록(宗鏡錄)』에도 어록 열한 째 단과 서른다섯 째 단의 법문을 인용하고 있는데, 거기에도 뜻은 같지만 어록과 표현이 다른 부분이 포함되어 있다. 『종경록』의 그 부분을 살펴보자.

대주화상은 말한다.

"심성이 모습 없는 것이 바로 미묘한 법의 몸이고, 심성의 바탕이 공한 것이 바로 허공처럼 끝 없는 몸이고, 행을 보여 장엄하면 곧 바로 공덕의 법신이다. 이 법신이 바로 만 가지 교화의 근본인데 곳을 따라 이름을 세우면 지혜의 작용이 다함없으니 이것이 다함없는 공덕장(無盡藏)이다."

"무엇이 법신입니까."

"마음이 한량없는 만법을 낼 수 있으므로 법의 몸이라 한다. 경에서는 '한 생각 마음의 티끌 가운데 강가강 모래알 같은 게송을 연설해내지만 사람들이 알지 못한다'고 하였다."

"참된 법〔眞法〕과 허깨비와 같은 법〔幻法〕이 각기 정해진 성품이 있습니까."

"불법은 정해진 성품이 없고 사물을 따라 나타난다. 마음이 참되면 온갖 것이 다 참된 것이다. 만약 한 법이라도 참되지 않은 것이 있다면 참됨의 뜻은 원만하지 못한 것이다.

마음이 허깨비라면 온갖 것이 다 허깨비다. 만약 한 법이라도 허깨비 아닌 것이 있다면 허깨비의 법은 정함이 있는 것이다.

마음이 공하면 온갖 것이 다 공하다. 만약 한 법이라도 공하지 않은 것이 있다면 공한 뜻은 원만하지 못한 것이다.

헤맬 때는 사람이 법을 좇고 깨달아 마치면 법이 사람에게 말미암게 된다. 끝없이 펼쳐진 만 가지 모습〔森羅萬象〕은 허공에 이르러 끝이 되고, 백 가지 시내의 뭇 흐름은 바다에 이르러 끝이 되며, 온갖 어진 이와 성인은 붓다에 이르러 끝이 되고, 십이부경과 오부의 비니와 네 가지 베다는 마음에 이르러 끝이 된다.

마음이란 바로 모든 공덕을 다 지닌 큰 진리의 집이며 만 가지 법의 근원이다. 또한 이것이 크나큰 지혜장이며 머묾 없는 니르바나이니 백천 가지 이름들이 다 마음의 다른 이름인 것이다.4)

---

4)『종경록』권98에 말한다.

大珠和尙云 心性無形 卽是微妙法身 心性體空 卽是虛空無邊身 示行莊嚴卽是功德法身 此法身是萬化之本 隨處立名 智用無盡 是無盡藏 問 何者是法身 答 心能生恒沙萬法 故號法家之身 經云 一念心塵中 演出恒沙偈 時人自不識

問 眞法幻法 各有種性不 答 佛法無種 應物而現 若心眞也 一切皆眞 若有

앞의 『종경록』에 인용된 대주의 어록 가운데 온갖 법이 허깨비와 같다는 말과 온갖 법이 참되다는 말은 서로 모순되는 말이 아니다. 범부가 존재의 참됨〔眞諦〕을 보지 못하는 것은 연기된 존재를 닫혀진 있음〔實有〕으로 보기 때문이다. 그래서 대주선사는 연기된 존재의 닫혀진 모습을 허깨비처럼 볼 수 있는 자가 모습 아닌 참모습을 볼 수 있기 때문에 '허깨비 같음'과 '참됨'을 같이 쓰고 있는 것이다.

그렇다면 『돈오입도요문론』이 제시하는 단박 깨달음〔頓悟〕의 구체적인 내용은 무엇일까. 『돈오입도요문론』에서는 그것을 두 가지 성품이 공함〔二性空〕이라 표현한다. 곧 단박 깨침이란 두 가지 대립물의 실체성이 공함을 깨닫는 것이다. 두 가지 성품이란 선과 악, 있음과 없음, 이것과 저것의 모순으로 주어지는 객관현실을 총칭하는 말이다. 두 가지 성품이 공한 줄 모르므로 주체의 마음은 대립에 갇힌 물든 마음이 되고 대상과 모순에 떨어진 소외된 의식으로 된다. 그러나 객관 현실의 대립된 모습들이 공한 줄 알면 주체의 의식은 사물의 닫혀진 모습에 머물지 않는 해탈의 마음이 되니, 이를 대주선사는 머묾 없는 마음〔無住心〕, 남이 없는 마음〔無生心〕, 온갖 곳에 물든 마음이 없음〔一切處無心〕이라 한다.

대주선사가 말한 '두 가지 성품이 공함〔二性空〕'이 존재의 실상이라면, 머묾 없는 마음〔無住心〕, 남이 없는 마음〔無生心〕은 존재의 실체성에서 해방된 창조적 의식성 곧 반야(般若)를 뜻한다. 그러므로 단박 깨달음이란 바로 두 가지 대립물의 실체성이 공함〔二性空〕을

一法不眞 眞義則不圓 若心幻也 一切皆幻 若有一法不是幻 幻法則有定 若心空也 一切皆空 若有一法不空 空義則不圓 迷時人逐法 悟罷法由人 森羅萬象至空而極 百川衆流 至海而極 一切賢聖 至佛而極 十二部經 五部毘尼 四圍陀論 至心而極

心是總持都院 萬法之原 亦是大智慧藏 無住涅槃 百千名號 皆是心之異名

깨달아 머묾 없는 생활의 자유〔無住心〕를 구현함이다. 곧 머묾 없는 마음은 사물의 있는 모습에도 머물지 않되 사물의 공한 모습에도 머물지 않는 마음이니, 머묾 없는 마음일 때 객관세계는 모습 없는 참모습〔無相實相〕으로서 자기 본질을 실현하고 주체의 의식은 생각 없는 참생각〔無念眞念〕으로 현전하게 되는 것이다.

일본 금택문고(金澤文庫 : 日本 稱名寺 二世 劍阿上人(1261~1338) 筆)에 들어있는 『돈오요문』(建安魏信刊)의 서문은 논의 대의를 다음 같이 정리한다.

> 도를 배우는 이들은 반드시 선정과 지혜를 평등하게 쓰는 것이 바로 세간의 있는 모습을 벗어나는 요긴한 종〔要宗〕임을 알아야 한다. 그런데도 부지런히 실천하지 않는다면 이것은 참으로 귀머거리의 속된 모습일 뿐이다.
>
> 다만 저 묘한 도에 어찌 여러 가지 문이 있겠는가. 하나의 근본을 알면 천 가지가 따르고 만약 하나에 헤매면 만 가지가 어둡게 된다. 삼계를 벗어나고자 하면 어찌 단박 깨치는 문을 넘겠는가. 단박 깨치는 문은 바로 모습 그대로의 공함〔卽色卽空〕을 보이며 오직 범부 그대로 성인됨〔卽凡卽聖〕을 논할 뿐이다. 내가 공이라 말하는 것은 곧 아주 공함으로써 공을 삼는 것이 아니고, 내가 성인이라 말하는 것은 오직 성인됨으로써 성인을 삼는 것이 아니다. 나아가서는 봄〔見〕과 선정〔定〕, 깨침〔證〕과 깨끗함〔淨〕 등도 또한 그렇다.
>
> 그 가운데 설하고 있는 것은 모두 두 가지 대립물의 실체적인 모습이 없음〔無二性〕으로 이치를 이루나 두 가지 대립물의 모습이 없음도 없는 것이다. 가만히 세간에 공부하는 사람들을 보면

많이들 두 가지 모순〔有無, 生死 등〕에 떨어져 헤매어서 옳고 그름을 요달하지 못하고 길이 나고 죽음에 빠져 허덕이는 것이다.

이제 이 논(論)을 편집하는 것은 인연 있는 대중을 제도하기 위함이니, 집착하여 걸린 자들이 깨달음에 회향하는 마음을 내도록 하고 삿된 견해를 가진 자들이 바른 견해에 돌아가도록 하는 것이다.

이 논은 믿음 없는 이에게는 전하지 않고 오직 진리에 뜻을 확실히 정한 사람에게 전하는 것이니, 법을 아껴서 전하지 않는 것은 아니다. 다만 지혜가 옅은 자들이 이를 듣고 법을 비방하는 허물을 부르지 않을까 걱정하여서이다. 법을 전함에 반드시 사람을 꼭 가려서 나중에 개탄하지 말아야 할 일이다. 만약 여기에 서로 응하지 않는다면 천금의 돈을 주어도 보이지 않고 설사 아버지와 아들 사이라도 전하지 않는 것이다.

그러나 서로 응하는 자가 있다면 서 있는 그대로 법을 부치는 것이다. 중요한 것은 반드시 스승이 말씀하신 가르침을 그대로 따를 뿐 제 편리한 대로 잘못 풀이해서는 안 되니, 그렇게 법을 써버리면 아무런 공이 없게 된다. 옛말에 털끝만 어긋나도 천리나 벌어지게 된다고 했으니 이는 잘못된 말이 아닌 것이다.[5)]

---

5) 夫學道者 須知用定慧是出世要宗 而不勤修 是眞聾俗 只如妙道 豈有多門 但解一而千從 若迷一而萬惑 欲求超三界 豈越頓悟之門 直示卽色卽空 唯論卽凡卽聖 吾說空者 卽不以空爲空 吾說聖者 不以聖爲聖 乃至見定證淨等亦然也 說皆以無二性而成理 亦無無二性也 竊見世間學者 多墮二迷 不能了達是非 遂乃長淪生死

今集此論 以度有緣 令執滯者發廻向心 使邪見者卽歸正見 此論不傳無信 唯傳決定之人 非是吝法不傳 恐淺智聞之 招謗法之咎 必須擇人 不可概耳 若是不相應者 千金不示 父子不傳 若有相應者 卽立而付 要須從師口訣 不便可錯解 用之無功 若差之毫釐 卽失之千里 此非謬言也

위에 보인 건안이라는 곳에서 위신〔建安魏信〕이 간행한 『돈오요문』의 서문에 의하면 단박 깨달음의 구체적인 실천방법은 선정과 지혜를 평등히 씀〔定慧等用〕이요, 단박 깨달음의 내용은 하나의 근본 곧 존재의 공성을 통달함이다. 그런데 공(空)은 있음의 있음 아님을 공이라 했으므로 다만 공함이 아니다. 공이 공하지 않은 공이듯 선정〔定〕과 깨침〔證〕, 깨끗함〔淨〕의 언어도 늘 그것 아닌 그것으로 표현된다.

우리가 명사화할 수 있는 모든 대립물들은 서로 의지해 있는 것이고 연기된 것이므로 공하지만〔二性空〕 공은 아무 것도 없다는 뜻이 아니니 두 가지 대립물의 모습 없음도 없는 것이다.

간행자는 이 『돈오입도요문론』을 대승의 큰 뜻을 낸 자에게만 말해줄 뿐 아무에게나 함부로 이야기해서는 안 된다고 말한다. 이것은 바로 법을 모든 이가 공유해야 한다는 진리의 대중성은 '바른 믿음과 실천을 통해 실상을 올바로 깨달아야 한다'는 실천의 원칙성과 분리될 수 없음을 뜻한다. 법을 전하는 일은 말만 전하는 것이거나 허위의식을 전달함이 아니라 바른 지혜를 공유하는 일이다. 그러므로 세상의 잘못된 흐름에 휩쓸려 세상 사람의 귀에 아부하는 것이 진리의 대중성과 동일시 될 수 없다. 바른 깨달음을 공유한다는 실천의 기본 원칙을 떠난 대중성은 대중 속에 잘못된 사상의 해독을 확산시킨다는 것에 다름 아니므로 간행자는 그것을 우리에게 경계하고 있다.

그렇다면 『돈오입도요문론』의 문자반야를 접하는 우리들 독자는 어떻게 이 글을 읽어야 할 것인가. 1373년(洪武六年歲在癸丑秋九月望日) 용하비구(龍河比丘) 만금(萬金)이 쓴 후서(後書)를 함께 보면서 생각해 보자.

지난 날 『전등록』을 읽다 대주혜해선사의 말씀에 이르렀다. 선사가 마조를 처음 뵘으로부터 사람들을 만나 때때로 끌어주는 말씀과 더욱이 다른 여러 종을 따르는 사람들이 묻는 바에 널리 대답하신 법문으로 그들의 혀를 묶어버리고 들뜬 기운을 상하게 하여 마음으로 기꺼이 승복하도록 함에 이르러서는 참으로 기뻐하지 않을 수 없었다.

대개 스님의 말씀은 경율론의 핵심 되는 뜻에 하나같이 근본을 두니 '사법 그대로의 진리〔卽事卽理〕'와 '온전한 바탕 그대로의 온전한 작용〔全體全用〕'으로, 위로 나아가는 한 기틀〔向上一機〕을 밝혀내 죽임과 살림, 줌과 빼앗음, 세로와 가로, 거슬림과 따름을 하나로 거두어 밟아 근원에 돌아가지 않음이 없었다.

찬술하신 『돈오입도요문론』은 옛날 이미 세상에 성행했으므로 요즈음 들어 특히 많이 보여지게 된 것은 아니다.

요사이 사명(四明)의 비구 묘협이 와서 이렇게 말했다.

"일찌기 이 논이 다른 어록과 이어져 함께 한 편이 된 것을 낡은 상자 끊어진 대쪽 속에서 얻어 보았는데 어찌 내 혼자 논의 뜻을 우러러 사모하겠습니까. 기꺼이 총림의 여러분과 이를 함께 하겠습니다. 문득 내가 모아 두었던 것을 다 출연하여 공인을 시켜 여러 나무에 글자를 새기게 하였습니다. 한 말씀을 그 뒤에 적어 주십시오."

그리고는 새로 판을 낸 글의 하나에서 여섯까지 여섯 장을 보여주었다. 이것은 솥 속의 고기 가운데 한 점을 맛본 것이니 또 어찌 그 책 전체 볼 것을 기다릴 것이 있겠는가.

아! 대주의 이 책은 언어문자냐, 아니냐.

만약 그것이 언어문자라 말하면 도(道)란 언어문자가 아닌 것이며, 그것이 언어문자가 아니라 말하면 삼장(三藏)의 글이 분명히 눈앞에 있다. 이 노선사의 마음에서 유출한 뜻을 융통하여 그것을 하나로 꿰뚫어 앞에서 나열하여 보여주었으니, 그 사이에는 혹 스스로 '나는 선을 모른다'고 하거나 아울러 '한 법도 사람들에게 보임이 없다'고 하였다. 이러한 말들을 보면 이것은 바로 도적의 조마조마한 마음처럼 조심스러운 마음을 지음이라서, 뜻을 다해 다 펼쳐 내려 보여준 것은 아니다.

그러므로 이 어록도 오늘날 사람들에 의해서 다시 더 덧붙이거나 깎아버림을 입지 않을 수 없게 된 것이다. 뒤에 이 노선사의 어록을 보는 자가 만약 마조가 말씀하신 '큰 구슬이 두렷이 밝아 빛이 꿰뚫어 자재하니 가려 막히는 곳이 없음'에서 바로 핵심의 뜻을 얻으면, 빛깔을 따라 자유롭게 비치는 마니의 구슬이 사람 사람마다 갖추지 않음이 없게 될 것이다. 그렇지 못하면 껍질에 걸리고 어리석음에 막힌 것이니 무슨 수가 있겠는가.

정문(頂門)의 눈을 갖춘 자는 시험 삼아 가리어 볼 것이다.[6]

---

6) 용하비구 만금후서(龍河比丘萬金後書) : 囊閱傳燈錄 至大珠海禪師 自初見馬祖 及接人機語 以至泛應諸宗所問 使之結舌喪氣 心悅誠服 處未嘗不爲之慶快而不已 蓋師之言 一本於經律論之要旨 而卽事卽理 全體全用 以發明向上一機 殺活予奪 縱橫逆順 無不合轍而還源也

所撰頓悟入道要門論 昔旣盛行 年來殊不多見 近四明比丘妙叶來言 嘗得此論洎他語共一編於弊篋斷簡中 寧敢私淑 樂與叢林共之 輒罄己長 俾工復鋟諸梓 願一言識其後 且出新板之文 自一至六凡六葉以示 然嘗鼎一臠 又何待覩其全書

噫 大珠此編 語言文字耶非耶 謂其語言文字 則道非語言文字 謂其非語言文字 而三藏之文了了在目 與此老胸襟流出者 融會貫攝 羅列而前陳 其間或自謂我不會禪 幷無一法可示於人 看他此等語 直是作賊人心虛 盡情抖擻不下

앞의 글에 의하면 우리가 『돈오입도요문론』을 읽고 공부하는 것은 글을 배우고 지식을 넓히기 위함이 아니다. 『돈오입도요문론』은 분명 단박 깨달음의 가르침을 주장하되 경율론 삼장에 의지해서 보여주고 명료한 논리로 보여주고 있으므로 글이 아니라 해서는 안 된다. 그러나 그 글이 보여주고 있는 것은 생각에서 생각을 떠난 지혜의 세계이며 언어문자의 틀에 갇히지 않는 존재의 실상이므로 글이라 해도 안 된다.

그러므로 『돈오입도요문론』이 제시한 명쾌한 실천의 지표를 따라 삶의 실상에 복귀하여 현실생활을 해탈의 삶으로 이끄는 자가 참으로 옳게 『돈오입도요문론』을 읽은 자라 할 것이다.

대주선사는 '나는 선을 모르며', '한 법도 사람들에게 보인 바가 없다'고 이야기하여 자신의 뜻을 조심스럽게 낮추어 보일 뿐 아니라 진리란 물화된 모습으로 대상화시킬 수 없음을 보이고 있다. 오직 자신의 현전의 삶 속에서 물듦 없는 지혜와 막힘없는 실상을 회복한 자만이 언어의 껍질과 개념의 틀을 벗어나 살아 움직이는 삶의 진리를 살게 될 것이며 다함없는 공덕을 굴리게 될 것이다.

정문의 눈〔頂門眼 : 마혜슈라천왕의 이마에 있는 또 하나의 눈, 곧 지혜의 눈을 뜻함〕을 갖춘 자, 그는 별다른 신통을 갖춘 자가 아니라 자기의 고통과 질곡 속에 이미 붇다의 깨달음이 주체화되어 있음을 확인하는 자이며, 더불어 사는 모든 이웃으로 더불어 깨달음과 해탈을 공유하는 자일 뿐이다.

所以今日不免被人再加塗抹 後之覽者 若於馬祖所謂大珠圓明光透 自在無遮障處 當下著得精彩 則隨色摩尼 人人無不具足 其或未然 滯穀迷封 有甚麽數 具頂門眼者 試爲辨取

3. 초기 선종사와 대주혜해선사

1) 초기 선종사에서 돈오선의 대두

대주선사가 살았던 서기 800년을 앞뒤로 한 중국 선불교는 혜능, 신수의 남돈북점(南頓北漸)으로 정식화된 선의 논쟁에서 혜능선사의 돈오선의 가풍이 사상의 헤게모니를 장악한 때였다. 그것은 바로 대주선사보다 조금 전에 출현한 혜능의 제자 하택신회가 활대(滑台)의 대운사에서 종론(宗論) 곧 '달마남종의 정통성에 관해 옳고 그름을 판정하는 논〔南宗定是非論〕'을 지어 북종 신수 문파의 선가풍에 대한 철저한 비판을 감행한 사상논쟁의 결과였다.

하택신회선사에 의해 제기된 사상논쟁은 북종 신수의 선풍을 법문은 점교이고 법맥은 방계〔師承是傍 法門是漸〕라고 비판함으로써, 달마선문 안에서 남종 돈오선의 정통을 확립하는 결정적인 계기가 된다. 그러나 하택선사에 의해 주도된 남종의 법통확립과 육조현창운동은 다만 선 안에서의 방법론의 싸움에 그치지 않고 달마를 중심으로 하는 선의 문파를 비로소 하나의 종인 선종(禪宗)으로 확립시키는 토대를 만들어낸다.

중국 선불교에서 신수·혜능의 선적 대결 이전의 문파 대결은 4조 도신 문하에서 우두법융의 우두종(牛頭宗)과 쌍봉산 동산법문(東山法門)의 정통임을 표방하는 5조 홍인(弘忍)의 동산종(東山宗)의 대결이다. 대주가 활동했던 시기는 우두종과 동산종의 대결에서 동산종의 정통성이 확보되고 동산종 안에서 혜능·신수의 남돈북점의 사상투쟁에서 혜능의 돈문(頓門)이 선사상의 주류를 형성해 가던 때이다.

그리고 당시는 비록 혜능의 돈오선으로 하여금 신수문파의 선가풍에 대해 우월한 지위를 확립해 주는 역할을 하택신회가 담당했지만, 남악회양 문하에서 마조도일이 출현하여 큰 세력을 형성함으로써 하택과 마조의 두 흐름이 다시 혜능 문하의 정통성 대결을 시작하던 때이다.

대주선사와 거의 같은 시기에 활약했던 선장(禪匠)을 들어보면 마조계로는 백장회해(百丈懷海), 반산보적(盤山寶積), 남전보원(南泉普願), 석공혜장(石鞏慧藏), 마곡보철(麻谷寶徹), 대매법상(大梅法常) 등이 있고, 청원행사(靑原行思)의 문하에 석두희천(石頭希遷), 약산유엄(藥山惟儼)이 있었다. 비슷한 시기에 화엄에는 청량징관(淸凉澄觀)이 천태 쪽에는 형계담연(荊溪湛然)이 있었다.

중국불교에서 돈오선에 관한 사상투쟁이 신수・혜능을 중심으로 해서 벌어짐으로 해서 보통 많은 사람들은 돈오선이 혜능 때에 비로소 제기된 것으로 생각하거나 '단박 깨달음'이란 선종에 고유한 것으로 생각한다. 그러나 우리가 이미 이 글의 첫 장에서 밝힌 바처럼 '단박 깨달음'이란 불교가 존재의 실상을 해명하는 언어로서 자주 쓰는 공(空)의 실천적 구성이므로 '단박 깨달음'이란 불교 실천론의 기본관점이라 할 것이다.

중국불교사에서 단박 깨침이라는 단어를 맨 처음 사용하여 해탈의 길을 제시한 사상가는 달마 이전 구마라집 문하의 도생법사(道生法師)이다. 그 다음 자신의 선정관을 '대승의 단박 깨달음〔大乘頓覺〕'으로 표방한 이는 천태종의 혜사선사(慧思禪師)이다. 먼저 습선(習禪)을 통해 점차 깨달음에 이르려는 기존 수행관을 반대하고 돈오성불론(頓悟成佛論)을 표방한 도생의 사상을 보여주는 그의 법문 몇 구절을 인용해보자.

> 도생이 오래도록 깊이 사유하여 말 밖의 진리를 사무쳐 깨친 뒤 탄식하여 말했다.
>
> "글자는 뜻을 다하고자 함이니 뜻을 얻으면 글자를 잊고, 말은 이치를 표현하고자 함이니 이치에 들면 말을 쉰다. 경전이 동쪽 인도에서 들어온 뒤로부터 글을 옮기는 사람들이 거듭 뜻에 막혀 많이들 글만을 지키고 원만한 뜻을 보는 이들이 드물었다. 만약 통발을 잊고 고기를 취한다면 함께 도를 말할 수 있을 것이다."
>
> 이에 참됨과 속됨을 가려내고 수행의 원인과 결과를 잘 생각하여 비로소 선행을 하되 과보를 받음이 없이 단박 깨쳐 부처 이룸을 밝혀보였다.7)

도생은 초기 전역시대의 불교사상가들이 경전의 깊은 뜻을 말 밖에서 체달하지 못하고 자구(字句) 싸움에 날을 보내는 병폐를 비판하고, 언어를 진리를 표현하는 수단으로 보는 도가의 언어관을 이끌어들여 언어 밖에서 '단박 깨달아 부처되는 길〔頓悟成佛〕'을 제시한다. 도생에게는 『이제론(二諦論)』, 『불무정토론(佛無淨土論)』 등의 저술과 『열반경』과 『유마경』에 대한 주석이 있다. 『유마경』 권말 「문수사리문질품」의 '공하다는 분별이 없으므로 공함〔以無分別空故空〕' 이라는 경 구절에 붙인 다음 같은 그의 주석을 살펴보기로 한다. 이

---

7) 生旣潛思日久 徹悟言外 喟然歎曰

天象以盡意 得意則象忘 言以詮理 入理則言息 自經典東流 譯人重저 多守滯文 鮮見圓義 若忘筌取魚 始可與言道矣

於是校閱眞俗 研思因果 迺立善不受報 頓悟成佛 (『고승전(高俗傳)』 권6)

주석도 그의 돈오사상을 보여주고 있으니 우리말로 옮겨보면 다음과 같다.

> 도생은 말하였다.
> "공한 지혜라 말하는 것은 공하다고 분별해서 공이 되는 지혜를 말한 것이 아니라, 공한 존재의 이치대로 깨친 것일 뿐이다. 만약 이치대로 깨쳐서 지혜를 얻어서 공하게 됨은 이치가 어찌 그렇지 않을 수 있을 것인가."8)

이러한 도생의 이치대로 깨침〔任理得悟〕이란 달마의 『이입사행론(理入四行論)』의 이입(理入)에 그대로 맥이 닿는다고 할 것이니, 달마의 이입(理入)이 돈오(頓悟)에 배대할 수 있다면 행입(行入)은 수(修)의 개념에 상응한다 할 것이다. 도생의 돈오성불론은 돈오선의 효시를 이루지만 그것 자체가 하나의 종(宗)을 형성하지는 못했다. 나중 도생의 반야사상은 승랑 - 승전 - 법랑 - 길장으로 이어져 삼론종(三論宗)의 선교겸수의 가풍을 이룬다.

혜문 - 혜사 - 천태로 이어져 내려온 돈오(頓悟)의 가풍은 천태라는 거대한 종을 형성한다. 달마와 거의 같은 시기에 혜문선사는 『대품반야경』과 『대지도론』의 일심삼관(一心三觀)을 의지해 선관을 닦다 『중론』 삼제게(三諦偈)에서 활연히 크게 깨친다. 혜문의 제자 혜사는 90일 간의 좌선수행 동안 법화삼매를 증득하고 혜문의 선관을 잇는다. 남악혜사선사는 자신의 『법화경안락행의(法華經安樂行義)』에서 다음과 같이 자신의 실천관이 '대승의 단박 깨치는 길'임을 선

---

8) 도생은 말한다 : 生曰 向言空慧者 非謂分別作空之慧也 任理得悟者耳 若以任理 爲悟而得此 然後空者 理可不然乎哉.

언한다.

> 『법화경』은 대승의 단박 깨닫는 길이다. 스승 없이 스스로 깨쳐 빨리 붇다를 이루는 길이니 온갖 세상 사람들은 믿기 어려운 법문이다.[9)]

여기서 『법화경』이란 단순히 『법화경』의 문자를 뜻하는 것이 아니라 『법화경』이 밝히는 실상 자체이고 실상을 단박 깨닫도록 하는 최상승선으로서 법화삼매(法華三昧)를 뜻한다. 혜문선사와 혜사선사의 깨달음은 제자들에 의해서 다음같이 기술된다.

> 지자선사는 남악을 스승으로 모셨는데 남악혜사선사의 덕행은 불가사의하였다. 십년을 오로지 경전을 외우고 칠년간 방등삼매를 닦으며 90일을 눕지 않고 앉아 좌선하다 한 때에 두렷이 깨달으니 대소승의 모든 법문이 환하게 밝아졌다.
>
> 남악은 혜문선사를 섬겼는데 선사는 제나라때 발해인 고씨의 후예로서 홀로 하회에 노닐으니 그의 법문은 세상 사람이 알지 못하는 바였다. 비록 땅을 밟고 하늘을 이고 살았지만 하늘 높고 땅 두터운 줄 알지 못하였다.[10)]

혜문, 혜사로 이어져 천태지자에 전해진 선관은 점차지관(漸次止

---

9) 法華經者 大乘頓覺 無師自悟 疾成佛道 一切世間 難信法門

10) 『마하지관』에 말한다 : 智者禪師事南岳 南岳德行不可思議 十年專誦 七載方等 九旬常坐 一時圓證 大小法門朗然洞發 南岳事慧聞禪師 當齊高之世 獨步河淮 法門非世所知 履地戴天 莫知高厚 (『마하지관(摩訶止觀)』 권1)

觀), 부정지관(不定止觀), 원돈지관(圓頓止觀)의 세 가지 지관이니, 『마하지관』 제1권은 원돈지관을 다음같이 정의한다.

> 원돈지관은 처음부터 실상을 사유하니 경계에 나아가면 바로 중도라 참되고 실답지 않음이 없다. 법계에 생각함을 매어두고〔止〕 생각을 법계에 하나되게 하니〔觀〕 한 빛깔 한 냄새도 중도 아님이 없고, 자신의 세계와 부처님의 세계, 중생의 세계가 또한 그렇다. 오음, 십이입이 모두 같으므로 괴로움〔苦〕을 버릴 것이 없고, 무명의 번뇌가 바로 깨달음이라 괴로움의 원인〔集〕을 끊을 것이 없으며, 삿된 견해와 치우친 견해가 모두 중도라 도(道)를 닦을 것이 없고, 태어나고 죽는 모습이 바로 니르바나라 니르바나〔滅〕를 얻을 것이 없다.
>
> 괴로움과 괴로움의 원인에 실체가 없으니 세간법의 모습이 본래 없는 것이고, 닦을 도와 얻을 니르바나가 실체가 없으므로 세간을 벗어난 진리의 실체성도 없다. 온전히 하나의 실상이므로 실상 밖에 다른 법이 없고, 법의 참모습이 고요하므로 그것을 그침〔止〕이라 하고, 고요하되 늘 비치므로 그것을 살핌〔觀〕이라 한다. 비록 처음과 나중을 말하지만 둘이 없고 다름이 없으니 이것을 원돈지관이라 한다.[11)]

---

11) 『마하지관』에 말한다 : 圓頓者 初緣實相 造境卽中無不眞實 繫緣法界 一念法界 一色一香無非中道 己界及佛界 衆生界亦然

陰入皆如 無苦可捨 無明塵勞卽是菩提 無集可斷 邊邪皆中 無道可修 生死卽涅槃 無滅可證

無苦無集故無世間 無道無滅故無出世間 純一實相 實相外更分別法 法性寂照名止 寂而常照名觀 雖言初後無二無別 是名圓頓止觀

천태에서 점차지관(漸次止觀)은 병통에 따라 여러 가지 대치방편을 쓰며 낮은 곳에서 깊은 데로 그 관(觀)을 심화시키는 수행법이니, 있음에 집착한 자에게는 공관(空觀)을 주고 공에 집착한 자에게는 가관(假觀)을 주어 중도실상에 이르게 한다. 그에 비해 부정지관(不定止觀)이란 때로 실상을 바로 드러내 보이기도 하고 때로 대치방편을 쓰기도 하여 그 수행법이 정해지지 않는 지관이다.

원돈지관(圓頓止觀)은 끊을 번뇌가 본래 공하고 얻을 중도실상이 본래 주체화되어 있음을 한 생각에 요달하는 지관법인 것이다.

이렇게 보면 육조 혜능 이전 100여 년 전에 천태선사에 의해 정식화된 세 가지 지관은 혜능선사가 표방한 돈오선을 이미 원돈지관으로 제시하고 있으며, 나중 신수·혜능의 돈점논쟁을 융회할 사상적 토대를 미리 중국불교사에 제공하고 있는 셈이 된다.

많은 선학자들의 연구 성과가 증명하듯 달마선종의 성립에는 천태선의 여러 이론서와 천태선관이 그 결정적 토대로 작용한다. 그 몇 가지 예를 들어보자.

천태가 『문수문반야경(文殊問般若經)』에 나오는 일행삼매(一行三昧)의 수행을 사종삼매의 한 법으로 시대 대중에게 제시한 뒤, 일행삼매는 사조 도신, 오조 홍인의 기본적 수행방법으로 전승되고, 오조 문하 신수선사도 이 일행삼매를 의지해 공부했으며, 육조혜능선사와 하택신회도 돈오선의 입장에서 일행삼매를 새롭게 해석하였다. 또한 좌선(坐禪)의 기본 방법론에 대해서도 천태의 『수습지관좌선법요』의 좌선법이 중국불교 모든 좌선 수행의 기본 실천법으로 전승된 점도 그 한 예일 것이다.

당조에 들어 오가칠종(五家七宗)으로 조사선의 법통이 확립되기 전에는 여래선과 조사선의 구분이 없었으며, 천태선문과 달마선문은 서로 침투하며 자기 가풍을 발전시켜왔다.

『육조단경』에는 영가선사가 혜능조사의 제자로 되어 있다. 그러나 『육조단경』에는 영가선사가 육조 혜능을 만나기 이전 천태지관을 정통하여 『유마경』에서 이미 불심종을 깨쳤다고 말하고 있으며, 영가의 저작 『선종영가집』의 내용은 바로 천태의 『마하지관』의 선관을 재정리한 것이다.

달마선풍이 오종으로 벌어져 크게 세력을 떨친 뒤에도 영명연수의 법안종 같은 종파는 천태의 유상안락행(有相安樂行)을 의지하여 수행하였으니, 이런 면을 통해서도 천태선이 달마선풍에 끼친 지대한 영향을 엿볼 수 있다.

특히 사조 도신선사가 천태선사의 제자 지개선사 개창도량인 여산 대림사에서 10여 년 간을 머물며 『문수문반야경』과 천태의 일행삼매를 의지하여 수행한 점 등은 그가 천태선으로부터 깊은 영향을 받아 자신의 독자적 선가풍을 확립하였음을 말해주고 있다.

천태 6조 형계담연선사는 그의 『지관보행전홍결(止觀輔行傳弘決 』(卷二之一)에서 도신선사가 일행삼매에 의거하여 공부하였음을 다음같이 보이고 있다. 인용된 법문은 천태의 일행삼매 곧 상좌삼매(常坐三昧)의 법문에 대한 형계의 재해석이다.

> 괴로움이 바로 실상이니 오음마와 죽음의 마 이 두 가지가 바로 법계인(法界印)이며, 번뇌가 곧 실상이니 이 번뇌마가 바로 법계인이다. 업이 바로 실상이니 하늘 마가 바로 법계인이다. 다음 풀이 가운데 '마가 이미 법계인이니 법계인인 마가 어찌 법계인을 무너뜨릴 것인가'라는 천태의 말씀은 『대지도론』의 다음 뜻과 같다.

> '어떤 보살이 공(空)을 닦아 온갖 생각을 끊도록 사람들에게 가르쳤다. 그런데 나중 마음에 한 생각이 일어나게 되면 이것이 바로 마가 움직임인데 곧 본래 닦는바 공함을 생각하면 마가 따라 사라지게 된다. 그런데 있음을 대치하여 공함을 닦는 것이 이와 같다면 하물며 마의 움직임이 바로 법계인이라고 살핌이겠는가.'
>
> 그러므로 도신선사〔信禪師〕는 원래 이 경(『문수문반야경』)을 써서 심요를 삼았는데, 뒷사람들이 받아쓰면서 뜻과 견해가 같지 않아서 강표(江表), 경하(京河)의 선을 종지로 하는 무리들이 서로 어긋나게 되었다.12)

해탈을 장애하는 네 가지 마는 번뇌마, 오음마, 죽음의 마, 하늘의 마이다. 천태는 번뇌마를 근원적인 미혹〔惑〕으로 보고 있고, 하늘의 마는 번뇌에 물든 인간행위〔業〕로 보고 있으며, 오음과 죽음의 마는 행위의 결과로 주어진 고통〔苦〕으로 해석하는데, 이 네 가지가 본래 공한 줄 알면 조복 받을 바도 없고 얻을 법계가 따로 없게 된다고 말한다.

그 뜻이 바로 '법계인인 마가 법계인을 어찌 무너뜨릴 수 있겠느냐'는 물음의 뜻이다. 일행삼매는 마가 바로 법계임을 바로 살펴내는 공부이니, 형계선사는 도신선사가 『문수문반야경』과 『문수설반야경』에서 말한 일행삼매에 의해 지관을 공부하였다고 지적하고 있는 것

---

12) 苦卽實相 陰死二魔卽法界印 煩惱卽實相 是煩惱魔卽法界印 業卽實相 是天子魔卽法界印次釋中 魔旣卽印 印豈壞印

如大論云 有菩薩教人修空斷一切念 後時纔起一念有心 便爲魔動 卽便憶念本所修空 魔爲之滅 修空尙爾 況復觀之 卽法界印

故信禪師 元用此經 以爲心要 後人承用 情見不同 致使江表京河禪宗乖互

이다. 『능가사자기』에서 도신선사가 선사(禪師)를 정의한 다음 법문에서도 도신선사의 지관구행(止觀俱行)의 수행관이 분명히 드러난다.

> 묻는다.
> "어떤 사람이 선사입니까."
> 도신선사가 말했다.
> "고요함과 어지러움에 휘말리지 않는 자가 바로 선을 잘하여 일상생활을 잘 이끌어 가는 사람이다. 늘 그침에만 머물면 마음이 곧 가라앉아버리고, 늘 살핌에만 머물면 마음이 곧 흩어져 어지러워진다.
> 이에 『법화경』은 '부처님은 스스로 대승에 머물러 깨친 법과 같이 선정과 지혜의 힘으로 장엄하여 이로써 널리 중생을 제도한다'고 가르친다."[13]

흔히 위 법문은 도신선사에 끼친 천태의 영향을 축소하려는 학자나 지관(止觀)으로 표현된 선과 불교가 하나있고, 정혜(定慧)로 표현되는 선과 불교가 따로 있다고 생각하는 일부 학자들에 의해서, 도신이 천태지관의 병폐를 부정하고 새로운 대승선으로 나아가는 것으로 해석된다. 그들은 법문이 '지와 관에 걸려 있는 병폐를 제거하고 오직 대승선의 정혜력장엄으로 귀일(歸一)함을 주장한 것'으로 해석하거나 '지와 관에 머무르고 있는 악폐를 지적한 것이며 천태지

13) 問 何者是禪師 信曰 不爲靜亂所惱者 卽是好禪用心人 常住於止 心卽沈沒 常住於觀 心則散亂 法華經云 佛自住大乘 如其所得法 定慧力莊嚴 以此度衆生

관에 대한 비판'이라 정의한다.[14]

그러나 도신의 위 법문은 지(止)가 관(觀)을 떠날 수 없고〔卽觀之止〕, 관(觀)이 지(止)를 떠날 수 없는〔卽止之觀〕 천태지관의 근본입장을 재천명한 것이다. 불교의 존재론에서 있음이 공을 떠난 있음이 아니고 공이 있음을 떠난 공이 아니듯, 실천론에서 그침은 늘 살핌 그대로의 그침이며 살핌은 그침 그대로의 살핌이다. 『마하지관』은 지관구행(止觀俱行)이 되지 못한 치우친 선 수행을 비판하여 이렇게 말한다.

"그침을 말해 그침을 그치고 살핌을 말해 살핌을 깨뜨린다. 그침에 머물면 생사에 빠지고 살핌에 머물면 의식이 어지러워진다."[15]

"그침은 모습 공한 참됨을 체달함이니 비치되 늘 고요하고, 그침은 곧 잘 인연을 따름이니 고요하되 늘 비친다. 그침이란 바로 그치지 않고 그침이니, 그침과 살핌을 함께 부정하고 함께 긍정한다. 참된 그침은 붇다를 내는 어머니요, 붇다를 내는 아버지이며, 곧 아버지이자 어머니이니 그침이 바로 붇다의 스승이고 붇다의 몸이다.[16]

위 법문을 보게 되면 도신선사는 천태지관을 비판한 것이 아니라

---

14) 性本, 『中國禪宗의 成立史 硏究』 257쪽에 소개된 일본 학자들의 견해.

15) 說止破止 說觀破觀 住止沒生死 住觀心神亂

16) 止卽體眞照而常寂 止卽隨緣寂而常照 止卽不止止雙遮雙照 止卽佛母 止卽佛父 亦卽父卽母 止卽佛師 佛身

천태의 『마하지관』의 법문을 그대로 인용하여 지관의 대의와 자신의 선관을 피력하고 있음을 알게 된다.

그리고 위와 같은 고찰을 통해 우리는 선종(禪宗)을 달마를 비조로 하는 선의 문파만을 지칭하는 개념으로 사용하는 것이 사상사의 객관적 흐름에 부응하지 못한다는 결론에 이르게 된다.

천태지자가 『마하지관』을 설하여 원돈지관(圓頓止觀)을 표방할 때 달마선종은 아직 선종이라는 종파적 정체성을 전혀 갖추지 못하였고, 신수·혜능에 이를 때까지 달마문하는 능가종 또는 동산법문으로 자종을 정의하였다.

그러므로 선종은 이제 선을 종지로 하여 선을 실천의 기본방법으로 채택하고 대중에게 선을 해탈의 방법론으로 제시하는 종파라는 포괄적 의미로 규정되어야만 하는 것이니, 중국 종파불교에서 그러한 의미의 선종에는 천태종과 달마종 양종이 포함된다.

동아시아불교사에서 천태를 선종으로 판정하는 것은 천태자종의 정의일 뿐 아니라 사상사의 객관적 흐름에 부응되는 것이다. 다만 천태는 실상을 말 밖에 따로 있는 것으로 보거나 선적 체험을 다시 신비화시켜 관념의 늪에 헤매는 암증선사(暗證禪師)를 부정하기 위해 교관일치(教觀一致)를 표방하고, 달마는 실상이 개념의 틀 안에 갇혀있는 것으로 보거나 진리를 언어문자로 따져 알려는 문자법사(文字法師)를 타파하기 위해 교외별전(教外別傳)을 주장하는 것이다.

그러나 암증선사와 문자법사를 동시에 부정하는 것은 남악혜사, 천태지자의 일관된 선적 입장인 것이니, 문자를 반대하는 달마의 가풍은 문자행을 강조하는 천태선의 반동이자 도리어 문자법사를 부정하는 천태선의 산물이라 할 것이다.

최근 한국불교에 돈오돈수의 선풍을 다시 제창한 성철선사도 『백일법문(百日法門)』이라는 이름으로 발간된 법어집에서 천태를 선종으로 판정하는 다음 법문을 남기고 있다.

> 천태스님이 화엄종과 다른 점은 교리 면에서뿐만 아니고 실제 정진하여 깨치는 데 치중한 것입니다. 천태스님은 스스로 자기는 선종이라 하지 교종이라 하지 않았습니다. 부처님의 정법이 28대[17]로 내려오면서 천태로 계승되고 달마스님이나 육조의 선종은 실제로 선종이 아니고 천태종만이 선종이라고 주장했습니다. 이렇게 주장할 만큼 천태종에서는 교리보다 실천적인 선정을 익히는 것이 보다 근본으로 규정되어 있습니다.

2) 마조(馬祖), 하택(荷澤)과 대주선사

혜능선사와 신수선사의 대결이 혜능의 제자들에 의해 남돈북점(南頓北漸)으로 정식화된 것은 널리 알려진 사실이다. 남돈북점이라는 표현 속에는 혜능의 선관이 깨침〔悟〕의 혁명적 자기전환을 강조하는 선관이며, 신수의 선관은 깨달음에 이르게 하는 방편수행을 강조하고 있음이 나타나고 있다. 혜능이 소주라는 남방지역에서 지방관리와 서민을 중심으로 교화했음에 반해 신수가 장안 낙양의 제도(帝

---

17) 28대 전승 : 인도에서 정법안장이 28대로 전해진 뒤 중국으로 전승되었다는 주장은 달마선종의 삽삼조사설이다. 천태선문에서는 인도 24조 사자존자에게서 부법장 등은 단절되고, 중국에서 북제혜문선사가 『중론』에서 깨쳐 혜사·천태로 그 법이 이어졌다고 주장한다.

都)에서 교화했음을 살펴보면, 혜능의 돈오(頓悟)라는 말에는 기성의 권위와 교학적 체계에 의지할 수 없었던 그의 생활상의 처지와 사상적 입장이 깊이 배어 있음을 알 수 있다. 그리고 혜능의 법어를 기록한 『육조단경(六祖壇經)』과 신수의 북종에서 편집된 『능가사자기(楞伽師資記)』를 보면 혜능이 『금강경』의 반야사상을 토대로 가르침을 편 반면, 신수는 비록 동산법문을 표방하나 『능가경』을 소의로 일심법(一心法)을 강조하는 능가사류(楞伽師流)의 법계에 속했음을 알 수 있다.

신수와 혜능의 선관은 『육조단경』(돈황본)에 나타난 두 선사의 잘 알려진 다음 두 게송에 의해 단적으로 요약된다.

신수의 게송은 이렇다.

몸은 바로 깨달음의 나무요
마음은 밝은 거울의 틀이네.
때때로 부지런히 털고 닦아
티끌먼지 일지 않도록 하라.

身是菩提樹　心如明鏡臺
時時勤拂拭　莫使有塵埃

신수의 게송에 대한 혜능의 송은 이렇다.

깨달음에는 본래 나무가 없고
밝은 거울 또한 받침틀 없네.
불성은 늘 깨끗하나니
어느 곳에 티끌먼지 있으랴.

菩提本無樹　明鏡亦無臺
佛性常淸淨　何處有塵埃

위의 신수의 게송은 번뇌가 공하지 않은 곳〔煩惱卽假〕에 서서 번뇌를 돌려 지혜를 구현하는 방편수행을 강조한다면, 혜능은 번뇌가 공한 곳〔煩惱卽空〕에 서서 다시 끊을 것이 없음을 강조하고 있다.

돈황본 『육조단경』에 나타난 번뇌를 조복하려는〔調伏〕 신수의 입장과 번뇌를 조복할 것이 없음〔不調伏〕을 말하는 혜능의 입장은 두 가지 대립을 형성한다. 신수・혜능의 조복(調伏)과 불조복(不調伏)의 논쟁이 있기 100여 년 전에 천태선사의 『마하지관(摩訶止觀)』(卷八)은 이렇게 말한다.

번뇌를 조복하지 않음에 머무는 것, 이것은 어리석은 자의 모습이며, 번뇌를 조복함에 머무는 것은 성문법이다. 왜 그런가. 범부는 탐욕의 물든 생활로 나고 머물고 달라지고 사라지는 생멸의 흐름을 따라 생사업이 무겁게 쌓이므로, 함부로 날뛺을 길들이기 어렵게 되었기 때문에 조복하지 않음이라 이름한다.

이승의 치우친 수행자는 나고 죽음을 두려워하여 원수가 뒤쫓는 것처럼 삼계를 빨리 벗어나고자 하기 때문에 조복함이다. 아라한은 조복하지 않음이라 말하니, 그것은 삼계의 미혹이 다해 미혹을 조복할 것이 없기 때문이니 이러한 의미의 조복하지 않음은 곧 조복함이 된다. 그것은 번뇌의 씨 태워 나지 않게 하고 뿌리를 없애 쓸모없게 하기 때문이다.

그러나 보살은 그렇지 않다. 나고 죽음에 대해서도 용맹스러움이 있고 열반에 대해서도 탐착하지 않는다. 나고 죽음에 용맹

> 스러우므로 남이 없이 태어나 나는 법에 의해 물들지 않으니, 마치 연꽃이 진흙 속에 있는 것 같고 의사가 병을 나아줌과 같다.
>
> 열반에 탐착하지 않으므로 공이 공하지 않음을 알아서 공한 법으로 깨달음을 삼지 않으니, 마치 새가 허공을 날아가되 허공에 머물지 않는 것 같다.
>
> 보살은 번뇌를 끊지 않고 열반에 들며 오욕을 끊지 않고 육근을 깨끗이 하니, 이것이 곧 조복함에도 머물지 않고 조복하지 않음에도 머물지 않는 뜻이다.[18]

천태선사에 의하면 허위와 질곡을 조복하지 못하고 생사의 굴레를 반복하는 범부의 삶이나 번뇌를 억지로 조복하여 번뇌 없는 곳에 이르려 하는 이승의 삶, 그리고 번뇌가 본래 없는 곳을 또 다시 신비화하여 현실의 지평으로 돌아 나오지 못하는 수행자의 길들은 모두 존재의 실상에 부합된 참된 삶이라 할 수 없다.

보살은 번뇌가 공한 줄 알므로 번뇌에 머물러 번뇌를 조복하지 못하는 범부의 삶에도 머물지 않고, 번뇌가 공하기 때문에 연기하는 줄 알므로 번뇌를 조복하되 끊어 조복하는 모습에도 머물지 않으며, 번뇌가 중도인 줄 알므로 조복하지 않는 모습과 조복하는 모습에 모

---

18) 住不調伏是愚人相 住於調伏是聲聞法 所以者何 凡夫貪染隨順四分生死重積 狠戾難馴故名不調

二乘怖畏生死 如爲怨逐 速出三界 阿羅漢者 名爲不調 三界惑盡 無惑可盡 如是不調 名之爲調 焦種不生 根敗不用

菩薩不爾 於生死而有勇 於涅槃而不味 勇於生死不生而生 不爲生法所汚 如花在泥 如醫療病 不味涅槃 知空不空 不爲空法所證 如鳥飛空 不住於空 不斷煩惱而入涅槃 不斷五欲而淨諸根 卽是不住調伏 不住不調伏意

두 머물지 않는다〔煩惱卽空故 不住不調伏 煩惱卽假故 不住調伏 煩惱卽中故 不住亦調伏 亦不調伏〕.

이러한 천태의 중도적 관점에서 보면, 신수선사의 '때때로 털고 닦아 먼지 묻지 않도록 하라'는 가르침은 조복의 편향을 벗어나지 못한 수행관이라 할 것이다. 하택신회선사는 스승 혜능선사의 '불성이 늘 깨끗하니 어느 곳에 티끌 먼지 있으랴'는 법문을 천태가 말한바 '조복함에도 머물지 않고 조복하지 않음에도 머물지 않는 법문'이라고 해석한다.

그러므로 하택신회선사는 『남종정시비론(南宗定是非論)』에서 '마음을 조복하는 것과 조복하지 않는 이 두 가지 법을 떠난 것이 곧 혜능선사의 수행이다'라고 말한다. 하택은 신수선사를 닦는 모습과 조복하는 모습에 떨어진 수행자로 공격하면서 그의 단어〔南陽和尙頓教解脫禪門直了性壇語〕에서 이렇게 말한다.

> 마음의 본바탕이 비어 고요하니 비어 고요한 바탕에서 앎을 일으켜 세간의 푸름과 누름 붉고 흰 것을 잘 분별하면 이것이 지혜이며, 분별 일어남을 따라가지 않으면 이것이 선정이다. 만약 마음을 모아 정에 들면 무기공(無記空)에 떨어지며, 선정에서 나온 뒤에는 마음을 일으켜 세간의 함이 있는 모습을 분별하여 이것을 지혜라 하지만 경에서는 그것을 망녕된 마음이라 한다.
>
> 이러한 수행법에서는 지혜일 때 선정이 없고, 선정일 때 지혜가 없다. 이렇게 이해하는 사람은 모두 번뇌를 떠나지 못한다. 마음을 모아 선정에 들고 마음을 머물러 고요함을 보며 마음을 일으켜 밖을 비추고 마음을 거두어 안으로 깨친다 하면 이것은

해탈의 마음이 아닐 뿐더러 법에 묶인 마음이니 중도의 작용이 되지 못한다.[19]

하택에 있어서 선정은 늘 지혜로서의 선정임에 반하여 하택이 비판한 신수의 선정은 깨달음에 이르기 위해 마음을 안정시키기 위한 방편수행이다. 그런데 수행이 깨달음의 원인이 되기 위해서는 깨달음의 현실적 구현이 있을 때 비로소 그 수행이 깨달음이라는 결과의 원인이 되므로 지혜와 통일되지 못한 수행은 진정한 수행이 되지 못한다.

대주선사는 혜능의 돈오선을 동산법문의 정통으로 표방하고 그 계승자로 자처한 하택신회의 가장 강력한 영향을 받은 선사이다. 대주선사는 마조도일의 제자이므로 혜능 - 남악회양 - 마조도일로 이어지는 선맥의 흐름 속에 서 있다. 그러나 마조도일선사는 돈오를 표방하지만 신수선사가 강조해왔던 『능가경』을 주로 의지하고 있으므로 깨달음을 표현할 때도 능가의 여래장사상, 화엄의 성기론적 관점을 받아 '자기 집 본성품을 깨달음〔悟自家本性〕' 또는 '단박 본성품을 깨침〔頓悟本性〕', '불성을 봄〔見佛性〕'이라 표현한다. 그에 대해 대주선사는 혜능·하택의 흐름을 이어 『금강경』의 반야사상에 의해 깨달음을 무념(無念)으로 표현한다.

곧 마조의 선풍에서 깨침은 늘 중생의 움직이고 쓰는 모든 활동이 불성(佛性) 또는 법계성(法界性)의 발현으로 표현된다면, 대주의 선

---

19) 本體空寂 從空寂體上起知 善分別世間靑黃赤白是慧 不隨分別起是定 卽如凝心入定 墮無記空 出定已後起心 分別一切世間有爲 喚此爲慧 經中名爲妄心 此則慧是無定 定時則無慧 如是解者 皆不離煩惱 凝心入定 住心看淨 起心外照 攝心內證 非解脫心 亦是法縛心 不中用

풍은 하택과 동일하게 깨달음을 주체의 사유가 생각 아닌 생각〔無念之念〕으로 전환되는 것으로 표현한다.

깨달을 때 개아의 모든 활동이 불성의 발현이 되고 법계가 된다는 표현은 만법이 일심에서 일어났다는 화엄(華嚴)의 성기론(性起論)과 그 맥을 같이 한다면, 깨달을 때 주체의 사유가 생각 아닌 생각으로 되고 모습이 모습 아닌 모습이 된다는 표현은 모든 법이 공함을 체달할 때 모든 법을 모습 아닌 참모습으로 굴려 쓸 수 있다는 천태실상론(天台實相論)의 입장과 같다.

먼저 대주의 스승인 마조도일선사에 관한 『조당록』과 『전등록』의 기록을 살펴보자.

『조당록(祖堂錄)』(권 14)은 이렇게 보인다.

> 선사는 매번 대중에게 이렇게 말하였다.
>
> 그대들은 각기 이 마음이 바로 부처의 마음인 줄 믿으라. 그러므로 달마대사께서는 남인도에서 오셔서 최상승인 한마음의 법을 전하여 그대들이 깨닫도록 하신 것이다. 또 『능가경』을 자주 이끌어 중생의 마음을 인증해 주셨으나, 중생은 뒤바뀌어 이 한마음의 법이 각기 자신에게 있는 줄 믿지 않는다. 그러므로 『능가경』은 부처님이 말씀한 마음으로 종을 삼고 문 없음으로 진리의 문을 삼는다.[20]

위 『조당록』에 나타난 법문은 만법을 한마음인 만법이라고 설한

---

20) 每謂衆曰 汝今各信自心是佛 是故達摩大師 從南天竺國來 傳上乘一心之法 令開悟 又數引楞伽經文 以印衆生心地 悉顚倒不自信此一心之法 各各有之 故楞伽經 以佛語心爲宗 無門爲法門

『능가경』을 이끌어 선종의 종지를 삼은 마조선사의 법문이다.

다시 『전등록(傳燈錄)』(권 28)에는 다음 같은 선사의 법어가 실려 있다.

> 만약 바로 도를 알려하면 평상의 마음이 바로 도(道)이다. 평상의 마음이라 말하는 것은 지어 만듦이 없고 옳고 그름이 없으며 취하고 버림이 없고 끊어짐과 항상함이 없으며 범부도 없고 성인도 없다. 이 뜻을 경에서는 '범부의 행도 아니고 현성의 행도 아님이 바로 보살의 행이다'라고 가르친다.
>
> 다만 지금 가고 머물고 앉고 누우며 대상의 기틀에 응하고 사람을 만남이 모두 도(道)이다. 도가 바로 법계(法界)이니 나아가서는 강가강 모래수와 같이 한량없는 묘한 쓰임이 이 법계를 벗어나지 않는다.
>
> 만약 이와 같지 않으면 어떻게 '마음 땅의 법문〔心地法門〕'이라 할 수 있으며 '다함없는 등불〔無盡燈〕'이라 할 수 있겠는가. 온갖 법이 모두 마음의 법이요 온갖 이름이 모두 마음의 이름이다. 만 가지 존재가 모두 마음에서 생겨났으니 마음은 만법의 근본이다. 이에 경은 '마음을 알아 본원을 사무치므로 사문이라 한다'고 하였다.21)

마조선사에 의하면 온갖 중생은 본래부터 법성삼매(法性三昧)를

---

21) 若欲直會其道 平常心是道 謂平常心 無造作無是非 無取捨無斷常 無凡無聖 經云 非凡夫行非賢聖行是菩薩行 只如今行住坐臥 應機接物盡是道

道卽是法界 乃至 河沙妙用不出法界 若不然者 云何言心地法門 云何言無盡燈 一切法皆是心法 一切名皆是心名 萬法皆從心生 心爲萬法之根本 經云 識心達本源 故號爲沙門

벗어나지 않으며 늘 법성삼매 속에 있어 옷 입고 밥 먹고 사람들과 대화하고 육근을 움직이는 모든 활동이 다 법성(法性)인데, 다만 그 근원에 돌아갈 줄 모르고 이름과 모습에 얽매여 갖가지 소외된 업을 짓는 것이다.

이제 한 생각을 반조하면 그 온갖 것이 전체가 성인의 마음이며 도이며 법계이다. 이 뜻이 마조선사가 말한 평상의 마음이 도란 뜻이니, 마조선사에 있어서 깨달음이란 중생의 온갖 동작과 작용이 바로 법계 자체가 됨이다.

그러므로 마조가 쓰는 법계(法界)·법신(法身)·불성(佛性)의 뜻은 천태가 쓰는 '한 빛깔 한 냄새도 중도 아님이 없다'는 중도의 뜻과는 그 언어용법이 다르다. 천태는 지금 주어진 법 자체가 있음도 아니고 없음도 아니므로 중도라 하고, 있음에 대해 마조선사는 있음이 아니고 없음이 아니며 큼이 아니고 작음이 아니지만 있음과 없음, 큰 것과 작은 것을 내는 크나큰 것으로 법신·법계의 뜻을 쓰고 있다. 곧 마조는 규정을 규정해내는 무규정자를 법신·법계로 말하고 있으니, 『마조어록』은 그 뜻을 '법신이란 다함없어서 그 바탕이 늘어남과 줄어듦이 없지만 큰 것도 될 수 있고 작은 것도 될 수 있으며 모난 것도 될 수 있고 둥근 것도 될 수 있어서 사물에 응해 모습을 나타내는 것이 마치 물 가운데 달과 같다〔法身無窮 體無增減 能大能小 能方能圓 應物現形 如水中月〕'고 말한다.

천태의 원돈지관에서 '생각함을 법계에 매어둔다는 것〔繫緣法界〕'은 살피는 주체의 사유가 살펴지는 존재의 참모습을 떠나지 않음이니, 인식주체와 대상이 모두 공하여 주·객이 둘이되 하나됨을 뜻하므로 지(止)를 말한다. 그 다음 이어지는 '생각함을 법계에 하나되게 하는 것〔一念法界〕'은 마음 아닌 마음으로서 한 생각 속에 모습 아닌 모습으로서 법계가 늘 드러남이니, 이 자리는 주체와 대상이 하나이되 둘임을 뜻하므로 관(觀)을 말한다. 원돈지관은 지관을 함께 행해〔止觀俱行〕 생각에 생각 없어서 늘 생각함이 법계를 떠나지 않고, 생각 없이 생각하여 생각이 법계와 하나된 곳이므로, 사물을 보는 주체의 마음은 마음 아닌 마음이 되고, 주체가 보고 듣는 사물 사물은 늘 있음과 없음을 떠난 중도실상이 됨이니, 그 뜻을 천태는 '한 빛깔 한 냄새도 중도 아님이 없다'고 한다.

곧 마조선에서는 법계(法界) 법신(法身)을 경험된 사물의 대립된 모습을 부정하면서 살려내는 보편적 개념으로 쓰고 있다면, 천태는 주어진 대립물의 실체가 스스로 공함을 밝혀 존재 자체의 열려진 모습을 법계(法界) 중도(中道)라는 말로 쓰고 있다.

대주혜해선사는 스승인 마조류의 선적 언어를 빌어서 자신의 선관을 피력하지 않고, 홍주종에서 지해종사(知解宗師)로 비판하고 있고 한국불교에서 혜능선의 방계적 인물로 취급하는 하택신회선사의 언어를 그대로 자신의 선관을 설명하는데 수용하고 있다.

그것은 『돈오입도요문론』에서 마조가 종으로 삼는 『능가경』의 인용은 몇 군데에 그치지만 『금강경』, 『유마경』이 도처에서 인용되고 있음에서 단적으로 알 수 있다. 일본학자들의 연구 성과에 의거하면 『돈오입도요문론』이 인용하고 있는 경전 중 가장 많이 등장하는 경전은 『유마경』(24개소)이며, 그 다음이 『금강경』(14개소)이다. 그 밖에는 『열반경』, 『능가경』, 『화엄경』, 『기신론』, 『법화경』이 몇 군데씩 인용되고 있다.

대주가 영향받은 선서로는 『마하지관』, 『신회어록』, 『육조단경』, 『절관론(絶觀論 : 牛頭)』, 『수심요론(修心要論)』 등이 있는데, 특히 북종선계의 위경으로 판명된 『선문경(禪門經)』이 인용되고 있는 점은 주목할 만한 일이다. 그 중 하택신회선사의 어록은 인용의 수준에 머물지 않고 돈오(頓悟)·무념(無念)·중도(中道)·오안(五眼)·법신(法身)·반야(般若) 등 불교사상의 핵심범주를 하택신회의 입장 그대로를 재정리해서 사용하고 있다.

이제 『하택어록(荷澤語錄)』을 살펴봄으로써 하택선사가 대주혜해선사에게 끼친 영향을 개괄적으로 살펴보자.

대주선사는 선의 단박 깨침은 '단박 허위의식을 없애는 것이며 얻을 바 없음을 깨달음〔頓除妄念 悟無所得〕'이라 정의한다. 그러므로 대주에 있어서 단박 깨침은 바로 망념이 지양된 무념(無念)이니, 무념은 아무런 생각이 없다는 뜻과도 다르고 생각을 비워서 생각 없음에 이른다는 뜻과도 다르다.

대주는 무념을 이렇게 정의한다.

> "다만 이 생각 없음을 참된 생각이라 하니 깨달음에는 실체적으로 생각하는 바가 없다. 여기서 생각하는 바가 없다는 것은 곧 온갖 곳에 마음이 없는 것이니 이것이 생각하는 바가 없음이다. 위에서처럼 여러 가지로 생각 없음을 말한 것은 모두 일에 따라 방편으로 거짓 이름을 세운 것이니, 모두 한 바탕을 같이해 둘이 없고 다름이 없다. 다만 온갖 곳에 마음이 없는 줄 알면 곧 이것이 생각 없음이니, 생각 없음을 얻을 때에 스스로 해탈을 이루게 된다."22)

---

22) 只箇無念 是名眞念 菩提無所念 無所念者 卽一切處無心 是無所念 只如上說如許種無念者 皆是隨事方便 假立名字 皆同一體 無二無別 但知一切處無心 卽是無念也 得無念時 自然解脫

이러한 대주선사의 돈오와 무념의 입장은 그대로 하택신회의 종지와 같다. 먼저 『하택어록』 20단에 보이는 무념의 가르침을 살펴보자.

사도왕(嗣道王)이 물었다.
"생각 없는 법이란 범부의 닦음입니까, 성인의 닦음입니까. 만약 성인의 닦음이라면 왜 범부에게 생각 없는 법을 닦도록 권합니까."
답했다.
"생각 없는 법이란 성인의 법이니, 범부가 만약 생각 없는 법을 닦으면 곧 범부가 아니요."
또 물었다.
"없다는 것은 무슨 법이 없음이고 생각함이란 무슨 법을 생각함입니까."
답했다.
"없다는 것은 두 가지 실체적인 법이 없음이요, 생각함이란 오직 진여(眞如)를 생각함이오."
또 물었다.
"생각함과 진여는 무슨 차별이 있습니까."
답했다.
"또한 차별이 없소."
물었다.
"차별 없음을 깨달았는데 왜 진여 생각함을 말합니까."
답했다.
"말한바 생각함이란 곧 진여의 작용이요, 진여란 곧 생각의

> 바탕이오. 이런 뜻 때문에 생각 없음으로 실천의 뼈대〔宗〕를 삼는 것이오. 만약 생각 없음을 말한다면 보고 듣고 깨달아 앎이 있다 해도 늘 비어 고요하오."[23)]

있음과 없음을 실체로 생각하지 않음이 무념이라는 대주의 법문은 바로 하택의 두 가지 대립물을 실체로 생각하지 않고 오직 진여를 생각한다는 뜻이다. 그런데 하택이 진여를 생각한다고 말한 뜻은 나의 생각으로 진여라는 대상화된 진리를 생각한다는 것인가. 하택의 '오직 진여를 생각한다'고 함이 대주선사가 '오직 보리를 생각한다'고 함이며, 이는 천태선사가 생각함을 법계에 묶는다고 한 뜻을 재구성한 것이다. 곧 주체가 대상을 알 때 모습에 모습 없음을 사무쳐 대립물의 실체성이 지양됨으로써 나의 생각이 생각 아님으로 지양됨을 오직 '진여를 생각함'이라고 말하고 있는 것이다.

그러므로 진여는 지금 아는 자와 아는 바가 맞물려 일어나는 생각의 부정이자, 아는 자와 아는 바를 동시에 긍정해내는 창조적 의식성의 산출인 것이다. 곧 진여는 생각의 생각 없음이자 생각 없되 생각 없음도 없는 생각의 긍정인 것이니, 하택은 그것을 오직 진여를 생각함이라 말한다. 그러므로 단박 존재의 공한 실상을 깨칠 때 무념이 되고 무념이 될 때만 존재의 공성이 요달되는 것이니, 대주는 그것을 '얻을 바 없음을 깨침'이라 하고, 하택은 이를 '자기 마음이 본래 공한 줄 앎'이라 한다. 『하택어록』 21단은 돈오를 이렇게 말한다.

---

23) 問曰 無念者無何法 是念者念何法 答曰 無者無有二法 念者 唯念眞如 又問 念者與眞如有何差別 答 亦無差別

問 旣無差別 何故言念眞如 答曰 所言念者 是眞如之用 眞如者 卽是念之體 以是義故 立無念爲宗 若言無念者 雖有見聞覺知而常空寂

"스스로 그러함이 단박 깨침의 뜻이고, 스스로의 마음이 본래 비어 고요함이 단박 깨침의 뜻이며, 마음에 얻을 바 없음이 단박 깨침의 뜻이고, 마음이 바로 도임이 단박 깨침의 뜻이며, 마음에 머무는 바 없음이 단박 깨침의 뜻이고, 법을 두고 마음을 깨치되 마음에 얻을 바 없음이 단박 깨침이다.

온갖 법이 곧 진여인 온갖 법인 줄 아는 것이 단박 깨침이며, 공 설함을 듣되 공을 집착하지 않고 공하지 않음도 취하지 않는 것이 단박 깨침이고, 나〔我〕 설함을 듣되 나를 집착하지 않으며 나 없음〔無我〕도 취하지 않음이 단박 깨침이며, 나고 죽음을 버리지 않고 니르바나에 드는 것이 단박 깨침이다."[24)]

하택의 돈오는 존재의 중도실상을 체달함으로써 공(空)에도 머묾 없고 공하지 않음〔不空〕에도 머묾 없는 것이며, 나고 죽음이 본래 공하므로 나고 죽음에 머물지 않고, 나고 죽음이 본래 공하므로 나고 죽음을 버리고 열반을 구하거나 열반에 머묾 없이 나고 죽음을 창조적으로 쓰는 것이다.

하택과 대주는 이처럼 돈오를 법성삼매에 들어감〔入法性三昧〕으로 표현하지 않고, 인식주체와 인식대상, 인식행위〔內・外・中〕의 실체성을 벗어나 안과 밖과 중간에 머묾 없이 안과 밖과 중간을 올바로 돌려쓰는 생활의 자유로 표현한다.

다시 『돈오입도요문론』에는 중도의 뜻을 묻는 이에게 대주선사가

---

24) 自然是頓悟義 自心從本已來空寂者是頓悟 卽心無所得者爲頓悟 卽心是道爲頓悟 卽心無所住爲頓悟 存法悟心 心無所得是頓悟 知一切法是一切法爲頓悟 聞說空不着空卽不取不空是頓悟 聞說我不着我卽不取無我是頓悟 不捨生死而入涅槃是頓悟

대립물 자체가 바로 중도라고 답하는 구절이 있다. 이 뜻은 대립물의 통일은 대립물 밖에 있거나 제3의 영역 속에 있는 것이 아니라 대립물의 열려진 자기 모습 속에 있음을 말하고 있으니, 이 구절은 『하택어록』의 중도의 뜻을 대주선사가 그대로 옮겨 쓰고 있는 구절이다.

『하택어록』 5단을 풀어보자.

> 여산법사가 물었다.
> "어떤 것이 중도의 뜻입니까."
> "두 가지 치우친 갓의 뜻이 바로 이것이다."
> "이제 중도의 뜻을 물었는데 왜 두 가지 치우친 갓의 뜻이 이것이라고 답하십니까."
> "이제 중도라 말하는 것은 두 가지 갓의 뜻을 인해 세워진 것이다. 만약 두 가지 갓의 뜻을 세우지 않는다면 중도의 뜻도 또한 세워질 수 없는 것이다."25)

위에서 인용한 바처럼 대주선사는 돈오·무념·중도라는 불교사상의 기본적인 관점을 하택선사를 계승하고 있으며, 그 밖에도『금강경』의 다섯 가지 눈〔五眼〕, 대승·최상승의 정의를 하택의 입장을 그대로 수용하고 있다.

이제 하택신회선사의 오안(五眼), 대승(大乘)·최상승(最上乘)에 관한 법어와 대주선사의 법어를 함께 살펴보자.

『하택어록』에 다섯 눈〔五眼〕에 관한 다음 법문이 실려 있다.

---

25) 廬山法師門 何者是中道義 答曰 邊義卽是 問 今問中道義 何故答邊義是 答曰 今言中道者 要因邊義立 若其不立邊 中道亦不立

제자 무행(無行)이 물었다.

"저는 준법사(俊法師)가 이렇게 말한 것을 보았습니다.

'『법화경』에서 여래의 다섯 눈의 뜻을 설했는데, 거짓 있음을 좇아 공에 들어감〔從假入空〕을 혜안(慧眼)이라 이름하고, 공을 좇아 거짓 있음에 들어감〔從空入假〕을 법안(法眼)이라 이름하며, 공도 아니고 거짓 있음도 아님〔非空非假〕을 불안(佛眼)이라 이름한다고 말한다.'

도성의 출가와 재가의 무리들이 이 말에 불가사의하다고 찬탄하는데 무행(無行)은 여기에 의심이 있습니다. 말한 바가 맞는지 살피지 못하겠습니다."

화상이 말했다.

"너는 무슨 의심이 있느냐, 말해보라."

무행이 말했다.

"무행이 의심하는 것은 다음과 같습니다.

경에서는 '여래의 하늘눈이 늘 삼매에 있어서 모든 부처님들의 국토에 두 모습이 없음을 본다'고 했습니다. 그런데 어떻게 혜안(慧眼)은 거짓 있음을 좇아 공에 들어가야 하며, 어떻게 법안(法眼)은 공을 좇아 거짓 있음에 들어가야 합니까.

만약 이와 같다면 모두 서로 원인 삼는 것〔相因〕이라 만약 거짓 있음을 인하지 않고서는 곧 공에 들 수 없을 것이요, 만약 공을 인하지 않고서는 곧 거짓 있음에 들 수 없을 것입니다. 이렇게 되면 공에 들어감이 곧 거짓 있음이 아니고 거짓 있음에 들어감이 곧 공이 아니라 거짓 있음과 공이 두 길이 되어 법안과 혜안이 달리 떨어지게 됨을 마땅히 알아야 합니다.

부처님의 참된 눈을 원만히 하면 마땅히 이런 다름이 없을 것입니다.

이와 같이 의심을 내니 분명히 보여주시길 바라옵니다."

화상이 말했다.

"사람에 날카로움과 무딤이 있으므로 곧 단박 깨침과 점차 행함이 있으니, 법사의 말한 바는 대개 헤매는 사람을 위해 그렇게 말하는 것이다. 만약 다섯 눈을 논하라면 실로 이와 같지 않다.

여래께서는 범부와 같음을 보이려고 육안이 있다고 말씀하신 것이다. 비록 그러함이 이와 같으나 보는 것은 범부와 같지 않다."

다시 여쭈었다.

"화상께서 분명히 보여주시길 바라옵니다."

화상이 말했다.

"물질의 청정함을 보면 육안이라 이름하고, 청정한 바탕을 보면 천안이라 이름하며, 청정한 바탕을 보아 모든 삼매와 바라밀문에 의해 모두 봄 위에서 한 때에 작용을 일으키면 혜안이라 이름하고, 청정한 바탕을 보되 봄이 없고 봄 없음도 없으면 법안이라 이름하며, 고요함도 아니고 비춤도 아님을 보면 불안이라 이름한다."26)

---

26) 弟子無行問 見俊法師云 法華經說如來五眼義 言從假入空 名爲慧眼 從空入假 名爲法眼 非空非假 名爲佛眼 都城道俗 歎不可思議 無行於此有疑 未審所說定否 和尙言 汝有何疑 今試說看 無行疑者 所謂經云 如來天眼 常在三昧 悉見諸佛國土 無有二相 云何慧眼要從假入空 云何法眼乃從空入假 若如此者 皆是相因 若不因假 卽不能入空 若不因空 卽不能入假 當知入空卽不假 卽入假卽不空 假空二途 法惠殊隔 佛圓眞眼 不應有異 如此見疑 伏垂決示

和尙言 人有利純故 卽有頓漸 法師所說 蓋爲迷人 若論如來五眼 實不卽如

제자 무행의 의문에 대한 하택선사의 답은 대치실단의 교설이 끝내 제일의실단에 돌아감을 보인 것이다.

곧 제일의실단(第一義悉壇)에서 보면 하나인 실상에 삼제의 진리가 원융하고〔一實三諦〕 한 마음에 세 가지 살핌이 다 갖춰지는 것〔一心三觀〕이다.

그러나 중생의 근기와 병통에 따라 대치실단(對治悉壇)을 쓸 때에는 때로 '거짓 있음을 좇아 공에 든다'고 말하고 '공함을 좇아 거짓 있음에 든다'고 말한다.

준법사의 다섯 눈에 대한 답은 대치실단으로 여래의 육안은 바른 감성적 인식의 눈이며, 천안은 청정한 이성적 인식의 눈이며, 혜안은 공관(空觀), 법안은 가관(假觀), 불안은 중도관(中道觀)이라 설명한다.

이를 다시 하택선사는 여래의 육안은 중생과 다름없는 육안이나 그 봄이 깨끗하여 이미 육안이 보는 감성적 인식이 청정하므로 여래의 육안은 물질의 청정함을 본다고 말하고, 육안을 토대로 이루어진 이성적 인식이 사물의 보편적 연관과 실상을 사무치므로 천안으로 청정한 바탕을 본다고 말한다.

그리고 여래의 혜안은 공관이 가관·중도관을 떠나지 않으므로 물질의 청정한 바탕을 보되 삼매를 통해 작용을 일으킨다고 말하며, 가관이 공관·중도관을 떠나지 않으므로 봄도 없고 봄 없음도 없음이 법안이라 말하고, 중도관이 공관·가관을 거두므로 고요함도 아

是 如來示同凡夫 則說有肉眼 雖然如是 見與凡夫不同

復白和尙 願垂決示 和尙言 見色淸淨 名爲肉眼 見淸淨體 名爲天眼 見淸淨體 於諸三昧及八萬四千諸波羅蜜門 皆於見上 一時起用 名爲慧眼 見淸淨體 無見無無見 名爲法眼 見非寂非照 名爲佛眼 (『하택어록』 38단)

니고 비춤도 아님을 불안이라 말한다.

대주선사는 다시 하택선사의 법어를 그대로 빌어 쓰되 혜안이 법안이고 법안이 혜안이자 중도관이므로 더욱 위 법문을 단순화시켜 다음 같이 말한다.

> "또 경에 여래의 다섯 눈을 말했으니 어떤 것이 다섯 눈입니까."
>
> "모습과 빛깔이 깨끗한 줄 보는 것을 여래의 육안(肉眼)이라 하고, 물질 자체가 깨끗한 줄 보는 것을 여래의 천안(天眼)이라 한다.
>
> 그리고 여러 가지 물질 대상과 선과 악 등 대립물을 미세하게 잘 분별하되 물들거나 집착함이 없어서 그 가운데 자유로운 것을 혜안(慧眼)이라 하며, 사물을 보되 보는 바 없음을 법안(法眼)이라 하고, 봄도 없고 봄이 없는 것도 없음을 불안(佛眼)이라 한다."[27]

다음 대승(大乘) 최상승(最上乘)에 관한 두 선사의 정의를 살펴보자. 『하택어록』은 이렇게 보인다.

> 예부시랑 소진이 물었다.
>
> "어떤 것이 대승이며 무엇이 최상승입니까."
>
> 답했다.

---

27) 又云如來五眼者何 答 見色淸淨 名爲肉眼 見體淸淨 名爲天眼 於諸色境乃至善惡 悉能微細分別 無所染著 於中自在 名爲慧眼 見無所見 名爲法眼 無見無無見 名爲佛眼

"보살이 곧 대승이고 부처님이 곧 최상승이오."

물었다.

"대승과 최상승에 무슨 차별이 있습니까."

답했다.

"대승이란 저 보살이 다나파라미타를 행하면서 줌과 받음, 주는 물건 세 가지 일의 바탕이 공함을 살피고 나아가 여섯 가지 파라미타에도 또한 다시 이와 같으므로 대승이라 한다.

최상승이란 다만 본래의 자기 성품이 공적함을 보면 곧 세 가지 일이 본래 자기 성품이 공함을 알아 다시 살핌을 일으키지 않는 것이니, 나아가 여섯 가지 파라미타에서도 또한 그러하면 이를 최상승이라 이름한다."[28]

하택선사에 의하면 대승이란 아직 닦아 행함의 자취가 있는 지위이니, 중생의 번뇌와 망념이 있으므로 실상 그대로의 살핌〔實相觀〕이 있으면 대승이고, 실상을 온전히 깨달아 다시 살핌 일으키지 않으면 최상승이다.

대주선사 또한 다시 살핌 일으키지 않음을 최상승이라 한다는 하택의 뜻을 받아 이렇게 말한다.

---

28) 補部侍郎蘇晉問 雲何是大乘 何者是最上乘 答曰 菩薩卽 大乘 佛卽最上乘 問曰 菩薩卽大乘 佛卽最上乘 問曰大乘最上乘 有何差別 答曰 言大乘者如菩薩行檀波羅蜜 觀三事體空 乃至六波羅蜜 亦複如是 故名大乘 最上乘者但見本自性空寂 卽知三事本來自性空 更不復起觀 乃至亦度亦然 是名最上乘 又問 若無緣起 雲何得知 答本空寂體上 自有般若智慧知 不假緣起 若立緣起 卽有次第

又問曰 見此性人 若起無明 成業結否 答 雖有無明 不成業結 問何得不成答 但見本性體不可得 卽業結本自不生 (『하택어록(荷澤語錄)』 6단)

"경에 대승(大乘)과 최상승(最上乘)이라 말했으니 그 뜻이 어떻습니까."

"대승은 보살이 타는 실천의 수레〔菩薩乘〕요, 최상승은 붓다의 완성된 실천의 수레〔佛乘〕다."

"어떻게 실천해야 이 진리의 수레를 얻을 수 있습니까."

"보살승을 실천하는 자는 곧 대승이다. 이제 보살승을 깨달아서 다시 다른 살핌〔觀〕을 일으키지 않고 닦을 것이 없는 곳에 이르러 맑고 늘 고요하여 늘어나거나 줄어지지 않는 것을 최상승이라 하니, 이것이 붓다의 완성된 실천의 수레다."[29]

3) 법신과 반야에 대한 남양혜충선사의 관점과 하택·대주의 관점

지금까지 대주선사의 돈오선 입장을 나타내는 핵심 개념이라 할 수 있는 돈오·무념·중도·대승의 뜻이 하택선사의 법문의 뜻을 그대로 이어받아왔음을 살펴보았다.

그 밖에도 대주가 하택선사를 계승하고 있는 가장 중요한 사상은 법신과 반야의 뜻이니, 이는 후대 대혜종고에 의해 남양혜충과 대주혜해에 대한 새로운 융회의 선적 종지로 제출되고 있다.

대주선사는 '늘어선 푸른 대가 모두 법신이고 우거진 노란 꽃이 반야 아님이 없다'는 뜻을 범신론적으로 이해하는 것을 반대하고, 반

29) 又云大乘最上乘 其義云何 答 大乘者是菩薩乘 最上乘者是佛乘 又問 云何修而得此乘 答 修菩薩乘者 即是大乘 證菩薩乘 更不起觀 至無修處 湛然常寂 不增不減 名最上乘 即是佛乘也

야와 법신을 진리를 오직 부처의 활동으로 정립하는 주체적인 개념으로 본다. 곧 반야란 무념의 창조적인 의식성이며 법신은 반야를 통해 드러난 존재의 실상이니, 노란 꽃과 푸른 대가 바로 법신이라 하거나 무정에 불성이 있다는 주장을 거부한다. 이러한 반야와 법신에 대한 대주의 해석은 그대로 하택신회선사의 어록을 재인용한 것이다. 『하택어록』 30단은 다음과 같다.

우두산 원선사가 물었다.
"불성은 온갖 곳에 두루합니까."
"불성은 온갖 유정에게 두루하고 온갖 무정에게는 두루하지 않는다."
"선배 큰스님들이 모두 '늘어선 푸른 대가 모두 법신이고 우거진 노란 꽃이 반야 아님이 없다'고 말하는데, 이제 선사는 왜 불성은 오직 온갖 유정에는 두루하지만 온갖 무정에게는 두루하지 않다고 하십니까."
"어찌 늘어선 푸른 대로 공덕의 법신과 같다 할 것이며, 어찌 우거진 노란 꽃으로 반야의 지혜와 평등하다 할 것인가. 여래가 어느 경 가운데서 푸른 대, 노란 꽃에게 깨달음의 언약을 주었던가. 만약 푸른 대, 노란 꽃이 법신·반야와 같다면 이것은 바로 외도의 이야기이다. 왜 그런가. 『열반경』에 분명히 글로 쓰여 있기를 '불성 없는 것은 바로 무정물이 이것이다'라고 하였기 때문이다."[30)]

30) 牛頭山 遠禪師問 佛性遍一切處否 答曰 佛性遍一切有情 不遍一切無情 問曰 先輩大德皆言道 青青翠竹 盡是法身 鬱鬱黃花 等般若之智 若青竹黃花 同於法身般若者 如來於何經中 說與青竹黃華授菩提記 若是將青竹黃華 同於法身般若者 此卽外道說也 何以故 涅槃經云 具有明文 無佛性者 所謂無情

하택선사는 노란 꽃, 푸른 대가 법신이라고 주장하는 자는 바로 외도라고 말하고, 대주선사도 하택의 뜻을 이어 푸른 대가 법신이라면 죽순을 먹는 자는 법신을 먹는 자가 될 것이라고 비판한다.

그런데 하택과 대주가 쓰고 있는 불성의 개념이 유정 속에 있는 어떤 오묘한 것, 신비한 영적 실체와 같은 것으로 이해된다면 이것 또한 연기론의 기본관점에 맞지 않는다 할 것이다. 이에 남양혜충선사(南陽慧忠禪師 : ?~775)는 대주・하택과는 정반대편에 서서 무정불성(無情佛性)을 주장하며, 불성을 유정에게 고유한 영적 실체로 보거나 절대적 성품으로 보는 자를 다시 외도로 규정한다. 『전등록』 권28의 남양혜충의 문답을 보면 다음과 같다.

> 남양혜충선사가 어떤 선객에게 물었다.
> "어디서 오는가."
> "남방에서 왔습니다."
> "남방엔 어떤 선지식이 있는가."
> "선지식이 매우 많습니다."
> "사람은 어떻게 가르치는가."
> "그 곳의 선지식들은 배우는 이들을 이렇게 가르칩니다.
> '마음이 곧 부처요, 부처란 바로 깨달음이니, 그대들은 모두 보고 듣고 깨쳐 아는 성품을 갖추고 있다. 이 성품은 눈썹을 치켜 올리고 눈을 깜박이게 하며 가고 옴에 쓰이어 몸 가운데 가득하다. 머리를 만지면 머리가 알고 다리를 만지면 다리가 아니, 그것 때문에 바르게 두루 안다고 부른다. 이것을 떠나 달리 부처란 없다. 이 몸은 나고 멸함이 있지만 심성은 비롯 없는 옛

物是也 (『하택어록(荷澤語錄)』 30단)

날로부터 나고 멸함이 없다. 몸이 나고 멸함은 용이 뼈를 바꾸고 뱀이 허물을 벗는 것과 같고 사람이 옛집을 나서는 것과 같다. 몸은 이처럼 덧없지만 심성은 변함이 없다.'

남방의 가르침은 대개 이와 같습니다."[31)]

이러한 선객의 이야기를 듣고 혜충선사는 그것은 외도의 종지와 다름이 없으며 혜능선사의 『육조단경』의 종지와도 같지 않다고 비판한다. 혜충의 비판을 인용해보자.

"만일 그렇다면 그런 입장은 저 선니외도(先尼外道)의 말과 다를 것이 없다. 그들은 이렇게 말한다.

'나의 이 몸에는 하나의 신비한 성품이 있어서 이 성품이 보고 느껴 안다. 그러다가 몸이 무너지면 이 정신이 몸을 떠나는 것이 마치 집에 불이 나면 주인이 집을 나가는 것과 같으니 집은 무상하고 주인은 항상하다.'

참으로 그렇다면 삿됨과 바름을 가리지 못하였으니 어느 쪽이 옳은가. 내가 전에 행각할 때에도 이런 무리들을 많이 보았는데 요즈음은 더욱 번성하고 있다. 그들은 삼백 명, 오백 명의 대중을 모아놓고 눈으로 하늘을 멍하니 쳐다보면서 '남방의 종지〔南宗〕'라 말한다. 『단경(壇經)』을 꺼내다 이리 저리 바꾸고 지저분한 말을 섞어 성인의 말을 깎아버리고 후학들을 어지럽히니

---

31) 南陽慧忠國師問禪客 從何方來 對曰 南方 來 師曰 南方有何知識 曰知識頗多 師曰 如何示人 曰彼方知識直下示學人 卽心是佛佛是覺義 汝今悉具見聞覺知之性 此性善能揚眉瞬目去來運用遍於身中 挃頭頭知挃脚脚知 故名正遍知 離此之外更無別佛 此身卽有生滅 心性無始以來未曾生滅 身生滅者 如龍換骨 蛇脫皮人出故宅 卽身是無常其性常也 南方所說大約如此

> 어찌 바른 가르침이라 할 수 있겠는가. 슬프다. 우리 종(宗)은 망하는구나. 만일 보고 듣고 깨달아 아는 것〔見聞覺知〕을 불성이라 한다면 유마〔淨名〕는 '법이란 보고 듣고 깨달아 앎을 떠났다'고 하지 않았을 것이다. 만일 보고 듣고 깨달아 앎을 행한다면 이것은 보고 듣고 깨달아 앎일 뿐 법을 구하는 것이 아니다."[32]

하택과 대주가 앎이 없고 뜻이 없는 저 무정물은 불성이 없다고 말하며 노란 꽃, 푸른 대를 법신이라 말하는 자를 외도라 질타하고 있다면, 남양혜충은 신령하게 아는 자를 불성이라 말하는 자야말로 외도라 규정한다. 혜충은 불성을 생멸하는 몸 밖에 있는 영원한 성품이라고 하거나 색심이원론(色心二元論)을 지지하는 자들을 비판해서 무정에 불성이 있다고 주장한다.

무정불성을 표현하기 위해 혜충은 '어떤 것이 옛 부처의 마음입니까〔如何是古佛心〕'라고 묻는 선객의 물음에 '담장과 기와, 자갈이 바로 옛 부처의 마음'이라 답한다. 문답의 일부를 인용해 보자.

> 문: 어떤 것이 옛부처의 마음이니까.
> 답: 담장과 기와, 자갈이 이것이다.
> 문: 담장과 기와, 자갈은 무정이 아닙니까.

---

32) 師曰 若然者與彼先尼外道無有差別 彼云 我此身中有一神性 此性能知痛癢 身壞之時神則出去 如舍被燒舍主出去 舍卽無常 舍主常矣 審如此者 邪正莫辨孰爲是乎 吾比遊方多見此色近尤盛矣 聚卻三五百衆 目視雲漢云 是南方宗旨 把他壇經改換 添糅鄙譚削除聖意惑亂後徒 豈成言教 苦哉吾宗喪矣 若以見聞覺知是佛性者 淨名不應云法離見聞覺知 若行見聞覺知是則見聞覺知非求法也

답: 그렇다.

문: 무정이 설법할 수 있습니까.

답: 늘 불꽃일 듯 설법하여 쉴 틈이 없다.

문: 저는 왜 듣지 못합니까.

답: 그대 스스로 듣지 않는 것이지 다른 사람이 못 듣게 방해함이 아니다.

문: 어떤 사람이 듣습니까.

답: 모든 성인이 듣는다.

문: 화상께서는 들으십니까.

답: 나는 듣지 못한다.

문: 화상께서는 이미 듣지 못하는데 어찌 무정이 설법하는 줄 아십니까.

답: 내가 듣지 않음으로써 인해서이다. 만약 내가 듣는다면 여러 성인과 같아져서 그대가 곧 내가 설법하는 것을 듣지 못한다.

문: 그렇다면 중생은 들을 분수가 없습니까.

답: 나는 중생을 위해서 말하지 여러 성인을 위해서 말하지 않는다.

문: 중생이 들은 뒤에는 어떠합니까.

답: 곧 중생이 아니다.[33)]

---

33) 僧問：如何是古佛心
師曰：牆壁瓦礫是
僧問：牆壁瓦礫不是無情
師曰：是
僧問：無情還解說否
師曰：常說熾然說無間歇
僧問：某甲爲甚麽不聞

혜충선사와 학인의 문답에는 네 가지 실단〔四悉壇〕의 법이 모두 쓰이고 있다.

무정의 설법함을 말하는 혜충화상은 그것의 경전적인 근거로서 '국토가 설법하고 중생이 설법하며 삼세의 온갖 것이 설법한다〔刹說衆生說三世一切說〕'는 『화엄경』의 한 구절을 든다. 그리고 '노란 꽃, 푸른 대가 법신이고 반야'라는 것에 대해서도 '붇다의 몸은 법계에 가득하여 널리 온갖 중생앞에 나타난다. 경계의 변화를 따르고 중생의 부름에 나아가 두루하지 않음이 없지만 이 곳 깨달음의 자리에 항상 있다〔佛身充滿於法界 普現一切群生前 隨緣赴感靡不周 而恒處此菩提座〕'는 『화엄경』의 한 구절을 들어 푸른 대가 법계라면 어찌 법신이 아니겠는가라고 반문한다.

그리고 다시 '물질이 끝없으므로 반야 또한 끝없다〔色無邊故 般若亦無邊〕'는 『반야경』의 한 구절을 들어 '노란 꽃이 물질이므로 노란 꽃이 어찌 반야가 아니겠는가'라고 반문한다.

이렇게 보면 하택·대주는 무정에는 불성이 없다고 주장함에 대해, 혜충은 무정이 설법하고 무정에 불성이 있다고 주장한 셈이 된다.

師曰：汝自不聞不可妨他聞者也
僧問：未審甚麼人得聞
師曰：諸聖得聞
僧問：和尙還得否
師曰：我不聞
僧問：和尙旣不聞 爭知無情解說法
師曰：賴我不聞 我若聞 卽齊於諸聖 汝卽不聞我說法
僧問：恁麽卽衆生無分也
師曰：我爲衆生說 不爲諸聖說
僧問：衆生聞後如何
師曰：卽非衆生

앞에서 우리는 하택과 대주가 '무정에 불성 없다〔無情無佛性〕'고 주장한 것은 법신·반야를 범신적으로 이해하는 잘못을 부정해서 법신·반야를 주체적인 삶의 참모습으로 해명해내기 위함이라고 풀이하였다. 곧 대주·하택이 '노란 꽃, 푸른 대가 법신이고 반야다'라는 말을 반대하는 것은 법신·반야를 범신적인 것으로 보거나 노란 꽃, 푸른 대를 물활론적인 것으로 보는 자들을 부정하기 위함이다. 그러나 대주·하택의 '유정에게만 불성이 있다'는 뜻이 중생의 마음을 영적 실체로 국집하거나 색심이원론에 떨어진 것이라면 그것 또한 연기론의 입장에 맞지 않는 것이다.

대주는 무정불성론자를 외도라 지탄하며, 혜충은 유정의 불성을 신비화하는 자들을 외도로 규정한다. 이 때 혜충의 무정유불성이 유정·무정에 보편한 법신·불성을 상정한 것이라면 혜충은 절대관념론자가 될 것이며, 하택·대주의 무정무불성이 인식주체의 앎을 신비화시키는 것이라면 그것은 주관관념론자거나 영육이원론자일 것이다.

실제로 현재의 선불교는 남양혜충과 하택·대주가 서로 상대방을 공격하는 편향에 떨어져 선(禪)을 행(行)과 분리시켜 영적 신비를 직관하거나 절대성품에 복귀하는 것으로 잘못 설명하고 있다.

이제 무정에게 불성 없음과 불성 있음의 논리적 모순을 극복하는 열쇠는 남양혜충의 법문 속에서 발견할 수 있다. 혜충이 경계하는 것은 불성을 '보고 듣고 깨달아 아는' 경험의식의 주재자로 주장하는 자들의 입장이다. 그래서 혜충은 『유마경』의 '참된 법은 보고 듣고 깨달아 앎을 떠났다'는 법문을 인용하여 인식주체의 앎에 앎이라 할 것이 없음을 말한다.

혜충은 '국토가 설법하고 중생이 설법하며 삼세의 온갖 것이 설법한다'는 『화엄경』의 한 구절을 인용하면서 무정이 설법함을 주장한다. 그러나 이 때 혜충이 말하는 무정설법은 물활론자들이나 범신론자들의 입장과 같지 않다. 유정의 설하고 들음에 설함과 들음이 있지 않음을 아는 자가 무정의 설법이 없지 않은 줄 아는 것이니, 무정은 늘 설법하지만 그 설함 없되 설함 없음도 없는 설법 소리는 깨달은 붇다와 성인은 듣지만 나는 듣지 못한다. 그러나 나는 다만 실로 듣지 못함이 아니라 위인실단과 세계실단으로 성인은 무정설법을 듣고 나는 듣지 못한다고 한 것이니, 중생을 위해서 무정설법을 내가 말하는 것이다. 혜충이 이야기하는 무정설법은 듣되 들을 것이 없고 들을 것이 없되 듣지 않을 것도 없는 설법이니, 이는 저 세계가 있되 있음이 아니고 있음 아니되 있음 아님도 아님을 뜻한다. 그리고 저 세계가 있음 아닌 있음이라면 저 세계는 주체의 앎 밖에 따로 있는 사물이 아니다.

세계란 주체의 앎과 함께 주어지며 주체의 행위와 함께 주어지는 주체적인 생명세계라 내가 말할 때 세계가 함께 말하는 것이니, 그 뜻이 혜충이 생각하는 무정설법이며 무정불성의 뜻인 것이다.

그래서 남양혜충은 자신이 말한 '무정에게 불성이 있다'는 뜻이 주체의 창조적 의식성을 부정하는 것이 아님을 다음과 같은 문답으로 보여준다.

문 : 스님께선 다만 무정에게도 불성이 있다고만 말씀하시는데 유정은 또 어떻습니까.

답 : 무정도 그러한데 하물며 유정이겠는가.

문 : 만일 그렇다면 앞서 이야기한 남방선지식들의 보고 듣고 깨달아 아는 것이 불성이란 말을 외도와 같다고 하실 일이 아니

라 생각합니다.

답 : 그들에게 불성이 없다 함이 아니다. 외도인들 어찌 불성이 없으랴. 다만 소견이 잘못되어 한 법〔一法〕 속에서 두 가지 소견을 일으키기 때문에 틀린 것이다.[34)]

이렇게 보면 중생의 앎과 말함에 앎과 말함이 없는 줄 알고 유정에게만 불성이 있다는 말을 쓰면 그 말은 무정에게도 불성이 있다는 말과 모순되지 않을 것이며, 저 세계가 세계 아닌 세계인 줄 알고 무정에게도 불성이 있다는 말을 쓸 때 그 말은 유정만이 붇다의 수기를 받는다는 하택선사의 말과 모순되지 않을 것이다.

그렇지 않고 '보고 듣고 아는' 것을 주재하는 신령한 것이 있다는 생각으로 유정에게 불성이 있다는 말을 쓰거나 범신론적인 입장이나 세계를 실체화하는 입장에서 무정에 불성이 있다는 말을 쓰면 유정불성과 무정불성이 도무지 연기론을 거스르는 외도의 이야기가 될 것이다.

불성이란 역사적으로 연기된 개념이며 정의된 개념이다. 불성은 이것과 저것, 존재〔我〕와 존재구성의 여러 계기〔法〕가 모두 공하되 그 공도 공함을 표현하기 위해 설정된 개념이다.[35)]

그러므로 불성을 실로 있는 어떤 것으로 붙잡아 두려는 자야말로

---

34) 曰師但說無情有佛性 有情復若爲 師曰 無情尙爾況有情耶 曰若然者前擧南方知識云見聞是佛性 應不合判同外道 師曰 不道他無佛性 外道豈無佛性耶 但緣見錯於一法中而生二見故非也

35) 형계담연선사의 『금강비론』에 말한다 : 불성론의 맨 처음에 말하기를 '불성은 존재와 법 두 가지가 공함이 드러내는 진여이다'라고 했다. 그러므로 진여가 곧 불성의 다른 이름인 줄 마땅히 알아야 한다〔佛性論第一云佛性者卽人法二空所顯眞如 當知眞如卽佛性異名〕.

아무리 불법을 말하고 선(禪)을 말하더라도 설법과도 무관하고 선(禪)과도 무관한 것이다. 남양혜충이 '내가 무정설법을 듣는다면 그대가 나의 말을 듣지 못할 것이다'라고 한 바처럼 무정설법을 듣는 자는 무정의 설법을 실체화하는 자가 아니라 유정설법이 공한 줄 아는 자이다. 곧 유정의 뜻과 말에 뜻과 말이 없는 줄 아는 자가 저 무정이 다만 뜻 없지 않고 말 없지 않음을 아는 자이며, 저 무정의 모습이 모습 아닌 줄 아는 자가 유정인 우리들의 뜻과 말을 사물의 있는 모습에 가림이 없이 주체적이고 창조적으로 굴려 쓸 수 있는 것이다.

천태종 형계담연선사는 무정에게 불성이 있다는 그의 주장을 『금강비론(金剛錍論)』의 첫머리에서 다음과 같이 표현하고 있다.

> 범부와 성인이 한결같으니 빛깔과 냄새가 다 사라져 깨끗하고, 아비지옥의 세계와 거기 사는 중생 그 모든 곳이 지극히 성스러운 자기의 마음이며, 비로자나의 몸과 국토가 범부의 한 생각을 벗어나지 않는다.36)

위의 법문은 바로 '주체의 마음 밖에 실체로서의 세계가 없으며 주체에게 비록 뜻이 있지만 뜻이 없다〔心外無境 誰情無情〕'는 말일 것이니, 형계선사의 참뜻을 보는 자가 대주의 무정무불성(無情無佛性)과 혜충의 무정유불성(無情有佛性)을 동시에 넘어서서〔雙遮〕 대주 속에서 혜충을 보고 혜충 속에서 대주를 보게 될 것이다〔雙照〕.

---

36) 凡聖一如 色香泯淨 阿鼻依正全處極聖之自心 毘盧身土不逾下凡之一念

4. 선(禪)과 행(行)

연기론적 관점에서 보면 선(禪)은 내면에 있는 영적 실재나 현실 너머에 있는 절대성품을 관조하는 것일 수 없다. 선은 있되 있음 아닌 있음으로서 존재의 실상과, 알되 앎이 없는 앎으로서의 마음의 실상을 주체의 삶 속에서 체현하여 휴식과 노동, 자아와 세계의 모순을 지양해내는 일이다.

그러므로 대주의 유정유불성(有情有佛性)을 주관관념론적으로 이해하거나 혜충의 무정유불성(無情有佛性)을 절대관념론적으로 이해하는 곳에서는 참된 선(禪)의 구현은 있을 수 없다.

앞의 형계선사가 '범부와 성인이 한결같으니 빛깔과 냄새가 사라져 깨끗하다〔凡聖一如 色香泯淨〕'고 함에서 범부와 성인이 한결같다는 것은 세계를 의지해 살아가는 주체가 공함을 뜻하고, 빛깔과 냄새가 사라져 깨끗하다는 것은 주체가 의지해 있는 세계의 모습도 공함을 뜻한다. 자아와 세계는 서로 공하므로 서로 다른 것을 의지하고 다른 것과 겹쳐져 자기동일성을 이루며, 자아는 세계를 자기화하는 자아로 되고 세계는 자아에 알려지는 세계가 되니, 자아와 세계가 겹쳐지는 삶 활동을 식(識) 또는 업(業)이라 한다.

식은 세계 속에서 일어나 세계를 머금고 있으니 식에서 보면 세계는 식 밖의 세계가 아니다. 그 뜻을 형계선사는 비로자나의 몸과 세계가 범부의 한 생각을 떠나지 않는다고 말한다. 형계의 표현에 의하면 인간의 마음과 마음에 알려지는 세계는 모든 있되 있음 아닌 있음이다.

선(禪)은 의식과 존재가 있음 아님을 통달함으로써 나타나는 삶의 휴식이며, 지혜 또는 깨달음〔覺〕은 의식과 존재가 있음 아니되 있음 아님도 아님을 통달함으로써 나타나는 의식과 존재의 창조적인 자기 전개이니, 선은 지혜의 토대가 되고 지혜는 선의 작용이 된다. 이처럼 휴식과 활동, 고요함과 밝게 앎의 하나됨으로서 선정은 적멸에의 안주이거나 영적 실재에 대한 직관이 아니라 바로 행으로서 선이니 대주가 의거하고 있는 하택신회의 어록은 다음 같이 말한다.

> 상주의 사호원 사직이 물었다.
> "무엇이 공함〔空〕이며 무엇이 공하지 않음입니까."
> "진여의 바탕을 얻을 수 없는 것을 공함〔空〕이라 하며, 찾아보아도 진여의 바탕을 얻을 수 없으므로 맑고 늘 고요하나 강가강 모래수와 같은 한량없는 작용이 있으므로 공하지 않다 한다."[37]

선정은 존재의 공함을 반영하며 지혜는 공도 공하여 한량없는 작용이 다함없음을 반영한다. 선정은 생각의 생각 없음〔念而無念〕이며 지혜는 생각 없음의 생각〔無念而念〕이니, 하택은 그 뜻을 '생각 없음을 보는 자는 항하사 공덕을 한때에 갖추고 생각 없음을 보는 자는 온갖 법을 낼 수 있으며 생각 없음을 보는 자는 온갖 법을 거두게 된다〔見無念者 恒沙功德 一時等備 見無念者 能生一切法 見無念者 卽攝一切法〕'고 말한다.

이렇게 보면 진여(眞如)란 깨달음을 통해 들어가는 절대의 성품이 아니라 행위 안에 주어진 이것·저것의 모순이 공한 곳이니, 지금

37) 常州司戶元思直問曰 何者是空 云何爲不空 答曰 眞如體不可得名之空 以能見不可得體 湛然常寂而有恒沙之用 故言不空 (『하택어록』 22段)

주어진 경험 안에서 진여를 체현하는 선사(禪師)는 이것·저것의 모순이 실체 없는 곳에서 이것·저것을 창조적인 관계성으로 돌려쓰는 머묾 없는 행의 주체인 것이다. 하택선사는 그 뜻을 '진여의 성품은 바로 본마음이니 비록 생각하되 생각하는 자와 생각되는 바의 실체가 없고 비록 말하되 말하는 자와 말 되어지는 것이 없으니 이것을 진여에 들어감〔眞如之性 卽是本心 雖念無有能念可念 雖說無有能說可說 是名得入〕'이라 한다.

그러므로 『금강경』의 '설할 법 없음을 법 설함이라 한다〔無法可說 是名說法〕'는 뜻을 하택과 대주는 지금 설법행에서 실로 법 설하는 주체와 설할 법의 실체성이 공하기 때문에 한량없는 설법행과 보살행이 일어나는 것으로 해석하고 있다. 먼저 『하택어록』은 이렇게 말한다.

> "반야바라밀의 바탕은 얻을 수 없으니 이것이 설할 법이 없음이요, 반야바라밀의 바탕에는 스스로 지혜가 있어 반야의 바탕이 얻을 것이 없음을 비추어 보아 맑고 늘 고요하나 강가강 모래알 같은 작용이 있으므로 이것을 법 설함이라 한다."[38]

하택에 의하면 실로 설함과 설할 법이 없음이 곧 반야의 바탕이 얻을 것 없음이요, 반야의 바탕이 공하되 지혜의 작용이 한량없음이 법 설함이다.

이 뜻을 대주선사는 다시 이렇게 말한다.

---

38) 般若波羅蜜體不可得 是無法可說 般若波羅蜜體自有智 照見不可得體 湛然常寂而有恒沙之用 是名說法 (『하택어록』 26단)

"반야의 바탕이 끝내 깨끗하여 한 물건도 얻을 것이 없으므로 이것을 법을 설할 것이 없음이라 하고, 곧 반야의 비고 고요한 바탕 가운데 한량없는 작용을 갖추어 알지 못하는 일이 없으므로 이것을 법을 설함이라 한다."[39]

두 선사의 해석에 의하면 설하되 능히 설함과 설할 법 없음이 반야의 바탕이요, 능히 설함과 설할 법 없으므로 한량없는 법 설함이 일어나는 것이 반야의 작용이다.

이러한 관점에서 대주선사가 두 가지 대립물의 실체가 공함을 체달하여〔二性空〕 두 가지 대립물에 머묾 없는 마음〔無住心〕을 얻는다고 말한 뜻도 두 가지 대립물이 공하므로 생사에 머묾 없고 두 가지 대립물이 공하므로 대립물을 버리거나 공에 머묾 없이 대립물을 조화와 하나됨의 관계로 돌려쓰는 행 아닌 행이 현전함으로 보아야 하는 것이다.

불교에서 깨달음과 선(禪)은 존재의 실상 밖에 또 다른 신비한 곳을 지향하거나 그 곳에 안주하는 일이 아니라 존재의 실상을 현실생활과 구체적인 역사 속에 남음 없이 실현하는 일이다. 그런데 붇다가 밝힌 존재의 실상이 일어나되 일어남이 없고〔生而無生 : 無我故〕 일어남이 없되 일어나지 않음도 없는〔無生而生 : 無常故〕 역동적인 모습이라면 깨달음과 선도 다만 고요함이 아니라 늘 머묾 없는 행〔無住妙行〕으로 발현되어야 하는 것이며, 모순의 현실 속에서 모순에 갇히지 않되 모순을 버리지 않는 실천으로 드러나야 하는 것이다.

---

39) 般若體畢竟淸淨 無有一物可得 是名無法可說 卽於般若空寂體中 具恒沙之用 卽無事不知 是名說法 故云無法可說是名說法 (『대주돈오요문』 17단)

그 뜻을 화엄(華嚴) 교학의 표현으로 바꾸어 보자. 깨달음의 세계인 비로자나법계는 문수의 지혜와 보현의 진리가 하나인 세계이다. 그런데 보현의 진리는 지혜로 살피는 관조의 대상이 아니라 지혜인 진리이다. 그리고 지혜인 진리가 모습에 모습 없는 실상이고 진리인 지혜가 비치되 고요한 지혜이므로 비로법계는 행하되 행함 없는 보현의 행으로 주어지는 것이다. 비로의 법계는 보현의 실천을 통해서만 구현되는 것이자 보현의 행해로 발현되는 것이다. 이에 『화엄경』은 비로법계와 보현행이 둘일 수 없고 앞뒤가 없음을 '보현행원으로 깨달음을 이룬다〔以普賢行悟菩提〕'고 말한다. 『화엄경』「보현행원품」의 게송은 이렇게 말한다.

> 삼세 모든 부처님의 높은 깨침과
> 여러 가지 행과 원을 내가 받들어
> 빠짐없이 원만하게 모두 닦아서
> 보현보살 행원으로 보리 이루리.
>
> 三世一切諸如來　最勝菩提諸行願
> 我皆供養圓滿修　以普賢行悟菩提

위「행원품」의 게송은 깨달음과 선(禪)이 적정에의 안주이거나 신비적인 내적 세계를 직관함이 아니라 해탈된 삶의 역동성임을 말하고 있다. 보현행원은 깨달음의 원인이자 깨달음의 자기 모습이므로, 보현행원으로 드러나지 않는 깨달음은 깨달음이라 할 수 없으므로 그 뜻을「행원품」은 보현행원으로 깨달음을 이룬다고 말한다.

그러나 여기서 밝힌 보현행원은 비로법계의 원인이자 비로법계에서 연기하는 행이자 비로법계 자체인 행이므로 그 행은 생사 · 유무에 갇힌 행이거나 세간의 소용돌이에 휘말리는 행이 아니라 법계의 휴식인 행이자 쉼 그대로의 일이자 일 그대로의 쉼인 것이다.

남악혜사선사는 초발심주(初發心住)에서 있음과 없음에 머묾 없는 바른 지혜를 냄으로부터 한량없는 만행을 일으키지만 그것은 진리인 지혜의 발현이라 말하며 자신의 『제법무쟁삼매행문(諸法無諍三昧行門)』에서 그 뜻을 '처음 바른 마음을 냄〔初發心住 : 中道正觀〕으로부터 붇다의 도를 이룰 때까지 한 몸 한 마음 한 지혜이지만 뭇 삶들을 교화하려 하기 때문에 만행의 이름이 차별되어 다를 뿐이다'40) 라고 말한다.

또한 간화선(看話禪)의 대종장 대혜보각선사(大慧普覺禪師)도 깨달음이란 나고 사라짐의 대립에서 벗어남이지만 그 벗어남은 다만 고요함에 머묾이 아니라 나고 사라짐의 세계를 다시 남이 없는 남, 사라짐 없는 사라짐으로 돌이킴이며 있음과 없음의 세간을 다시 싸안는 크나큰 자비로의 복귀임을 이렇게 말한다.

"옛 성인은 깨치면 그 깨치는 곳에서 일어나고 사라지는 마음을 없애버리지만 또한 고요한 곳에도 머물지 않으니, 이를 고요함이 눈앞에 드러남이라 한다. 나고 사라짐이 바로 나고 사라짐이 아닌 고요한 곳에서 두 가지 뛰어남을 얻는다.

두 가지란 첫째는 위로 시방의 모든 붇다와 하나되어 붇다와 더불어 하나의 큰 사랑의 힘을 같이 하게 됨이고, 둘째는 아래로 여섯 갈래 고통의 길을 헤매는 뭇 삶들과 하나되어 모든 중생으로 더불어 하나의 큰 슬피 우러름을 같이 하게 됨이다.

이것이 앞에서 말한 '크나큰 사랑을 일으키고 크나큰 슬픔을

40) 從初發心至成佛道 一身一心一智慧 欲爲敎化衆生故 萬行名字差別異

움직여 악도 속에 있는 중생을 건져낸다'는 바로 그 뜻이다."41)

---

41) 古聖得了 便於得處 滅却生滅心 亦不住在寂滅地 謂之寂滅現前 於寂滅地 獲二殊勝 一者上合十方諸佛 與佛如來同一慈力 二者下合六道衆生 與諸衆生同一悲仰 前所云 興慈運悲 求拔惡道是也

제2부

돈오입도요문론

| 頓悟入道要門論 |

53편으로 가름된 본론은 존재의 실상을 단박 깨침이 해탈의 길에 들어서는 지름길이자 단박 깨침이 곧 해탈의 행이 됨을 보여주고 있다.

대주선사는 삼보에 대한 귀명으로 시작하여 일관되게 두 가지 대립물의 실체가 공함[二性空]을 깨쳐 대립에 머묾 없는 마음[無住心], 존재의 닫혀진 모습에 물듦 없는 마음[一切處無心]을 성취하도록 우리들 허위의식에 빠져[煩惱障] 소외된 행위를 일으키며[業障] 질곡의 삶을 사는[報障] 범부들에게 일러주고 있다.

대주선사에 의하면 무념(無念)을 통해 남이 없는 존재의 실상[無生法忍]을 단박 깨치는 것[頓悟]이야말로 이것과 저것의 대립에 갇히지 않는[中道] 해탈의 삶이며, 보되 봄이 없는[無所見] 인식의 해방이며, 함이 있음도 다하지 않고 함이 없음에도 머물지 않는[不盡有爲 不住無爲] 보살의 창조적 삶인 것이다.

1. 귀의(歸依)

시방의 여러 모든 부처님들과
여러 크신 거룩한 보살대중께
머리 숙여 지심으로 귀의합니다.
이 제자가 지금 이 논 지었사오나
성인마음 못 깨쳤을까 걱정하오니
바라건대 저희 참회 들어주소서.
만약 성인의 깊은 이치 깨치었다면
그 공덕 온갖 모든 중생들에게
모두 가져다 돌이켜 베풀어주리니
바라건대 오는 세상 모두 다같이
위없는 깨달음을 이뤄지이다.

稽首和南[42] 十方諸佛 諸大菩薩衆
弟子今作此論 恐不會聖心 願賜懺悔
若會聖理 盡將廻施一切有情
願於來世 盡得成佛

해설

42) 和南 : 범어 Vandana의 소리 옮김. 윗사람에 대해 경의를 나타내기 위한 인사의 말로 공경(恭敬), 귀례(歸禮), 경례(敬禮)라고도 번역되지만, 현재 선가의 법식으로는 '화남'이라 읽고 역어는 사용하지 않는다.

돈오선(頓悟禪)을 말하기 전에 먼저 삼보께 귀의한다. 붇다(buddha)와 교법(dharma)과 상가(saṃgha)는 역사 속에 이미 이루어진 진리의 모습이므로 이제 새롭게 깨달음에 뜻을 내어 바른 삶의 길에 들어서려는 이〔新發意菩薩〕는 먼저 삼보에 대한 공경과 귀의로부터 진리를 향한 자신의 첫걸음을 내딛여야 한다.

삼보에 관한 믿음과 공경을 참으로 낸 이는 자신의 괴로움과 번뇌의 삶 속에 이미 있는 여래장(如來藏 : tathāgata-garbha)을 확신하는 자이며, 일어나고 사라지는 세간의 모습 속에서 일어남이 없고 사라짐이 없는 법계(法界 : dharma-dhātu)에 이미 들어선 자이다.

붇다는 위없는 지혜와 다함없는 자비를 완성하고 중도실상을 자신의 한 몸 속에 체현하신 분이다. 그러므로 '붇다를 나의 귀의처로 해서 돌아감'이란 단순히 내 밖에 있는 저 붇다에게 돌아간다는 뜻이 아니라 붇다 안에 이루어진 지혜와 자비를 나의 삶 속에 주체화한다는 뜻이며, 허위와 환상을 부정하고 깨달음에 돌아가〔菩提廻向〕 늘 반야(般若 : prajñā)를 드러낸다는 뜻이다.

붇다의 교법은 단순한 말이 아니라 붇다의 깨달음〔觀照般若〕을 통해 밝혀진 세계의 실상〔實相般若〕과 붇다의 해탈된 삶이 언어로 표출된 것〔文字般若〕이다. 그러므로 '가르침을 나의 귀의처로 해서 돌아감'이란 존재의 참모습에 돌아간다는 뜻이며, 고통과 질곡의 삶을 돌이켜 니르바나에 돌아가〔實際廻向〕 모습 아닌 법의 몸〔法身 : dharma-kāya〕을 이룬다는 뜻이다.

상가는 붇다의 가르침을 따라 수행하는 이들의 공동체이며 진리 안에서 서로 하나되어 화합하는 공동체이다. 그러나 상가는 한군데 정해진 곳에서 끼리끼리 모여 공부하고 있는 '눈앞에 보이는 몇몇의 모임〔現前僧伽〕'만을 말하지 않고, 때와 곳의 한계를 넘어 '늘 진리와 함께 하는 이들의 열려진 모임〔四方僧伽〕'을 뜻한다. 더 나아가 사방승가는 불교의 깃발 아래 사는 이들 뿐 아니라 더불어 사는 모든 이웃들의 함께 어울려 삶을 뜻한다. 그러므로 '상가를 나의 귀의처로 해서 돌아감'이란 니르바나에 머물러야 할 모습이 없으므로 니르바나에 머묾 없이 세간의 고통 받는 뭇 삶들에게 돌아가〔衆生廻向〕 걸림 없고 막힘 없는 해탈(解脫 : mokṣa)의 삶을 나와 우리 모두 속에 구현한다는 뜻이며 오늘의 역사를 진리의 역사로 만들어간다는 뜻이다.

대주선사의 『돈오입도요문론』은 '단박 깨달음의 한 문'만이 존재의 실체성〔有〕과 존재의 실체성에 물든 허위의식〔妄念〕을 깨뜨려 우리를 해탈의 길에 들어서게 할 수 있음〔入道〕을 밝힌 책이다.

선사는 먼저 삼보께 귀의하고 이 책을 쓰게 된 뜻이 자신의 사적인 이익과 헛된 이름을 구함이 아니라 모든 공덕을 깨달음과 니르바나와 중생, 이 세 곳에 돌이키는 데 있음〔三處廻向 : 菩提廻向, 實際廻向, 衆生廻向〕을 밝히고 있다.

2. 단박 깨달음〔頓悟〕

문 : 어떤 법을 실천해야 해탈을 얻을 수 있습니까.

답 : 오직 단박 깨달음의 한 문이 있어 해탈을 얻게 된다.

문 : 어떤 것이 단박 깨달음입니까.

답 : 단박이라 말하는 것은 단박에 망녕된 생각〔妄念〕을 없애버림이요, 깨달음이란 얻을 것이 없음〔無所得〕을 깨닫는 것이다.

問 欲修何法 卽得解脫
答 唯有頓悟一門 卽得解脫
問 云何爲頓悟
答 頓者頓除妄念 悟者悟無所得

해설

해탈은 만유를 전변해내는 절대신성과 하나됨으로써 얻어지는 것인가, 아니면 불멸하는 영혼의 빛을 찾음으로써 얻어지는가.

붇다의 연기론에서 해탈은 괴로움과 얽매임의 창조적 지양으로 드러나며, 막힘없고 닫혀짐 없는 삶의 참모습 그것의 전면적 발현으로 주어진다. 괴로움과 얽매임의 지양이란 뜻으로 해탈은 니르바나(nirvāṇa)라 하고, 막힘없고 닫혀짐 없는 공덕의 발현이라는 뜻으로 법신 · 반야 · 해탈의 세 가지 덕〔涅槃三德〕이라 한다.

괴로움의 소멸은 괴로움을 억지로 짓누르거나 괴로움을 조금씩 덜어간다 해서 이루어지지 않으며, 닫혀 있음의 지양은 있음을 아예 없애거나 있음을 점차로 줄여간다 해서 얻어지지 않는다. 대주선사는 존재에 얻을 것이 없음을 깨달음으로써만 존재의 실체성에 갇힌 허위의식과 얽매임을 단박 없앨 수 있다〔頓除妄念〕고 이야기한다.

'단박 깨달음〔頓悟〕'이라 표현된 삶의 혁명적 전환 그 속에서는 모습이 모습 없음으로 지양됨으로써 주체의 앎은 앎 아닌 앎으로 뒤바뀐다. 인간의 앎〔識〕은 여기 내 안에 있는 인식의 덩어리가 아니라 늘 어떤 것과 무엇에 대한 앎으로 드러난다. 이 때 앎 자체로 주어지되〔識相分〕 앎의 토대인 어떤 것과 무엇〔境〕에 얻을 것이 있고 구할 것이 있게 되면 나의 앎은 어떤 것에 가려지고 막혀버린 소외된 앎으로 된다. 어떤 것이 인연으로 일어난 것이므로 그것이 아니되 인연으로 일어난 것이므로 그것 아님도 아닌 줄 알 때 나의 앎은 앎 아닌 앎이 되며 존재의 실상 자체인 앎이 된다.

대주선사의 스승인 마조도일(馬祖道一)선사[43]는 그 뜻을 이렇게 말한다.

> "마음과 객관경계의 참모습을 깨닫고 보면 망상은 나지 않는다. 망상이 나지 않으면 이것이 곧 남이 없는 존재의 참모습이다."[44]

---

43) 마조도일(馬祖道一, 709~788) : 『석문도일선사비명(石門道一禪師碑銘)』, 『조당집(祖堂集)』(14권), 『경덕전등록(景德傳燈錄)』(6권)에 그의 전기가 있다. 사천한주(四川漢州) 출신. 육조혜능의 법사(法嗣)인 남악회양에게 사사하여 그의 법을 이었다. 후에 강서의 홍주(洪州 : 南昌縣 西部)를 중심으로 교화를 펼쳤다. 규봉의 『선원제전집』에서는 마조선사의 교화지를 잡아 마조 문하의 선풍을 홍주종이라 이름한다. 옛부터 그 제자는 84명이라고 전해진다. 그 정확한 수는 알 수 없으나 많은 제자가 있었던 것은 사실이다. 『사가어록(四家語錄)』 가운데 『마조어록』이 있다.

마조선사가 인용한 위의 법문은 『능가경』(4권본 권3)에 나오는 게송이다. 『능가경』을 인용해 보인 마조의 뜻에 따르면 인간의 의식은 존재를 매개해서 일어나므로 그 의식도 실로 있는 것이 아니고, 존재도 연기된 것이며 의식을 통해 밝혀지므로 존재도 실로 있는 것이 아니다. 그러므로 의식과 존재에 그것이라 할 닫혀진 모습이 없는 줄 사무쳐 알면 존재의 실체성에 갇힌 허위의식은 일어나지 않으며, 허위의식이 없으면 남이 없는 존재의 본질이 나의 반야 자체로 주어지는 것이다.

인간의 허위의식〔妄想〕과 허망한 경계〔妄境界〕는 서로 규정적이다. 허위의식이 사라질 때 존재의 실상이 드러나고, 존재의 모습 아닌 참모습이 실현될 때 존재의 실체성에 갇힌 허위의식은 지양된다. 이 뜻을 『사십이장경』은 이렇게 말한다.

> "함이 없는 법을 깨달아 안으로 얻는 바 없고 밖으로 구하는 바 없어서 마음이 도에도 묶이지 않고 업도 맺지 않아서 생각 없고 지음 없으며 닦아가지도 않고 깨달아 얻지도 않아서 모든 지위를 거치지 않고 스스로 높고 거룩하면 이를 도(道)라고 한다."45)

함이 없는 법〔無爲法〕을 깨닫는 것은 인식주체〔根〕와 인식대상〔境〕 인식활동〔識〕에 모두 실체 없음을 깨닫는 것이니, 그렇게 되면 밖의 존재 속에도 구할 것이 없게 되고〔外無所求〕 안의 마음에도 얻

44) 了心及境界 妄想卽不生 卽是無生法忍

45) 悟無爲法 內無所得 外無所求 心不繫道亦不結業 無念無作 非修非證 不歷諸位而自崇最 名之爲道

을 것이 없게 된다〔內無所得〕.

천태선사의 『소지관』은 이러한 뜻을 다음과 같이 말한다.

> "모든 법이 모습 없어서 인연으로 일어난 줄 살피면 인연으로 일어난 것이므로 실체 없음이 바로 존재의 참모습이다. 먼저 살펴지는 객관대상이 모두 공한 줄 깨달으면 살피는 주체의 마음은 스스로 일어나지 않게 된다."46)

함이 없는 법을 깨달아 존재와 의식의 실체성을 모두 깨뜨리게 되면〔緣起卽空觀〕 이것을 천태는 일체지(一切智)라 한다. 그런데 존재와 의식의 공함은 다만 아무 것도 없음이 아니라 있음의 있음 아님이므로 함이 없는 법을 깨친 자는 공함에도 머물지 않고〔空卽緣起觀〕, 생각 없되〔無念〕 모든 창조적 사유에서 물러서지 않으며〔不退諸念〕, 지음 없되〔無作〕 모든 창조적 행을 버리지 않으니〔不退諸波羅蜜行〕, 이것을 천태는 도종지(道種智)라 한다.

함이 없는 법을 깨친 이는 일체지를 성취하였으므로 모습에 물든 소외되고 닫혀진 업을 짓지 않되〔不結業〕, 도종지를 성취하였으므로 공(空)에 머물지도 않으며, 도종지에도 머물 모습이 없으므로 보살의 창조적인 행에도 얽매이지 않는다〔不繫道〕. 그는 끝내 있음과 공함에 모두 머묾 없어서〔中道正觀〕, 실로 닦아 얻을 것과 깨달을 것이 없이 현실생활 속에서 모든 지위와 계급에 떨어지지 않고 한량없는 공덕의 세계에 들어가는 것이니, 천태는 이를 일체종지(一切種智)라 한다.

---

46) 觀諸法無相 并是 因緣所生 因緣無性卽是實相 先了所觀之境一切皆空 能觀之心自然不起

이렇게 보면 대주선사가 해탈의 길로써 제시한바 '단박 깨달음의 한 문'은 바로 초기불교에서 대승불교까지 불교가 일관되게 제시하고 있는 실천의 핵심이며 천태선(天台禪)이 주장하는 일심삼관(一心三觀)인 것이다. 그러므로 우리는 경전과 선문의 종파마다 달리 표현된 말의 자취에 떨어짐이 없이 오직 깨달음으로 법칙을 삼아〔以悟爲則〕 향상의 한 길을 힘있게 걸어가야 할 것이다.

3. 근본적인 실천〔根本修〕

문 : 깨달음의 길은 어디서부터 실천해가야 합니까.

답 : 자기 근본으로부터 실천해가야 한다.

문 : 무엇이 근본으로부터 실천하는 것입니까.

답 : 마음〔自心〕이 바로 자기 근본이다.

문 : 마음이 자기 근본인 것을 어떻게 알 수 있습니까.

답 : 『능가경』은 '마음이 일어나면 갖가지 법이 일어나며 마음이 사라지면 갖가지 법도 사라진다'고 말한다.

또 『유마경』은 '정토를 얻으려면 마땅히 그 마음을 깨끗이 하라. 그 마음이 깨끗해짐을 따라 곧 부처님의 땅이 깨끗해진다' 고 이야기한다.

『유교경』은 또 '마음을 한 곳으로 거두어들이면 이루지 못할 일이 없다'고 하였다.

또 경에서는 이렇게 말한다.

'성인은 마음을 구할 뿐 밖으로 부처를 찾지 않으며, 어리석은 사람은 밖으로 부처만을 찾을 뿐 마음을 구하지 않는다.

지혜로운 사람은 마음을 다스리고 몸만을 다스리지 않으며, 어리석은 사람은 몸만을 다스릴 뿐 마음을 다스리려 하지 않는다.'

그리고 『불명경(佛名經)』은 '죄는 마음을 따라 생겨나서 마음을 따라 없어진다'고 했으니, 세상의 옳고 그름과 선과 악이 모두 스스로의 마음을 말미암아 일어나는 것이며 마음이 근본이 되는 것이다.

그러므로 해탈을 성취하려면 먼저 그 근본을 알아야 하는 것이니, 만약 그 근본을 통달하지 못하면 우리들의 노력을 헛되이 하여 밖으로 모습을 세워서 구하게 되니 끝내 해탈을 이룰 수 없다.

『선문경(禪門經)』에서는 이렇게 말한다.

'마음 밖에 모습을 세워서 구한다면 비록 오랜 겁의 세월을 지내더라도 끝내 이루지 못하지만, 안의 마음에서 살펴 들어가면 한 생각에 깨달음을 얻게 될 것이다.'

問 從何而修 答 從根本修 云何從根本修 答 心爲根本

問 云何知心爲根本 答 楞伽經云 心生卽種種法生 心滅卽種種法滅[47] 維摩經云 欲得淨土[48] 當淨其心 隨其心淨 卽佛土淨 遺教經云 但制心一處[49] 無事不辦 經云 聖人求心不求佛 愚人求佛不求心 智人調心不調身 愚人調身不調心 佛名經云 罪從心生 還從心滅[50]

故知善惡一切 皆由自心 所以心爲根本也 若求解脫者 先須識根本 若不達此理 虛費功勞 於外相求 無有是處 禪門經云 於外相求

47) 心生卽種種法生 心滅卽種種法滅 : 이 구절은 『대승기신론』에 의거한다. 대주선사는 『능가경』에 설해진 것이라고 하나, 비슷한 구절로 같은 의미의 것은 있지만 같은 구절은 아니다.

48) 欲得淨土 : 『유마경』 「불국품(佛國品)」의 글.

49) 但制心一處 : 이 구절은 『불수반열반약설교계경(佛垂般涅槃略說教誡經)』에 있다. 일명 『유교경(遺教經)』이라고도 한다. 원문에서는 이어서 '이런 까닭에 비구는 마땅히 힘써 정진하여 마음을 절복시켜야 한다'고 설한다.

50) 罪從心生 還從心滅 : 『불설구질경(佛說救疾經)』에 동일한 구절이 있다.

雖經劫數 終不能成 於內覺觀 如一念頃 卽證菩提

해설

우리가 경험하고 있는 현실은 초월적인 신성이 전변해낸 것도 아니고 닫혀진 요소들이 쌓여서 이루어진 것도 아니다. 그러므로 깨달음의 길은 초월적 신성과 합일하는 것도 아니고 개아 안에 담긴 영혼에 돌아가는 것도 아니다.

현실은 이것과 저것, 아는 자와 알려지는 것이 서로 겹쳐지고 어울리는 생활의 지평이다. 현실의 모든 존재〔我 : ātman〕는 여러 가지 계기〔諸法 : sarva-dharma〕들이 서로 의지해서 일으키므로 존재에는 그것이라 할 것이 없지만 그것 아니라 할 것도 없다. 경전에서 제법은 때로 색·수·상·행·식 오온으로 범주화되기도 하고, 주체〔六根〕와 객체〔六境〕, 인식주체〔六根〕·인식활동〔六識〕·인식대상〔六境〕으로 범주화되기도 한다.

십팔계설에서 의근(意根 : manas)은 몸〔五根〕을 토대로 세계〔六境〕를 주체화하여 구체적인 경험활동〔六識〕으로 산출된다. 그러므로 의근은 뜻의 뿌리이며 뜻을 내는 주체이되 의식 자체로 활동하는 주체이니, 지금 일어나는 경험활동〔前六識〕 밖에 따로 의식의 뿌리가 있다고 보아서는 안 된다.

세계는 의식이 지향하는 대상이되 지금 일어나고 있는 경험 속에서는 의식된 존재〔識相分〕로 드러나고 있으니, 저 세계도 전육식 밖에 따로 있는 어떤 것으로 보아서는 안 된다.

이렇게 십팔계설을 해석하고 보면 십팔계의 여러 법〔諸法〕은 우리 자신의 경험활동〔自心〕으로 다시 기술될 수 있다. 단박 깨달아 해탈에 이르는 길은 인식주체와 인식대상, 인식활동 자체의 공함을 깨달아 주객의 닫혀진 실체성에서 곧바로 해방되는 일이다. 그러므로 대주선사는 우리들의 마음이 바로 단박 깨달음을 실천하는 근본이라 말한다.

이미 밝힌 바처럼 마음은 여기 나한테 있는 것이 아니라 자아와 세계가 겹쳐져서 일어나는 역동적인 활동이다.

대자유를 성취하는 길은 자아와 세계 그리고 우리들의 경험활동 안에 얻어야 할 실체가 없는 줄을 단박 깨달아 자아와 세계, 경험활동을 창조적으로 굴려 쓰는 곳에 있으니, 바르게 진리의 길에 나아가는 자는 마음의 참모습을 깨치려 할 뿐 마음 밖에 따로 모습을 세워 붙다를 구하지 않는다.

그리고 나의 몸은 여기 나한테 있는 것처럼 보이지만 몸은 세계 속에서 일어나 세계운동을 주체화하고 있다. 그러므로 육근·육경·육식이 안의 마음[內心]·밖의 마음[外心]·안팎이 겹쳐지는 마음[內外心]으로 기술될 수 있듯, 몸을 중심으로 해서는 안의 몸[內身]·밖의 몸[外身]·안팎이 겹쳐지는 몸[內外身]으로 기술될 수 있다.

그러므로 창조적인 인간은 마음으로 기술될 수도 있고 몸으로 기술될 수도 있는 총체적인 생활의 장을 반성할 뿐 개아의 닫혀진 몸만을 다스리지 않는다. 저 세계는 내 마음의 토대이되 내 마음 자체로 떠오르는 세계이다. 마음은 세계인 마음이되 세계는 다시 마음인 세계로 주어지니, 마음이 날 때 갖가지 법이 나고 마음이 사라지면 갖가지 법도 사라진다. 곧 하나의 인식활동이 일어날 때 세계의 갖가지 법은 의식된 존재로서 나의 인식활동 속에 함께 주어지지만, 하나의 인식활동이 사라지면 의식된 존재들도 인식활동의 새로운 산출을 위해 자신을 부정한다.

이처럼 세계가 인간의식을 규정할 뿐 아니라 인간의식이 세계를 규정하는 것이니, 정토(淨土)의 깨끗한 땅 아름다운 세상은 뭇 삶들의 청정한 행이 성취하는 땅이자, 인간의식에 해탈과 안락을 부여하는 땅이다.

정토의 고통이 사라진 조화로운 세계는 뭇 삶들의 총체적 활동의 산물이며 의식의 규정자이니, 뭇 삶들의 일상의식과 사회적 활동〔共業〕을 화해와 조화의 관계로 돌이켜내고, 사회적 활동 속에 있는 소외와 고통을 지양함으로써 얻어진다.

정토세계는 뭇 삶들의 일상활동의 청정성을 통해 성취되며 일상활동〔自心〕 속에 있는 대립과 고통, 소외된 노동의 지양을 통해 검증된다.

4. 선정(禪定)

문 : 근본을 실천하려면 무슨 법을 실천해야 합니까.

답 : 오직 좌선하여 선정을 실천해야 얻게 된다.

『선문경(禪門經)』에서는 그 뜻을 이렇게 말한다.

'부처님의 거룩한 지혜를 구하고자 하면 반드시 선정을 행해야 한다. 만약 선정이 없으면 헛된 생각이 시끄럽게 움직여 진리의 뿌리를 무너뜨리게 된다.'

문 : 무엇이 선(禪 : dhyāna)이며 무엇이 정(定 : samādhi)입니까.

답 : 허망한 생각이 나지 않는 것이 선이고, 앉아서 본 성품〔本性〕을 보는 것이 정이다.

본 성품은 그대의 남이 없는 마음〔無生心〕이요, 정은 객관세계를 대하되 물든 마음이 없어서 여덟 가지 바람〔八風〕이 물들이거나 움직이지 못하는 것이다.

여덟 가지 바람이란 이익됨과 손해됨, 헐뜯음과 높여기림, 칭찬과 비방, 괴로움과 즐거움을 말한다.

만약 이와 같은 경계의 바람 속에서 흔들림이 없는 대선정을 얻으면 비록 범부지만 곧 붇다의 지위에 들어간 것이다.

무슨 까닭인가. 『보살계경』은 그 뜻을 '중생이 붇다의 계를 받으면 곧 모든 붇다의 지위에 들어간 것이다'라고 하였다.

그러므로 이렇게 된 사람을 '자유롭다'고 말하며 '저 언덕에 이르렀다'고 말한다.

그는 점진적으로 이루어지는 육바라밀의 실천과 삼계(三界)

의 괴로운 세계를 뛰어넘어 '가장 힘 있는 자각의 주체〔大力菩薩〕'이며, '헤아릴 수 없는 힘을 갖춰 높은 자〔無量力尊〕'이니 그가 바로 '크나큰 장부〔大丈夫〕'인 것이다.

問 夫修根本 以何法修 答 惟坐禪禪定卽得 禪門經云 求佛聖智要卽禪定 若無禪定 念想喧動 壞其善根

問 云何爲禪 云何爲定 答 妄念不生爲禪 坐見本性爲定 本性者是汝無生心 定者對境無心 八風不能動 八風者利衰毁譽 稱譏苦樂 是名八風

若得如是定者 雖是凡夫 卽入佛位 何以故 菩薩戒經云 衆生受佛戒 卽入諸佛位 得如是者 卽名解脫 亦名達彼岸 超六度 越三界大力菩薩 無量力尊 是大丈夫

해설

선(禪)은 바른 지혜와 서로 떨어질 수 없다. 곧 존재의 실체성에 막힌 허위의식이 사라지지 않으면 지혜가 드러날 수 없고, 지혜로써 존재의 모습이 모습 아님을 사무쳐 보지 않으면 참된 삶의 휴식과 평화가 보장될 수 없다.

선이 지혜와 떨어질 수 없으므로 선의 휴식은 다만 휴식으로 표현되지 않고 그침〔止〕과 살핌〔觀〕의 통일로 표현된다. 그리고 선의 휴식은 적극적인 행과 나뉠 수 없어서 선은 행의 토대가 되고 행은 선의 작용이 되므로 선정바라밀이 바로 보시바라밀이 되고 정진바라밀이 되는 것이다.

선은 인식주체〔六根〕와 인식대상〔六境〕과 인식활동의 참모습이 공한 줄 체달함으로써 얻어지는 휴식〔體眞止〕51)이니, 대주선사는 선정 속에는 존재〔根·境〕의 실체성에 물든 허위의식〔妄念〕은 나지 않는다고 말한다. 그러나 선의 휴식은 다만 허무가 아니라 의식도 공하고 존재도 공한 참된 휴식처에서 모습 아니되 모습 아님도 아닌 삶의 참모습을 드러내게 되니〔方便隨緣止〕, 대주선사는 그 뜻을 앉아서 존재의 참모습을 봄〔坐見本性〕이라 말한다.

대주는 존재의 공성(空性 : śūnyatā)을 통달함으로써 얻어지는 허위의식의 지양을 선(禪 : dhyāna)이라 하고, 선 곧 디야나의 쉼터에서 존재의 실상을 드러내는 것을 삼마디(samādhi)라 한다. 그에 대해 천태는 존재의 실체성에 막힘없는 삶의 휴식을 체진지(體眞止)라 하고, 존재의 공성에 머묾 없는 디야나의 역동성을 방편수연지(方便隨緣止)라 한다.

모습 아닌 존재의 참모습〔眞諦無相〕은 알되 앎이 없는 반야〔般若無知〕가 아니면 드러낼 수 없고, 어떤 것의 있음이 있음 아님으로 지양되지 못하면 주체의 앎은 앎 아닌 반야로 밝혀질 수 없다. 이 뜻을 대주선사는 존재의 본질〔本性〕은 바로 너의 남이 없는 마음〔無生心〕이라 말한다.

남이 없는 마음을 깨친 이는 알되 앎이 없으므로〔知而無知〕 사물의 있음에 막히지 않고, 앎이 없되 알지 않음도 없으므로〔無知而知〕 사물의 없음에도 머물지 않는다.

이처럼 있음과 없음에 모두 머물지 않을 때 고난과 시련의 역사를 살되 여덟 가지 객관경계의 바람에 움직이지 않는〔八風不動〕 삶의 평화와 안락이 이루어지는 것이니, 이를 천태는 식이변분별지(息二

---

51) 천태삼지(天台三止) : 체진지(體眞止), 방편수연지(方便隨緣止), 식이변분별지(息二邊分別止)

邊分別止)라 하고 대주는 '중생의 이 몸 그대로 붇다의 계를 받음〔衆生受佛戒〕'이라 한다.

그러므로 돈오선(頓悟禪)의 세계를 부처님이나 조사(祖師)같은 높은 분들만이 실천할 수 있고 얻을 수 있는 신비한 경지라고 말해서는 안 된다. 그것은 끊임없이 일어나는 삶들의 허위의식이 본래 남이 없고, 천형 같은 삶의 업보를 짊어지고 사는 중생의 죄업이 본래 공하며, 우리에게 고난과 시련의 삶을 강요하는 역사의 질곡이 본래 뿌리가 없다는 자기 자각을 통해 '중생의 못나고 찌그러진 자기 얼굴 그대로 붇다의 계를 받아 붇다의 땅에 바로 들어가는' 우리들 자신의 일상적인 삶의 길인 것이다.

붇다가 보인 모든 법은 바로 중생 자신의 법〔衆生法〕이며 깨달음과 해탈은 고통받는 자 자신의 몫일 뿐이다.

5. 머묾 없는 마음〔無住心〕

문 : 우리들의 마음은 어디에 머물러야 바르게 머문 것입니까.

답 : 머무는 곳 없음에 머물면 바르게 머문 것이다.[52]

문 : 무엇이 머무는 곳 없음입니까.

답 : 온갖 곳 그 어디에도 머물지 않음이 바로 머무는 곳 없음에 머무는 것이다.

문 : 무엇이 온갖 곳 그 어디에도 머물지 않는 것입니까.

답 : 온갖 곳 그 어디에도 머물지 않음이란 선과 악을 실체화하여 선에 머물거나 악에 머물지 않으며, 있음과 없음을 실체화하여 있음에 머물거나 없음에 머물지 않으며, 주관·객관·인간 활동을 절대화하여 안〔內 : 六根〕에 머물거나 밖〔外 : 六境〕에 머물거나 가운데〔中 : 六識〕에 머물지 않음이다.

그리고 존재를 허무로 집착하여 공함에도 머물지 않으며 존재를 실재로 집착하여 공하지 않음에도 머물지 않으며, 정해져 있음〔定〕에 머물지 않으며 정해져 있지 않음〔不定〕에도 머물지 않음이니 이것이 곧 온갖 어느 곳에도 머물지 않음이다.

그러나 온갖 곳 그 어디에도 머물지 않음도 새롭게 집착하면 곧 머무는 곳 있음이 되니, 이처럼 머묾 없되 머묾 없음마저 집착함이 없으면 곧 머묾 없는 마음[53]이라 말한다.

---

52) 머무는 곳 없음에 머무는 것이 곧 바르게 머묾 : 달마대사의 『이입사행론(理入四行論)』에 '머묾 없음〔無住〕에 머묾을 이름하여 머묾〔住〕이라고 한다'고 하였다.

53) 머묾 없는 마음〔無住心〕 : 『신회어록(神會語錄)』에서도 볼 수 있으니

이 머묾 없는 마음이 바로 붇다의 바른 마음〔佛心〕인 것이다.

문 : 머묾 없는 마음은 어떻게 생겼습니까.

답 : 머묾 없는 마음은 푸른 것도 아니고 누른 것도 아니며, 길지도 않고 짧지도 않으며, 오는 것도 아니고 가는 것도 아니며, 더러워지는 것도 아니고 깨끗해지는 것도 아니며, 나는 것도 아니고 없어지는 것도 아니어서 맑고 늘 고요하니, 이것이 바로 본 마음의 참모습〔本心形相〕이며, 또한 참된 본디 몸〔本身〕

신회선사는 『금강경』의 '마땅히 머무는 바 없이 그 마음을 낸다〔應無所住而生其心〕'는 뜻을 인용하여 다음 같이 말한다.

> 시랑 묘진경이 물었다. "어떻게 수도해야 해탈할 수 있습니까."
> 답했다. "머묾 없는 마음을 얻으면 곧 해탈을 얻음이오."
> 물었다. "어떻게 머묾 없음을 얻습니까."
> 답했다. "『금강경』에 분명한 글이 자세히 실려 있소."
> 또 물었다. "『금강경』의 말씀에 그런 말이 없습니다."
> 답했다. "경은 이렇게 말씀했소. '다시 수보리여, 여러 보살마하살은 마땅히 이와 같이 청정한 마음을 내어 빛깔에 머물러 마음을 내지 말고, 소리·냄새·맛·감촉·법에 머물러서 마음을 내지 말아서, 마땅히 머무는 바 없이 그 마음을 내라.'
> 이처럼 다만 머묾 없는 마음을 얻으면 곧 해탈을 얻는 것이오."
> 또 물었다. "머묾 없음이란 어떻게 그 머묾 없음을 알 수 있습니까."
> 답했다. "머묾 없는 바탕 위에 스스로 근본 지혜가 있어 근본 지혜로써 알 수 있는 것이니 늘 근본 지혜로써 그 마음을 내게 하시오."
>
> 侍郎苗晉卿問 若爲修道得解脫 答 得無住心 卽得解脫 問若爲得無住 答曰 金剛經具有明文 又問 金剛經道沒語 答曰 複次須菩提 諸菩薩摩訶薩應如是生淸淨心 不住色生心 不應住聲香味觸法生心 應無所住而生其心 但得無住心 卽得解脫 又問 無住若爲知無住 答曰 無住體上 自有本智 以本智慧知 當令本智而生其心

이다. 그리고 참된 본디 몸이 바로 붇다의 몸〔佛身〕인 것이다.

問 心住何處卽住 答 住無住處卽住 問 云何是無住處 答 不住一切處 卽是住無住處

問 云何是不住一切處 答 不住一切處者 不住善惡有無 內外中間 不住空 亦不住不空 不住定 亦不住不定 卽是不住一切處 只箇不住一切處 卽是住處也 得如是者 卽名無住心也 無住心者是佛心

問 其心似何物 答 其心不靑不黃 不赤不白 不長不短 不去不來 非垢非淨 不生不滅 湛然常寂 此是本心形相也 亦是本身 本身者卽佛身也

해설

모든 법은 인연으로 일어난다. 주체적 요인〔因〕과 객관여건〔緣〕은 각기 닫혀져 있는 자기 뿌리가 없기 때문에 서로 겹쳐져 새로운 존재〔果〕를 이루어낸다. 이미 원인〔因〕과 조건〔緣〕에 자기 뿌리가 없기 때문에 인연이 이루어낸 존재의 새로운 성취〔果〕에도 고정된 자기 모습이 없는 것이니 모든 있음은 있음 아닌 있음이다.

지금 뜰에 피어 있는 한 송이 꽃은 꽃의 씨앗〔因〕과 땅·물·햇빛·공기〔緣〕가 어울려 꽃〔果〕을 이루었으므로 꽃은 꽃이 아니다. 그러나 꽃을 이루는 꽃의 씨앗과 땅·물·햇빛·공기도 어떤 요소적 실체로 꽃 속에 들어와 있지 않으므로 꽃은 꽃이 아니지만 꽃 아님도 아니다. 곧 반야의 눈으로 보면 존재도 공하고〔我空〕 존재를 이루는 여러 가지 계기들도 공한 것이다〔法空〕.

존재는 여러 가지 계기가 이룬 것이므로 스스로 있음이 아니며, 존재를 이루는 여러 가지 계기도 공하므로 존재는 없음이 아니다. 존재가 이처럼 그 성취된 있음이 바로 있음 아닌 있음이므로 존재를 있다〔有〕고 해도 바른 앎이 되지 못하고, 존재를 없다〔無〕고 해도 바른 앎이 되지 못하며, 있기도 하고 없기도 하다〔亦有亦無〕고 해도 바른 앎이 되지 못하고, 있음도 아니고 없음도 아닌 어떤 것〔非有非無〕이라 해도 바른 앎이 되지 못한다.

존재에 관한 네 가지 치우침〔四邊〕을 모두 벗어날 때 존재는 있음 아닌 있음으로서의 자기 참모습을 드러내게 되고, 존재의 있음이 있음 아님으로 드러날 때 나의 앎은 앎 아닌 앎이 되어 주·객의 소외가 사라지게 된다.

그러므로 바른 앎으로써 세간 속에 바르게 머물려는 이는 있음에도 머물지 않고 없음에도 머물지 않으며, 선과 악, 주체·객체·아는 행위 자체에도 머물지 않으며, 자유 없는 필연으로서 정해져 있음〔定〕에도 머물지 않으며, 필연 없는 자유로서의 정해져 있지 않음〔不定〕에도 머물지 않는다.

이처럼 모든 대립물의 실체성에 머물지 않는 것을 온갖 곳에 머물지 않음이라 한다. 온갖 곳에 머물지 않을 때 모든 대립물의 닫혀진 실체성은 동시에 부정된다〔雙遮有無〕. 그러나 세간에 바르게 머무는 이는 머묾 없음도 새롭게 집착하지 않으니, 머묾 없음에도 집착하지 않으면 모든 대립물의 연기적 성취는 동시에 긍정된다〔雙照有無〕. 곧 머묾이 없을 때 있음은 있음 아님이 되고 없음은 없음 아님이 되지만, 머묾 없음도 집착하지 않게 되면 있음은 있음 아닌 있음으로 살려지고 없음은 없음 아닌 없음으로 살려지며, 늘 선을 행하되 행함이 없이 그 선을 행하며 늘 악을 끊되 끊음 없이 그 악을 끊는 것이다.

머묾 없음이란 바로 천태가 말한바 존재를 인연으로 일어났으므로 공이라 살피되〔緣起卽空觀〕 공에 머물거나 공을 붙들어 쥐지 않고 새로운 연기생성을 살펴내는 자리이다〔空卽緣起觀〕. 다시 대주선사가 머묾 없음도 집착하지 않는다고 한 것은 공관과 가관을 동시에 넘어서서 중도를 바로 살피되〔中道正觀〕 살핀다는 생각도 없는 곳이니, 그곳이 바로 온갖 허위위식이 사라져 늘 맑고 고요한 중생의 참마음이며 붇다의 해탈한 몸이자 존재의 참모습인 것이다.

6. 보는 작용〔見〕

문 : 인간의 몸〔身〕과 마음〔心〕은 무엇으로써 보는 작용〔見〕을 일으킵니까. 이는 눈이 보는 것입니까, 귀가 보는 것입니까, 코가 보는 것입니까, 감각기관〔身〕과 마음〔心〕이 함께 보는 것입니까.

답 : 본다고 하는 작용 속에는 그러한 갖가지 것으로 봄이 없다.

문 : 이미 그러한 갖가지 것으로 봄이 없다면 무엇으로 보는 것입니까.

답 : 스스로의 성품〔自性〕이 보는 것이니 무슨 까닭인가.

스스로의 성품이 본래 깨끗하고 맑아 비어 고요하니, 이 비어 고요한 본바탕 속에서 보는 작용〔見〕을 낼 수 있는 것이다.

문 : 다만 저 깨끗한 본바탕도 오히려 얻을 수 없는데 이 보는 작용은 어디서 나옵니까.

답 : 비유하면 밝은 거울 속에 비록 모습이 없지만 그 거울이 온갖 모습을 나타낼 수 있는 것과 같다. 무슨 까닭인가. 밝은 거울이 마음이 없기 때문이다.

배우는 사람이 만약 마음 가운데 물든 바가 없으면 망녕된 마음이 나지 않아서 나와 내 것을 실체화하는 뒤바뀐 마음이 사라져서 저절로 물듦 없이 깨끗해진다.

마음 자체가 깨끗하므로 이 보는 작용을 낼 수 있는 것이니, 『법구경』은 그런 뜻을 '끝내 마쳐 다함마저 공한 곳에서 불꽃일듯 온갖 것을 세워내는 사람이 바로 선지식이다'라고 말하였다.54)

問 身心以何爲見 是眼見 耳見 鼻見 及身心等見 答 見無如許種見 云 旣無如許種見 復何見 答 是自性見 何以故 爲自性本來清淨 湛然空寂 卽於空寂體中 能生此見

問 只如清淨體 尚不可得 此見從何而有 答 喩如明鑑 中雖無像能見一切像 何以故 爲明鑑無心故 學人若心無所染 妄心不生 我所心滅 自然清淨 以清淨故 能生此見

法句經云 於畢竟空中 熾然建立 是善知識也

해설

봄〔見〕이란 전오식(前五識)의 활동이다. 그런데 인간의 감각적 인식은 늘 이성적 인식〔第六識〕과 함께 움직이므로 보는 작용은 바로 전육식(前六識 : 眼識, 耳識, 鼻識, 舌識, 身識, 意識)이라 할 것이다.

전육식이 인식활동이라면 대주선사가 몸과 마음〔身心〕이라고 표현하고 있는 것은 오근(五根 : 身)과 의근(意根)으로서 인식주체라 할 것이다. 인식주체는 눈으로써 보는 작용을 일으키는가, 귀로 일으키는가, 아니면 오근과 의근이 서로 합해서 일으키는가.

지금 일어나고 있는 보는 작용은 의근(意根)이 감각기관〔五根 :

---

54) 『법구경』에 말한다〔法句經云〕 : 『불설법구경』에 다음과 같은 부처님의 말씀이 있다. "선지식이란 법의 공함과 모습 없고 지음 없으며 생겨남도 없고 사라짐도 없음을 깊이 잘 알아, 모든 법은 본래부터 마침내 평등하여 행위도 없고 행위의 갚음도 없으며 원인도 없고 결과도 없어서 성품과 모습이 본래 한결같음을 요달하여 참모습에 머무른다. 끝내 마쳐 다함마저 공한 곳에서 불꽃 일듯 온갖 것을 세워내는 사람이 바로 선지식이다〔佛言 善知識者 善解深法空無相無作 無生無滅 了達諸法從本已來究竟平等 無業無報無因無果性相如如 住於實際 於畢竟空中 熾然建立 是名善知識〕."

몸〕을 매개해서 (또는 감각기관이 의근을 매개해서) 객관대상을 주체화하면서 일어난다. 곧 보는 작용은 인식주체가 인식대상을 만남으로 인해서 일어나지만, 보는 작용 속에는 실체로서의 몸도 의근도 세계도 얻어 볼 수 없다. 지금 보는 작용〔見〕은 자기가 지은 것도 아니고〔非自作〕, 남이 지은 것도 아니고〔非他作〕, 나와 남이 함께 지은 것도 아니며〔非自他作〕, 나와 남의 인연을 떠난 것도 아니다〔非無因作〕.

보는 작용은 일어나되 일어남이 없으며, 육근·육식·육경이 본래 공하므로 어디에도 머묾 없으나, 공하기 때문에 인식주체와 인식대상이 서로 어울려 봄〔見〕을 이루고 들음〔聞〕을 이룬다.

인식주체가 사물을 보고 소리를 들을 수 있되 보는 자〔根〕, 보여지는 것〔境〕, 봄 자체〔見 : 識〕도 얻을 것이 없고 얻을 것이 없음도 또한 얻을 것이 없어서, 얻을 것이 없는 공적한 곳에서 능히 봄이 없이 사물을 보고 능히 들음이 없이 소리를 듣는다.

비유하자면 거울에 모든 모습이 없지만 온갖 모습을 거울이 비추는 것과 같다. 대주선사는 이렇게 보고 들음을 머묾 없는 자성(自性)이 듣고 본다고 말하고, 혜능선사는 진여자성이 생각을 일으킨다〔眞如自性起念〕고 말한다.

그러므로 혜능선사가 '진여자성(眞如自性)이 생각을 일으킨다'고 말하는 뜻을 절대적인 자기주체가 생각을 낸다고 이해해서는 안 될 것이다. 혜능선사는 인식주체, 인식대상, 인식행위가 모두 공한 곳을 진여자성으로 말하고, 공도 또한 공하여 능히 앎과 듣고 봄이 일어나는 것을 진여자성이 생각을 일으킴이라 표현하였을 뿐이다. 곧 인식주체와 인식대상이 서로 어울려 알고 봄을 일으키므로 인식주체와 인식대상에는 그렇다 할 닫혀진 자기 실체가 없으니〔緣起卽空〕

그것을 진여자성이라고 한다. 다시 인식주체와 인식대상이 공하므로 서로 어울려 앎과 봄을 일으키는 것이니〔空卽緣起 : 이 뜻을 대주는 '마음 자체가 깨끗하므로 보고 들음이 있다〔以淸淨故 能生此見〕'고 한다〕, 이것을 진여자성이 생각을 일으킴이라 하고 있다.

그러므로 보고 들음이 일어나되 일어남이 없고 일어남이 없되 일어나지 않음도 없는 줄 알면 이것이 바로 끝내 마쳐 다함〔空〕마저 공한 곳에서〔空亦空〕 일체법을 세워내는 자이니, 그가 바로 그침과 살핌을 평등하게 행하고〔止觀俱行〕 선정과 지혜를 함께 실천하는〔定慧雙修〕 선지식인 것이다.

7. 봄이 없는 봄

문 : 『열반경』 「금강신품」에 볼 수 없되 밝고 밝게 보며, 아는 것이 없되 알지 않는 것도 없다고 했으니 무슨 뜻입니까.

답 : 볼 수 없다는 것은 자기 성품의 바탕 자체가 모든 모습이 없어서 얻을 것이 없으므로 볼 수 없다고 한 것이다.

그러나 봄〔見〕을 얻을 수 없다는 것은 모습 끊어진 앎의 본바탕이 고요하고 맑아 오고 감이 없지만, 세상의 흐름을 떠나지 않는 것이니, 세상의 흐름과 함께 하되 세상의 흐름이 흐르게 할 수 없으면, 막힘없이 대자유하게 되니 이것이 곧 밝고 밝게 봄이다.

아는 것이 없다는 것은 자기 성품이 모든 모습이 끊어져서 본래 대상에 관한 실체적 분별이 없는 것을 아는 것이 없다고 말한 것이다.

알지 않는 것도 없다는 것은 실체적 분별이 끊어진 본바탕 속에 강가강 모래수 같은 한량없는 작용이 갖추어져 대상을 만나면 온갖 것을 분별하여 알지 못하는 일이 없음을 알지 않는 것도 없다고 말한 것이다. 이에 『반야경』의 게송은 말한다.

'반야는 앎이 없지만 알지 못하는 일이 없으며, 반야는 봄이 없지만 보지 못하는 일이 없다.'

問 涅槃經金剛身品 不可見 了了見 無有知者 無不知者 云何 答 不可見者 爲自性體無形 不可得故 是名不可見也 然見不可得者 體寂湛然 無有去來 不離世流 世流不能流 坦然自在 卽是了了見

也 無有知者 爲自性無形 本無分別 是名無有知者 無不知者 於無分別體中 具有恒沙之用 若能分別一切 卽無事不知 是名無不知者 般若偈云 般若無知 無事不知 般若無見 無事不見

해설

지금 보는 작용은 눈〔眼〕으로 인해 보는 작용이 있는 것인가, 보여지는 빛깔〔色〕로 인해 보는 작용이 있는 것인가, 눈과 빛깔을 떠나 그 작용이 스스로 있는 것인가.

눈이 빛깔을 볼 때 보는 눈〔眼〕이 실로 있는 눈이라 하더라도 나는 저 빛깔을 볼 수 없을 것이며, 눈이 눈이 아니라 하더라도 나는 저 빛깔을 볼 수 없을 것이다. 나에게 비쳐지는 저 빛깔이 실로 있는 빛깔이라면 빛깔은 저 홀로 닫혀진 빛깔이므로 빛깔은 나에게 비쳐질 수 없을 것이며, 저 빛깔이 빛깔이 아니라면 빛깔이 아니므로 저 빛깔은 나에게 비쳐질 수 없을 것이다.

인식주체와 인식대상이 모두 그것 아니되 그것 아님도 아니므로 나의 눈은 저 빛깔을 볼 수 있다. 인식주체와 인식대상이 모두 그것이되 그것 아니므로 봄과 앎 속에 봄과 앎이 없다.

나는 지금 뜰에 핀 꽃을 보고 나에게 기쁨을 주기도 하고 괴로움을 주기도 하는 객관상황을 느껴 안다. 그러나 나의 앎의 대상이자 나의 앎에 의해 주체화된 세상의 흐름은 과정과 관계를 통해 변해가는 역사의 모습이자 나의 삶의 모습이다. 세상의 흐름은 늘 과거의 것에서 현재로 현재의 것에서 미래로 변화해가며 낡은 것이 부정되어 새 것으로 되어지며 과거의 원인에서 미래의 결과가 나온다. 이처럼 세상의 사물〔物〕은 과거에서 미래로, 원인에서 결과로, 낡은 것에서 새 것으로 옮겨간다〔遷〕. 그러나 과거의 것이 있다 해도 과거의 것이 부정되어 미래의 것이 나올 수 없고, 과거의 것이 없다 해도 과거의 것을 토대로 미래의 것이 나올 수 없다. 낡은 것과 새 것 사이에는 계승의 계기가 있으므로 낡은 것이 없어지고 새 것이 된 것이 아니지만, 낡은 것과 새 것 사이에는 비약의 계기가 있으므로 낡은 것이 그대로 새 것으로 옮겨온 것이 아니다.

세상의 흐름은 여기서 저기로 옮겨가지만 옮겨감이 없다〔物不遷〕. 세상의 흐름이 곧 흐름이 아니고〔生卽無生〕 옮겨감이 곧 옮겨감이 아니므로〔遷而不遷〕 반야의 눈을 뜬 사람은 세상의 흐름을 떠나지 않고 늘 그 흐름과 함께하지만, 세상의 흐름이 흘러가게 하지 못하므로 늘 맑고 고요한 것이다.

그는 세상의 흐름을 보고 알되 세상의 흐름이 흐름이 아니므로 알되 앎이 없으며, 앎이 없되 앎 없음도 없으므로 객관의 생성변화를 늘 새롭게 주체화하고 세상의 흐름 아닌 흐름을 그 본질에서 통찰하는 것이다. 본문에서 볼 수 없다〔不可見〕는 것은 보되〔雖見〕 능히 실로 봄과 볼 것이 없음〔無有能見可見〕을 말하며, 밝고 밝게 본다〔了了見〕는 것은 실로 봄이 없이 세간의 흐름 아닌 흐름을 본다는 뜻이다.

곧 반야의 눈을 뜬 자는 역사의 소용돌이치는 물결을 보고 알되 실로 보고 앎이 없으므로 늘 고요하며, 늘 고요하되 역사의 흐름을 떠나지 않고 봄이 없이 역사의 흐름 아닌 흐름을 보며, 세상의 한 복판에서 뭇 삶들과 더불어 해탈의 역사를 만들어가는 것이다.

8. 참된 마음의 자유

문 : 경에 있음과 없음을 보지 않는 것이 참된 해탈이라고 말했으니, 무엇이 있음과 없음을 보지 않는 것입니까.

답 : 물듦 없는 깨끗한 마음을 깨쳐 얻었을 때 그것을 해탈된 마음이 있음이라 말한다.

그 가운데서 깨끗한 마음을 얻었다는 생각도 내지 않으면 그것은 있음도 보지 않는 것이라 말한다.

다시 생각이 남이 없고 어디에도 머무름 없음을 얻고서, 남이 없고 머무름도 없다는 생각을 짓지 않으면 곧 이것이 없음도 보지 않는 것이다.

그러므로 경에 있음과 없음을 보지 않는다고 말했으니, 그 뜻을 『능엄경』[55]은 이렇게 설명한다.

'알고 봄 속에 앎의 고정된 모습을 세우면 이것이 무명의 근본이요, 알고 봄에 봄이 없으면 이것이 니르바나이니 또한 그것을 해탈이라 말한다.'

問 經云 不見有無 卽眞解脫 何者是不見有無 答 證得淨心時 卽名有 於中不生得淨心想 卽名不見有也 得想無生無住 不得作無生無住想 卽是不見無也 故云不見有無也

楞嚴經云 知見立知 卽無明本 知見無見 斯卽涅槃 亦名解脫

---

55) 楞嚴經云 : 『능엄경』 권 제5 (대정장 권19, p.124하)

해설

붇다는 『잡아함경』 「가전연경」에서 다음과 같이 있음과 없음을 떠난 존재의 참모습을 가르치신다.

> '세간의 모임을 참다이 바르게 알면 세간이 없다고 하는 사람은 있을 수 없을 것이요, 세간의 사라짐을 참다이 바르게 알면 세간이 있다고 하는 사람은 있을 수 없을 것이다. 이것을 두 가지 치우침을 떠나 중도(中道)를 말하는 것이라 한다.'

우리가 경험하는 현실세간은 인연으로 일어난 것이므로 없다 할 수 없다〔非無〕. 그러나 현실세간은 인연으로 일어난 것이므로 있다 할 수 없고〔非有〕, 인연으로 일어난 것이므로 인연으로 사라진다.

실답게 존재의 참모습을 보는〔如實知〕 자는 존재의 있음을 실체적인 있음으로 보지 않으므로 없음을 허무로 보지 않는다. 그리하여 있는 모습과 없는 모습을 떠나 삶의 청정을 성취하지만, 깨끗한 마음을 얻었다는 생각을 내게 되면 그것도 또한 하나의 새로운 있음〔有〕을 이루어 도리어 삶의 질곡〔智障〕을 이루게 된다.

그러므로 지혜로운 이는 있음을 있음 아님으로 봄으로써 있음에 머물지 않지만, 있음 아님도 새로운 실체로 보존하거나 없음에도 머물지 않고, 있음에 다시 내려와 있음을 있음 아닌 있음으로 굴려 쓴다.

그는 존재의 질곡〔我生, 後有〕에 물듦 없는 삶의 청정성을 성취했지만〔梵行已立〕, 늘 역사의 혼탁한 흐름 속에 돌아나와 역사와 대중이 요구하는 실천적인 요구를 늘 실현해간다〔所作已作〕.

그는 보고 듣고 인식하지 않을 수 없는〔知見〕 역사의 한복판에서 보되 봄이 없고 듣되 들음 없는〔無見〕 삶의 안락과 평화〔涅槃〕 대자유〔解脫〕를 구현해간다.

9. 보는 바 없음〔無所見〕

문 : 무엇이 보는 바 없는 것입니까.

답 : 만약 남자와 여자 나아가서는 온갖 빛깔과 모습을 보되 그 가운데 미움과 사랑을 일으키지 않아서 보되 보지 않음과 평등하면 곧 보는 바가 없는 것이다.

문 : 온갖 빛깔과 모습을 마주할 때는 보는 것이 되지만, 모든 빛깔과 모습을 마주하지 않을 때도 본다고 말할 수 있습니까.

답 : 보는 것이다.

문 : 사물을 마주할 때에는 봄이 있다 하겠지만 사물을 마주하지 않을 때는 어떻게 보는 봄이 있을 수 있습니까.

답 : 이제 본다고 말하는 것은 사물을 마주함과 마주하지 않음을 논하지 않는다.

왜 그런가. 보는 성품이 항상하므로 대상으로 주어지는 사물이 있을 때도 보고, 대상으로 주어지는 사물이 없을 때도 또한 본다.

그러므로 사물이 스스로 오고 감이 있다고 알지만, 보는 성품은 오고 감이 없으며 여러 다른 듣고 아는 성품도 또한 그런 것이다.

문 : 바로 사물을 볼 때에 보는 활동〔見〕 가운데 물질세계가 외적으로 있는 것입니까.

답 : 봄〔見〕 가운데 외적인 것으로 사물을 세울 수 없다.

문 : 바로 눈앞에 사물이 없음을 볼 때 봄〔見〕 가운데 사물 없음〔無物〕이 있는 것입니까.

답 : 봄〔見〕 가운데 사물의 없음을 세우지 못한다.

문 : 소리가 있을 때는 곧 들음이 있지만 소리가 없을 때에도 들을 수 있는 것입니까.56)

답 : 또한 듣는다.

문 : 대상으로서의 소리가 있을 때엔 들을 수 있다 하지만, 대상으로서의 소리가 없을 때엔 어떻게 들을 수 있습니까.

답 : 이제 듣는다고 말하는 것은 소리 있음과 소리 없음을 논하지 않는다.

왜 그런가. 듣는 성품이 항상하므로 대상으로서의 소리 있을 때도 듣고 대상으로서의 소리가 없을 때도 듣는다.

문 : 이처럼 듣는 자는 누굽니까.

답 : 스스로의 성품〔自性〕이 듣는 것이니 또한 아는 자〔知者〕가 듣는다고 말한다.

問 云何是無所見 答 若見男子女人 及一切色像 於中不起愛憎與不見等 卽是無所見也 問 對一切色像時 卽名爲見 不對色像時亦名見否 答 見

問 對物時縱有見 不對物時 云何有見 答 今言見者 不論對物與

56) 듣지 않되 들음 : 『열반경』 권14에 다음과 같이 나온다.

"왜 듣지 않되 들음이라 하는가. 선남자여, 듣지 않음이란 크나큰 열반이니 왜 듣지 않음인가. 열반이란 함이 있음이 아니기 때문이며 음성이 아니기 때문에며 말할 수 없기 때문이다. 왜 또한 들음이라 하는가. 공덕의 이름을 들을 수 있기 때문이니 상락아정을 말한다. 이와 같은 뜻으로 듣지 않되 들음이라 한다.〔云何不聞聞 善男子 不聞者名大涅槃 何故不聞 非有爲故 非音聲故 不可說故 云何亦聞 得聞名故 所謂常樂我淨 以是義故名不聞聞〕"

不對物 何以故 爲見性常 故有物之時卽見 無物之時亦見也 故知物自有去來 見性無來去也 諸彼亦爾

問 正見物時 見中有無物否 答 見中不立物 問 正見無物時 見中有物否 答 見中不立無物

問 有聲時卽有聞 無聲時還得聞否 答 亦聞 問 有聲時從有聞 無聲時云何得聞 答 今言聞者 不論有聲無聲 何以故 爲聞性常 故有聲時卽聞 無聲時亦聞 問 如是聞者是誰 答 是自性聞 亦名知者聞

해설

모든 것은 인연으로 일어난 것이므로 그것에 그렇다 할 것이 없지만〔無是〕, 모든 것은 인연으로 일어난 것이므로 그것에 그렇지 않다 할 것도 없다〔物無不是〕. 주체의 그렇다 함〔是〕에 꼭 맞는 존재의 모습〔當〕이란 주체가 사물에 내린 그렇다 함과 사물 자체의 총체성이 겹쳐져 나타난 어떤 것이다.

그러므로 그렇다 함에 맞물려 나타난 꼭 맞음에는 꼭 맞는 모습이 없지만〔無當〕 꼭 맞지 않음도 없다〔物無不當〕. 이에 『조론(肇論)』은 말한다. '꼭 맞음 없지만 물에는 꼭 맞지 않음도 없으며, 그렇다 함이 없지만 물에는 그렇다 하지 않음도 없다. 물에 그렇다 하지 않음이 없으므로 그렇다 하되 그렇다 함이 없고, 물에 꼭 맞지 않음이 없으므로 꼭 맞되 꼭 맞음이 없는 것이다.'[57]

승조에 의하면 주체의 그렇다 함〔是〕과 그렇다 함에 상응하는 존재의 꼭 맞음〔當〕은 서로 규정한다. 그렇다 함이 꼭 그렇다 함이 될

---

57) 無當則物無不當 無是則物無不是 物無不是故是而無是 物無不當故當而無當

때 존재의 꼭 맞음은 닫혀진 꼭 맞음으로 된다. 주체의 그렇다 함과 존재의 꼭 맞음이 서로 굳어진 인식운동이란 대주선사가 말한바 봄에 보는 바가 있는 인식운동이다. 그렇다 함이 있고 꼭 맞음이 있는 인식운동은 바로 보는 자가 있고 보는 바가 있는 인식운동이니, 보는 바가 있고 아는 바가 있다는 것은 나의 삶이 사물과 모순 속에 있음을 뜻하며, 나의 일상의식이 존재의 닫혀진 모습에 물들고 가로막히고 있음을 뜻한다.

내가 새소리를 들을 때 새소리라고 느끼는 나의 감각〔耳識 : 六識〕은 여기 내 안〔六根〕에 있는 것도 아니고 저기 밖〔六境〕에 있는 것도 아니다. 새소리라고 느끼는 나의 감각〔耳識〕은 새의 부리와 혀와 목구멍, 새의 안에 있는 기운, 대기의 바람이 어울려 생기는 소리 울림〔聲〕이 나의 감각기관〔耳〕과 만나면서 일어난다. 새소리를 느끼는 나의 앎은 새의 부리와 목구멍, 허공 그리고 소리를 듣는 나의 귀 그 어디에도 없지만 그 모든 것을 떠나서도 있지 않다.

저 소리는 새의 주체적 요인과 객관 여건이 어울려 일어나는 소리이므로 소리가 있을 때도 그 소리는 실로 있음이 아니며, 소리가 없을 때도 그 소리 없음은 다만 없음이 아니다. 소리의 참모습은 이처럼 있되 있음 아니고 없되 없음 아닌 중도실상이다. 그러므로 소리를 들을 때도 '소리'라는 주체의 규정〔是〕에 상응하는 소리 자체의 꼭 맞음〔當〕이 없지만, 소리를 듣지 않을 때도 소리 없음을 세울 수 없는 것이다.

다시 저 소리를 듣는 나의 앎은 객관의 소리 자체에도 없고 소리를 듣는 인식 주체에도 없지만 인식 주체와 대상을 떠나서도 없다.

곧 보고 들음〔見聞〕은 자기가 지은 것이 아니고〔非自作〕 남이 지은 것도 아니며〔非他作〕 실체로서의 주관·객관이 함께 지은 것도 아니지만〔非共作〕 주관·객관을 떠나서도 보고 들음이 없다. 보고 들음은 들음이 실체로서의 원인과 조건으로 생긴 것이 아니되〔非因緣生〕, 원인과 조건을 떠난 것이 아니므로 저절로 생긴 것도 아니니〔非自然生〕, 나되 남이 없으며 남이 없되 남 없음도 없다.

위 본문에서는 보되 봄 없지만 봄 없음이 허무가 아닌 곳을 보는 성품〔見性〕이라 말하나, 보는 성품은 절대적인 성품이 아니라 봄에 봄 없음을 보는 성품이라 말한 것이다.

듣는 자와 듣는 소리, 들음이 모두 공한 성품에서 보면 소리 들음에 실로 들음이 없으므로 소리 듣지 않음에 듣지 않음도 없는 것이니, 그것을 대주선사는 '봄에 봄 없는 보는 성품은 소리 있음과 소리 없음을 논하지 않고 소리 있을 때도 듣고 소리 없을 때도 듣는다'고 말한다.

곧 대상으로서의 소리가 있을 때는 보는 성품은 들음 없이 그 소리의 없지 않음〔非無〕을 듣는 것이며, 대상으로서의 소리가 없을 때는 듣지 않음도 없이 그 소리의 있지 않음〔非有〕을 듣는 것이다.

달리 말하면 소리가 들려올 때 그 소리가 있음 아닌 줄 아는 자가 듣되 들음에 머물지 않으며, 아무 소리도 들려 오지 않을 때 그 소리 없음이 다만 없음이 아닌 줄 아는 자가 듣지 않되 듣지 않음의 허무에 떨어지지 않는 것이다.

있음도 아니고 없음도 아닌 소리의 중도실상을 체현한 자, 그가 들음과 듣지 않음의 치우침을 벗어나 여래장의 참생명을 사는 자이어서, 보고 들음에서 나고 사라짐, 봄과 보지 않음의 대립을 떠날 때 보는 성품 곧 여래장의 참생명에 돌아가게 됨을 『수능엄경』은 이렇게 말한다.

“그러므로 네가 지금 알고 봄에서 앎을 세우면 곧 무명의 근본이고, 알고 봄에 봄이 없으면 이것이 곧 열반이고 샘이 없이 참으로 깨끗함이다. 그러니 어떻게 그 가운데 다시 다른 것을 받아들이겠는가?”58)

위의 경문에 대해 『유계존자원통소(幽溪尊者圓通疏)』에 실린 천여유칙선사의 풀이〔天如解〕에서는 이렇게 말한다.

“고산(孤山)법사는 말했다. ‘위에서 앎을 세운다고 말함은 봄〔見〕을 줄인 것이고, 아래 봄이 없다고 말한 것은 앎을 줄인 것이니, 경의 글이 서로 비치는 것이다.’

알고 봄이 실로 있다고 집착하는 것을 알고 봄을 세우는 것이라고 하니, 이것은 망녕된 마음이나 나고 죽는 윤회의 뿌리가 되므로 무명의 근본이라고 말한 것이다.

알고 봄이 자성 없음을 통달하는 것을 알고 봄이 없다고 하는 것이니, 이것은 참된 마음의 편안하고 즐거우며 묘하고 항상함이므로 ‘이것이 곧 열반이고 샘이 없이 참으로 깨끗함이다’라고 말한 것이다. 또 이것이 오직 하나인 참마음이라 다시 다른 법이 없으므로 ‘어떻게 이 가운데 다시 다른 것을 받아들이겠는가’라고 말한 것이다.

또 고산법사는 이렇게 풀이한다.

‘알고 봄에 앎을 세우는 것은 참된 앎과 봄〔眞知見〕을 미혹해 티끌경계를 실체적으로 헤아리는 등 망녕된 앎과 봄〔妄知見〕을

58) 是故 汝今 知見立知 卽無明本 知見無見 斯卽涅槃 無漏眞淨 云何是中 更容他物

> 세우는 것이므로 곧 무명이다.'
>
> 알고 봄에 봄이 없음은 곧 참된 앎과 봄〔眞知見〕을 통달해 티끌경계를 실체적으로 헤아리는 등 망녕된 앎과 봄〔妄知見〕이 없으므로 곧 열반이다.
>
> 그러므로 경의 앞의 글에 '부처님의 지견에 들어간다'고 말한 것이니, 부처님의 알고 봄 밖에 다시 다른 법이 없으므로 다른 것을 받아들이지 않는 것이다."[59)]

부처님의 지견에 다른 법이 없다는 앞의 풀이는 항상한 마음이 곧 고요하여 온갖 것을 다 없앰을 잡아 보인 것이고, 뒤의 풀이는 항상한 마음이 곧 비추어 참된 앎과 봄이 있음을 잡아 보인 것이다. 그러므로 이 두 풀이가 모두 부처님 뜻에 부합하는 것이다.

천여(天如)는 위 풀이에 대해 다음 같이 주석한다〔補註〕.

> "어떻게 이 가운데 다시 다른 것을 받아들이겠는가라고 한 것은 뒤에서 여러 부처님이 아난에게 고하시길 나고 죽음에 윤회하고 묘하고 항상함을 깨닫는 것이 오직 너의 육근이라 다시 다른 것이 아니라고 하여 아난이 여기에 의심이 있어 의심을 들어 부처님께 물음을 말미암은 것이다.
>
> 부처님은 이에 육근·육진·육식의 세 가지 비침을 같이 이끌

---

59) 孤山曰上言立知而略見 下言無見而略知 經文互影也 執知見實有名立知見 此卽妄心是生死輪迴之本故云卽無明本 達知見無性名無知見 此卽眞心安樂妙常故云斯卽涅槃無漏眞淨 是則惟一眞心更無別法故曰云何是中更容他物 又解 知見立知是迷眞知見立緣塵等妄知見故卽無明 知見無見是達眞知見無緣塵等妄知見故卽涅槃 故前文云入佛知見也 佛知見外更無別法故不容他物

어 서로 지니어 말해 풀이하고, 다시 알고 봄에 앎을 세우는 등의 말로 맺어보이신 것이다.

알고 봄의 두 글자는 육근을 통해 거두는 것이니, 무명이 된다고 말하고 열반이 된다고 말하는 것이 육근 아님이 없을 따름이다.

그러니 어찌 다른 것을 받아들일 것인가.

이는 대개 아난의 의심을 풀어서 부처님의 말씀을 깨침이다.

또 아난이 앞에서 말하기를 '만약 맺는 바의 근원을 알지 못하면 이 사람은 끝내 해탈할 수 없다고 저는 믿겠습니다'라고 하고, 또 말하기를 '지금 몸과 마음이라 말씀하시니 어떤 것이 맺음이며 무엇을 좇아 풀림이라 이름합니까'라고 하므로, 여래께서 답하시길 '알고 봄에 앎을 세우면 곧 맺음이다'라고 하셨다.

곧 이것이 맺는 바의 근원이요 알고 봄에 봄이 없으면 늘 풀림이라 이름하는 것이다."[60]

천여선사의 풀이에 유계존자는 이렇게 다시 풀이한다〔疏〕.

천태는 말한다.

고산법사가 알고 봄에 앎을 세운다는 뜻을 풀이함에 두 가지 설은 모두 맞다. 앞의 풀이는 항상한 마음이 곧 고요함을 잡아 보인 것이니, 이는 망념이 본디 공함을 통달함이다.

---

60) 云何是中更容他物者 由上諸佛告阿難言輪生死證妙常惟汝六根更非他物 阿難於此有疑擧以問佛 佛乃兼引根塵識三映帶辯釋而復結以知見立知等語 知見二字通攝六根 言爲無明爲涅槃無非六根而已 豈更容他物哉 此蓋釋阿難之疑而證諸佛之言也 又阿難前云若不知其所結之元我信是人終不能解 又云今日身心云何是結從何名解 故如來答以知見立知卽是結也 卽是所結之元也 知見無見卽名解也

다음 풀이는 항상한 마음이 곧 비춤을 잡아 보인 것이니, 이것은 참됨에 바탕이 있음을 깨쳐 앎이다. 곧 허망함이 본디 공함을 통달한 곳이 바로 참됨에 바탕 있음을 깨쳐 아는 곳이며, 참됨에 바탕 있음을 깨쳐 아는 곳이 바로 허망함이 본디 공함을 통달한 곳이다.

이는 곧 고요함 그대로 비춤이며 비춤 그대로 고요함이라, 고요함과 비춤을 함께 융통하고 고요함과 비춤을 같이 없앤다.

이는 마치 구름이 사라지니 달이 밝고 달이 밝으니 곧 구름이 사라져 다시 앞과 뒤도 때를 달리함이 없는 것과 같다.

다만 고요한 비춤이 마주하는바 경계를 일찍이 말로 나타내지 않아서 닦는 이가 어느 곳을 향해 손을 내릴지 모르는 것이니, 반드시 여래가 앞의 글에서 보인 다음 말을 알아야 하니 여래는 이렇게 말씀했다.

'나고 죽음과 번뇌, 보리와 열반이 이 육근을 같이하여 다시 다른 것이 없다.'

그런데도 아난이 알지 못하고 거듭 못함을 다시 펼치니, 세존이 지금 이를 끊어 '알고 봄에 앎을 세우면 무명의 근본이고 알고 봄에 봄이 없으면 이것이 열반이니 어떻게 이 가운데 다른 것을 받아들이겠는가'라고 말씀하셨다.

왜 그런가. 앞에 다음처럼 말씀하지 않으셨는가.

'육근과 육진이 근원을 같이하고 묶임과 벗어남이 둘이 없으며 앎의 성품은 허망하여 허공꽃과 같다.'

또 말씀했다.

'티끌경계로 말미암아 앎을 내고 육근을 인해 모습이 있으니 모습과 봄에 자성이 없어 갈대모음과 같다.'

대개 여래가 그러한 까닭으로써 먼저 이것을 보이시고 뒤에 까닭을 바로 보임이다.

그러므로 그 말의 차례가 이와 같은 것이다.

왜인가. 대저 나고 죽음은 묶임이고 열반은 벗어남인데, 묶임은 번뇌의 분별을 말미암고 벗어남은 보리인 지혜의 비춤을 말미암기 때문이다. 참됨이 그 근원을 얻으면 근본을 돌이킬 수 있고, 망녕됨이 그 근원을 얻으면 흐름을 쉴 수 있다.

그러므로 도를 배움에 앎의 근원보다 귀함이 없으니, 근원이란 앎의 정수인 본디 밝음〔識精元明〕이다. 대개 본디 밝음은 참됨의 근원이요 앎의 정수는 망념됨의 근원인데, 이 두 법이 육근 가운데 섞여 있으니 이를 근원을 같이함이라 한다.

만약 앎의 정수〔識精〕를 의지해 티끌경계를 헤아리는 분별을 일으키면 번뇌가 되고, 앎의 정수를 의지해 봄〔見〕이 봄 아님〔非見〕을 보아 사유를 끊고 본디 참됨을 비추면 보리가 된다.

이미 참된 근원을 얻으면 저 앎의 성품이 허공꽃과 같고 갈대 모음과 같으니 어찌 있겠는가.

그러므로 경은 다음 같이 말한다.

'그러므로 네가 지금 알고 봄에 앎을 세우면 곧 무명의 근본이고, 알고 봄에 봄이 없으면 이것이 열반이고 오직 하나의 샘이 없는 참된 깨끗함이다. 그런데 어떻게 이 가운데 다시 다른 것을 받아들이겠는가.'61)

---

61) 天台曰 孤山解知見立知二說俱當 前釋約常心卽寂是達妄本空 次釋約常心卽照是了眞有體 卽達妄本空處便是了眞有體 卽了眞有體處便是達妄本空 是則卽寂而卽照 卽照而卽寂 寂照雙融 寂照俱泯 如雲去卽月明月明卽雲去 更無前後異時也 但寂照所對之境未曾顯言 不知修者向何處下手 須知如來前文示云生死煩惱菩提涅槃同是六根更無他物 而阿難未了故重伸啓問 世尊今

斷之曰知見立知卽無明本　知見無見斯卽涅槃 云何是中更容他物 夫何故 前不云乎 根塵同源縛脫無二識性虛妄猶如空華 又曰由塵發知因根有相相見無性同於交蘆 蓋如來先示之以所以然而後正示以所以 故其言之序也如此 何也 夫生死縛也 涅槃脫也 縛之因由乎煩惱分別 脫之因由乎菩提智照 眞得其源則本可復 妄得其源則流可遏 故學道莫先貴乎知源 源者識精元明也 蓋元明爲眞之源 識精爲妄之源 此二法混居於六根之中謂之同源 若依識精起緣塵分別則爲煩惱 依識精見見非見絶思惟照本眞則爲菩提旣得乎眞源矣 視彼識性如空華同交蘆者何有哉　故曰是故汝今知見立知卽無明本知見無見斯卽涅槃惟一無漏眞淨云何是中更容他物

10. 단박 깨닫는 문〔頓悟門〕의 종지와 체용

문 : 단박 깨닫는 문은 무엇으로 실천의 뼈대〔宗〕를 삼고, 무엇으로 실천의 내용〔旨〕을 삼으며, 무엇으로 실천의 바탕〔體〕을 삼고, 무엇으로 실천의 작용〔用〕을 삼습니까.

답 : 단박 깨닫는 문은 생각 없음〔無念〕으로 실천의 뼈대를 삼고[62], 망녕된 마음이 일어나지 않음〔妄心不起〕으로 실천의 내용을 삼으며, 물듦 없이 늘 깨끗함〔淸淨〕으로 실천의 바탕을 삼고, 지혜〔智〕로써 실천의 작용을 삼는다.

문 : 이미 생각 없음으로 실천의 뼈대를 삼는다고 말씀했지만, 생각 없다는 것이 어떤 생각이 없다는 것인 줄 잘 모르겠습니다.

답 : 생각 없다는 것은 그릇된 생각이 없는 것이요 바른 생각 없음이 아니다.

문 : 무엇이 그릇된 생각이며 무엇을 바른 생각이라 합니까.

답 : 있음과 없음을 실체로 생각하는 것을 그릇된 생각이라 하고, 있음과 없음을 실체로 생각하지 않는 것을 바른 생각〔正念〕이라 한다.

선과 악을 실체로 생각하는 것을 그릇된 생각이라 하고, 선과 악을 실체로 생각하지 않는 것을 바른 생각이라 한다.

---

62) 생각 없음으로 종을 삼음〔無念爲宗〕 : 하택신회의 『현종기(顯宗記)』에 '생각 없음으로 종을 삼고 지음 없음으로 근본을 삼으며, 진공으로 바탕 삼고 묘용으로 작용을 삼는다〔無念爲宗 無作爲本 眞空爲體 妙有爲用〕'고 말하고 있으며, 『육조단경』에서도 '생각 없음으로 종을 삼고, 모습 없음으로 바탕 삼으며, 머묾 없음으로 근본을 삼는다〔無念爲宗 無相爲體 無住爲本〕'고 말하고 있다.

나아가서는 괴로움과 즐거움, 생겨남과 사라짐, 취함과 버림, 원수와 친함, 미움과 사랑 등을 실체로 생각하는 것을 그릇된 생각이라 하고, 괴로움과 즐거움 등을 실체로 생각하지 않는 것을 바른 생각이라 한다.

문 : 무엇이 바른 생각입니까.

답 : 바른 생각은 오직 깨달음만을 생각함〔唯念菩提〕이다.

문 : 바른 깨달음은 얻을 수 있습니까.

답 : 바른 깨달음은 얻을 수 없다.

문 : 이미 얻을 수 없다면 어떻게 오직 깨달음만을 생각할 수 있습니까.

답 : 저 깨달음이라 말하는 것은 짐짓 이름을 세운 것이니 실로 얻을 수 없다. 또한 앞 생각도 얻을 수 없고 뒷 생각도 얻을 수 없어서 얻을 수 없으므로 곧 생각 있음이 없는 것이다.

다만 이 생각 없음을 참된 생각이라 하니, 깨달음에는 실체적으로 생각하는 바가 없다.

여기서 생각하는 바가 없다는 것은 곧 온갖 곳에 마음이 없는 것이니, 이것이 생각하는 바가 없음이다.

위에서처럼 여러 가지로 생각 없음을 말한 것은 모두 일에 따라 방편으로 거짓 이름을 세운 것이니, 모두 한 바탕을 같이해 둘이 없고 다름이 없다.

다만 온갖 곳에 마음이 없는 줄 알면 곧 이것이 생각 없음이니, 생각 없음을 얻을 때에 스스로 해탈을 이루게 된다.

문 : 어떻게 붇다의 행을 실천합니까.

답 : 대립에 갇힌 온갖 치우친 행을 하지 않으면 이것을 붇다의 행이라 하고 또한 바른 행이라 하며 거룩한 행이라 하니, 앞에서

말한 있음과 없음, 미움과 사랑의 행을 하지 않는 것이 이것이다.

대율(大律)의 다섯째 권 보살품은 이 뜻을 이렇게 말한다.

'온갖 성인은 중생의 치우친 행을 행하지 않으며, 온갖 중생은 성인의 이와 같은 치우침 없는 행을 행하지 않는다.'

문 : 어떤 것이 바르게 보는 것〔正見〕입니까.

답 : 보되 보는 바 없음을 바르게 보는 것이라 말한다.

문 : 무엇을 보되 보는 바 없음이라 합니까.

답 : 온갖 모습과 빛깔을 볼 때에 물듦과 집착을 일으키지 않음이다. 물들지 않고 집착하지 않는다는 것은 사랑과 미움의 마음을 일으키지 않음이니, 이것을 보되 보는 바 없음이라 한다.

만약 보되 보는 바 없음을 얻게 되면 이것을 곧 붇다의 눈〔佛眼〕이라 말하니, 이것 밖에 따로 다른 눈이 없는 것이다.

만약 온갖 빛깔과 모습을 볼 때에 미움과 사랑의 마음을 일으키면 이것을 보는 바 있음이라 말한다.

보는 바 있음이 바로 중생의 눈〔衆生眼〕이니, 이것 밖에 따로 다른 눈이 있어 중생의 어리석은 눈이 되는 것이 아니다. 나아가서는 귀, 코 등 모든 아는 뿌리〔諸根〕에 있어서도 붇다와 중생이 달라지는 것이 모두 눈과 같다.

문 : 지혜로써 실천의 작용을 삼는다고 이미 말씀하셨는데 어떤 것이 지혜입니까.

답 : 두 가지 성품이 공한 줄〔二性空〕 알면 이것이 해탈이요, 두 가지 성품이 공하지 않다고 알면 해탈을 얻지 못한다. 이와 같이 성품이 공한 줄 아는 것을 지혜라 하며 옳고 그름을 깨달아 앎이라 하며 실천의 바탕과 작용을 안다고 말한다.

두 가지 성품이 공함, 이것이 바로 실천의 바탕〔體〕이니 두 가지 성품이 공한 줄 알면 이것이 해탈이다.

여기에서 공함을 새롭게 집착하거나 의심내지 않으면 이것을 실천의 바른 작용이라 말한다.

앞에서 두 가지 성품이 공하다고 말한 것은 있음과 없음, 선과 악, 사랑과 미움에 물든 마음을 내지 않는 것을 두 가지 성품이 공하다고 말한다.

問 此頓悟門 以何爲宗 以何爲旨 以何爲體 以何爲用

答 無念爲宗 妄心不起爲旨 以淸淨爲體 以智爲用

問 旣言無念爲宗 未審無念者無何念 答 無念者無邪念 非無正念 云何爲邪念 云何名正念 答 念有念無 卽名邪念 不念有無 卽名正念 念善念惡 名爲邪念 不念善惡 名爲正念 乃至苦樂 生滅取捨 怨親憎愛 生名邪念 不念苦樂等 卽名正念

問 云何是正念 答 正念者唯念菩提 問 菩提可得否 答 菩提不可得 問 旣不可得 云何唯念菩提 答 只如菩提 假立名字 實不可得 亦無前後得者 爲不可得故 卽無有念 只箇無念 是名眞念 菩提無所念 無所念者 卽一切處無心 是無所念 只如上說如許種無念者 皆是隨事方便 假立名字 皆同一體 無二無別 但知一切處無心 卽是無念也 得無念時 自然解脫 問 云何行佛行 答 不行一切行 卽名佛行 亦名正行 亦名聖行 如前所說 不行有無憎愛等是也 大律卷五菩薩品云 一切聖人不行於衆生行 衆生不行如是聖行

問 云何是正見 答 見無所見 卽名正見 問 云何名見無所見 答 見一切色時 不起染著 不染著者 不起愛憎心 卽見名無所見也 若得見無所見時 卽名佛眼 更無別眼 若見一切色時 起愛憎者 卽名

有所見 有所見者 卽是衆生眼 更無別眼作衆生眼 乃至諸根 亦復如是

問 旣言以智爲用者 云何爲智 答 知二性空 卽是解脫 知二性不空 不得解脫 是名爲智 亦名了邪正 亦名識體用 二性空 卽是體 知二性空 卽是解脫 更不生疑 卽名爲用 言二性空者 不生有無善惡愛憎 名二性空

해설

'단박 깨달음의 문'은 모든 존재가 인연으로 일어나므로 그것에 그것이라 할 것이 없음을 단박 깨달음으로 생각에서 생각을 떠난다. 그러므로 돈오선은 생각 없음〔無念〕을 종(宗)으로 삼는다.

생각 없음은 생각에서 생각 없음이므로〔念而無念〕 생각 없음에도 머물러 둘 모습이 없다〔無無念〕. 곧 생각 없음은 다만 아무 것도 생각하지 않음이 아니라 존재의 닫혀진 모습에 물든 허위의식이 없음이니, 이를 대주선사는 '망녕된 마음이 일어나지 않음으로 실천의 내용을 삼는다'고 말한다.

연기론에서 생각은 생각의 생각이 아니라 존재인 생각이고 세계인 생각이니, 생각에 생각 없음은 곧 모습에 모습 없음이다. 돈오선의 길을 인식론적으로 기술하면 생각 없음이 되나 존재론적으로 기술하면 모습 없음이 되니, 모습 없음이 곧 모든 존재의 바탕이 되고 실천의 바탕이 된다.

다시 살펴보자. 생각은 여기 나한테 있는 것이 아니지만 나를 떠나 있는 것도 아니다. 생각은 존재의 의식〔識見分〕과 의식된 존재〔識相分〕, 이 두 가지 대립물의 통일이다. 그러므로 생각은 생각 아닌 생각이니, 생각함〔念〕 속에 생각하는 자와 생각되는 것이 실체로 있으면 생각은 생각으로 닫혀지지만, 생각하는 자와 생각되는 것에 그렇다 할 것이 없는 줄 알면 생각은 생각 아님이 되고, 생각에 생각 없음은 곧 모습에 모습 없음이 된다. 그러므로 돈오선은 생각하는 자〔根〕와 생각함〔識〕과 생각되는 것〔境〕의 닫혀진 모습에 물듦 없는 깨끗함으로 실천의 바탕을 삼고, 모습에 모습 없음〔於相無相〕으로 진리와 삶의 바탕을 삼는다.

지금 현전일념을 살펴 생각에 생각 없음을 알면 생각 없음에 생각 없음도 없게 되니, 생각 없는 생각을 바른 생각〔正念〕이라 한다. 바른 생각일 때 주체의 앎은 알되 앎이 없는 앎이 되며〔知而無知 無知而知〕, 알려지는 세계는 그렇다 할 것이 없되〔非有〕 그렇지 않다 할 것도 없는〔非無〕 중도실상이 된다. 곧 주체의 앎은 비치되 고요하며〔照而寂〕 알려지는 세계는 고요하되 비쳐지니〔寂而照〕, 비치되 고요하고 고요하되 비쳐지는 생명활동이 깨달음〔bodhi〕이다.

그러므로 위 본문에서 바른 생각은 오직 깨달음을 생각한다는 말은 깨달음을 구할 대상으로 삼아 생각한다는 뜻이 아니다. 깨달음을 생각함이란 생각에 생각 없음을 아는 것이니, 곧 천태선사가 말한바 '생각함을 법계에 묶음〔繫緣法界〕'이 오직 보리를 생각함이고, 오직 보리를 생각하면 생각이 법계에 하나되어〔一念法界〕 생각 없음에 생각 없음도 없게 된다.

의식에 의식의 실체성이 없고 존재에 존재의 실체성도 없음을 깨달음이라 짐짓 이름했으므로 깨달음에는 얻을 것이 없다. 그러나 의식 자체가 의식 아니며 존재 자체가 존재가 아니므로 깨달음 속에는 새삼스럽게 버려야 할 의식과 존재의 모습도 없다. 깨달음은 있음과 없음의 대립물에 갇히지 않되 있음이 있음 아니고 없음이 없음 아니므로 있음과 없음을 버리지 않고 있음을 있음 아닌 있음으로 없음을 없음 아닌 없음으로 돌려쓴다.

깨달음일 때 주체의 앎은 모습 없는 세계의 실상〔眞諦〕 자체가 되고, 알려지는 저 세계는 앎 아닌 앎으로서의 해탈된 의식〔眞念〕으로 드러난다.

하택신회선사는 '오직 보리를 생각한다〔唯念菩提〕'는 대주선사의 뜻이 생각을 일으켜 보리를 구함이 아니라 생각에 생각 없음〔於念無念〕을 알아 생각을 생각 아닌 생각이 되게 하는 것임을 다음 같이 말한다.

신회화상이 여러 선지식에게 고했다.

"만약 깊고 깊은 법계를 사무쳐 통달코자 하면 곧장 일행삼매에 들어가라. 만약 이 삼매에 들려는 자는 먼저 반드시 『금강반야바라밀경』을 외워 지니고 반야바라밀을 닦아 배우라.

그러므로 『금강반야바라밀경』은 말씀한다.

'만약 잘 행하는 남자나 여인으로 보리의 마음을 일으킨 자는 이 경 가운데 네 구절 게라도 받아 지니어 읽고 외우며 남을 위해 연설하면 그 복이 세간의 모습 있는 복보다 빼어나다.'

어떤 것이 '남을 위해 연설하되 모습을 취하지 않는다'는 것인가.

모습을 취하지 않음이란 '한결같음〔如如〕'이다.

어떤 것이 한결같음인가. 생각 없음〔無念〕이다.

어떤 것이 생각 없음인가. 이른바 생각 없음이란 선과 악을 생각하지 않음이고, 끝 있음과 끝 없음을 생각하지 않음이며, 한량있음과 한량없음을 생각하지 않음이다.

또한 보리를 생각하지 않음이니 보리로써 생각을 삼지 않음이고, 열반을 생각하지 않음이니 열반으로 생각을 삼지 않음이니, 이것이 생각 없음이다.

이 생각 없음이 곧 반야바라밀이고 반야바라밀이 곧 일행삼매이다. 여러 선지식들이 만약 배움의 자리에 있으면서 마음에 만약 생각이 있으면 곧 살피어 비춤〔覺照〕이다. 만약 마음 일으킴이 곧 사라지면 살펴 비춤이 저절로 없어지니 이것이 바로 생각 없음이다.

이 생각 없음에는 온갖 경계의 실체적인 모습이 없으니, 만약 온갖 경계가 있다면 곧 생각 없음으로 서로 응하지 않기 때문이다. 여러 선지식으로서 진실하게 보는 자가 깊고 깊은 법계를 사무쳐 통달하면 곧 바로 일행삼매이다.

그러므로 『소품반야바라밀경』은 말씀한다.

'잘 행하는 이여, 이것이 반야바라밀이니 이른바 모든 법 가운데에서 생각하는 바가 없음이다. 내가 생각 없음의 법 가운데 평등하게 머물면 이와 같은 금빛 몸의 서른두 가지 빼어난 모습, 크나큰 광명, 이루 생각할 수 없고 말할 수 없는 지혜, 모든 부처님의 위없는 삼매, 위없는 지혜를 얻어서 모든 공덕을 다할 것이다.

모든 부처님들이 공덕을 말한다 해도 오히려 다할 수 없는데 하물며 성문이나 벽지불이겠는가.

그러니 생각 없음을 볼 수 있는 자는 육근이 물듦 없고, 생각 없음을 보는 자는 부처님의 지혜에 향할 수 있으며, 생각 없음을 보는 자는 실상이라 이름하고, 생각 없음을 보는 자는 중도제일의제라 이름하며, 생각 없음을 보는 자는 강가강 모래수 공덕을 한때에 평등히 갖추며, 생각 없음을 보는 자는 온갖 법을 내고, 생각 없음을 보는 자는 온갖 법을 거둔다."[63]

---

63) 和尙告諸知識 若欲得了達甚深界者 直入一行三昧 若入此三昧者 先須誦持 金剛般若波羅蜜經 修學般若波羅蜜 故金剛般若波羅蜜經云 若有善男子善女人 發菩提心者 於此經中 乃至四句偈等 受持讀誦 爲人演說 其福勝彼 云何爲人演說 不取於相 不取於相者 所謂如如 云何所謂如如 無念 云何無念 所謂不念有無 不念善惡 不念有邊際無邊際 不念有限量 不念菩提 不以菩提爲念 不念涅槃 不以涅槃爲念 是爲無念 是無者 卽是般若波羅蜜 般若波羅蜜者 卽是一行三昧

諸知識 若在學地者 心若有念 卽便覺照 若也起心卽滅 覺照自亡 卽是無念 是無念者 無一切境界 如有一切境界 卽與無念不相應故

諸知識 如實見者 了達甚深法界 卽是一行三昧 是故 小品般若波羅蜜經云 善男子 是爲般若波羅蜜 所謂於諸法中無所念 我等住於無念法中 得如是金色身 三十二相 大光明 不可思議智慧 諸佛無上三昧 無上智慧 盡諸功德 諸佛說之 猶不能盡 何況聲聞辟支佛

能見無念者 六根無染 見無念者 得向佛智 見無念者 名爲實相 見無念者 中道第一義諦 見無念者 恒沙功德 一時等備 見無念者 能生一切法 見無念者 卽攝一切法

11. 보시바라밀

문 : 이 단박 깨닫는 문은 어디로부터 들어갑니까.

답 : 다나바라밀(dāna-pāramitā)로부터 들어간다.

문 : 붇다가 말씀하신 여섯 가지 바라밀이 모두 보살(bodhisattva)의 실천인데 왜 다나바라밀만을 말하며, 어떻게 다나바라밀만으로 여섯 가지 실천을 모두 갖추어 들어갈 수 있겠습니까.

답 : 어리석은 사람들은 다른 다섯 가지 바라밀이 모두 다나바라밀에서 생겨난 줄 알지 못하니, 다나바라밀만 실천하게 되면 여섯 가지 바라밀이 다 갖춰지게 된다.

문 : 왜 다나바라밀이라 합니까.

답 : 다나란 베풀어줌을 말한다.

문 : 무엇을 베풀어줍니까.

답 : 두 가지 대립물을 베풀어 없애는 것이다.

문 : 어떤 것이 버려야 할 대립물의 실체성입니까.

답 : 선과 악, 있음과 없음, 사랑과 미움, 있지 않음〔空〕과 없지 않음〔不空〕, 정해져 있음〔定〕과 정해져 있지 않음〔不定〕, 깨끗함과 깨끗하지 않음의 실체적 대립을 버려 베풀어서, 그 모든 것을 온통 베풀어 버리면 두 가지 대립물의 실체 없음을 얻게 된다.

만약 대립물의 실체 없음을 얻게 될 때 대립물의 실체 없다는 생각도 짓지 않고 베풀어 버린다는 생각도 짓지 않으면 이것이 바로 참된 보시바라밀을 행함이니, 이것을 만 가지 헤아려 생각함이 끊어졌다〔萬緣俱絶〕고 말한다.

만 가지 헤아려 생각함이 끊어졌다는 것은 곧 온갖 법의 성품이 공함〔緣起故空〕을 말한다.

온갖 법의 성품이 공하다는 것은 온갖 곳에 마음 없는 것〔一切處無心〕이 바로 그것이다.

만약 온갖 곳에 물든 마음 없음을 얻게 되면 그것은 곧 한 모습이라도 얻을 것이 없음이다. 왜 그런가. 온갖 법의 자기 성품이 공하기 때문에 한 모습도 얻을 것이 없는 것이다.

한 모습도 얻을 것이 없다는 것이 바로 존재의 참모습〔實相〕이니, 존재의 참모습이 곧 여래의 묘한 몸의 모습〔妙色身相〕이다.

이에 『금강경』에서는 '모든 모습 떠나는 것을 붇다라 이름한다'고 하였다.

문 : 붇다는 여섯 가지 바라밀을 말씀하셨는데, 이제 어떻게 보시바라밀 하나가 다 갖출 수 있다고 말합니까. 하나의 바라밀이 여섯 가지 법을 다 갖춘 까닭을 말씀해주십시오.

답 : 『사익경(思益經)』에서는 이렇게 말한다.64)

망명보살이 부라흐마하늘왕〔梵天〕에게 다음같이 가르쳤다.

만약 보살이 온갖 번뇌를 버리면 다나바라밀(dāna-pāramitā)이라 말하니 곧 보시(布施)다.

모든 법에 일으킨 바가 없으면 시라바라밀(śīla-pāramitā)이라 말하니 곧 지계(持戒)다.

모든 법에 해치는 바가 없으면 찬티바라밀(kṣānti-pāramitā)이라 말하니 곧 인욕(忍辱)이다.

모든 법에 모습 떠나면 비리야바라밀(vīrya-pāramitā)이라

64) 『사익경』에서는 이렇게 말한다 : 『사익범천소문경(思益梵天所問經)』「문담품(問談品)」 제6

말하니 곧 정진(精進)이다.

모든 법에 머무는 바가 없으면 디야나바라밀(dhyāna-pāramitā)이라 말하니 곧 선정(禪定)이다.

모든 법에 헛된 따짐이 없으면 반야바라밀(prajñā-pāramitā)이라 말하니 곧 지혜(智慧)가 이것이다.

이것들을 여섯 가지 법이라 말하니 이 여섯 가지 법이 서로 다르지 않음에 다시 이름을 붙인다면 첫째는 버림〔捨〕이고, 둘째는 일으키지 않음〔無起〕이며, 셋째는 해치지 않음〔無念〕이고, 넷째는 모습 떠남〔離相〕이며, 다섯째는 머묾 없음〔無住〕, 여섯째는 헛된 따짐 없음〔無戲論〕이다.

이와 같은 여섯 가지 법은 일에 따라 방편으로 거짓 이름을 세운 것이라 실천의 묘한 본질〔妙理〕에 이르면 서로 둘이 없고 차별이 없다.

다만 하나의 근원적인 번뇌를 버릴 줄 알면 생활상의 모든 번뇌를 버리게 되고, 존재에 관해 왜곡된 모습을 일으키지 않으면 갖가지 생활상의 왜곡된 모습을 일으키지 않게 된다.

그런데도 바른 삶의 길 잃어버린 사람들이 알지 못하고 각기 차별이 있다고 하며, 어리석은 사람들은 여섯 가지 실천의 차별된 범주〔法數〕에 막히어 나고 죽음의 소외된 삶을 길이 반복한다.

그러므로 이제 그대들 배우는 이들에게 이렇게 당부한다. '다만 다나바라밀을 실천하면 만 가지 법이 두루 원만해지는데 어찌 다섯 가지 법을 갖추지 못하겠는가.'

問 此門從何而入 答 從檀波羅蜜入 問 佛說六波羅蜜是菩薩行

何故獨說檀波羅蜜 云何具足而得入也 答 迷人不解五度皆因檀度生 但修檀度 卽六度悉皆具足 問 何因緣故 名爲檀度 答 檀者名爲布施

問 布施何物 答 布施却二性 問 云何是二性 答 布施却善惡性 布施却有無性 愛憎性 空不空性 定不定性 淨不淨性 一切悉皆施却 卽得二性空 若得二性空時 亦不得作二性空想 亦不得作念有施想 卽是眞行檀波羅蜜 名萬緣俱絶 萬緣俱絶者 卽一切法性空是也 法性空者 卽一切處無心是 若得一切處無心時 卽無有一相可得 何以故 爲自性空故 無一相可得 無一相可得者 卽是實相 實相者 卽是如來妙色身相也 金剛經云 離一切諸相 則名諸佛

問 佛說六波羅蜜 今云何說一卽能具足 願說一具六法之因

答 思益經云 網明尊謂梵天言 若菩薩捨一切煩惱 名檀波羅蜜 卽是布施 於諸法無所起 名尸羅波羅蜜 卽是持戒 於諸法無所傷 名羼提波羅蜜 卽是忍辱 於諸法離相 名毗離耶波羅蜜 卽是精進 於諸法無所住 名禪波羅蜜 卽是禪定 於諸法無戲論 名般若波羅蜜 卽是智慧 是名六法

今更名六法不異 一捨 二無起 三無念 四離相 五無住 六無戲論

如是六法 隨事方便 假立名字 至於妙理 無二無別 但知一捨 卽一切捨 無起卽一切無起

迷途不契 悉謂有差 愚者滯其法數之中 卽長輪生死 告汝學人 但修檀之法 卽萬法周圓 況於五法 豈不具耶

해설

깨달음과 선(禪) 그리고 행(行)은 서로 나뉠 수 있는가? 대주선사는 단박 깨달음이란 바로 베푸는 행이라 정의한다. 곧 그것에 그것이라 할 것이 없는 존재의 실상을 단박 깨닫지 못하면 참된 삶의 휴식처를 찾아내지 못할 것이며, 그것에 그것이라 할 것이 없되〔空〕 그것 아니라 할 것도 없는 줄 바로 깨닫지 못하면 다만 휴식처에 안주할 뿐, 이것 저것의 대립물에 갇힘이 없는 창조적 노동을 일으키지 못할 것이다.

그것에 그것이라 할 것 없음을 바로 보는 곳 속에서 있음과 없음, 너와 나의 대립에 머묾 없는 삶의 휴식처에 설 수 있으며, 그것에 그것이라 할 것 없되 그것 아니라 할 것도 없음을 사무쳐 보는 곳 속에서 있음과 없음의 실체적 대립에 머물지 않되 모든 대립물을 버리지 않고 모든 그것을 그것 아닌 그것으로 돌려쓰는 창조적 노동이 일어난다.

그러므로 바른 깨침과 선정과 행은 서로 나뉠 수 없다.

여섯 가지 바라밀행에서 반야와 선정 그리고 보시행은 그 어느 것 하나를 들어도 다른 다섯 가지 바라밀이 함께 따라오고 함께 거두어진다. 『팔천송반야경』에서 '반야바라밀이 다른 다섯 가지 바라밀을 이끈다〔般若波羅密導五波羅密〕'고 가르치듯, 대주선사는 '다나바라밀만 실천하면 여섯 가지 바라밀이 다 갖춰지게 된다'고 말한다.

대주선사는 보시란 있음과 없음, 선과 악의 대립물에 붙들어 쥐어야 할 실체가 없는 줄 알아 두 가지 대립물을 버리는 것이라 한다. 지금 갖고 있는 어떤 것이 실로 있는 것이 아닌 줄 알 때 우리는 지금 갖고 있음의 제약을 넘어 참으로 모든 것을 가진 자가 되고, 지금 어떤 것을 갖고 있지 못할 때 그 갖고 있지 못함을 허무로 보지 않을 때 우리는 모든 있음의 열려진 산실로서의 창조적 무소유에 서게 되는 것이다.

그런데 있음 자체가 있음이 아니고 없음 자체가 없음이 아니므로, 있음과 없음의 대립을 뛰어넘되 있음과 없음의 피안으로 도피하지 않고 있음을 있음 아닌 있음으로 없음을 없음 아닌 없음으로 살려낼 수 있으면, 있음을 베풀고 없음마저 베푸는 보시행이 이루어진다.

있음도 버리고 없음도 버리는 보시행을 이루면 대립으로 주어지는 객관 대상을 만나되 대상에 물든 소외된 의식이 끊어지게 되니 이것이 반야바라밀이다.

그리고 반야일 때 세계는 반야 안에 모습 없는 참모습으로 주어지게 되니, 모습 없는 존재의 참모습이 바로 여래의 묘한 몸〔如來妙色身〕인 것이다. 그러므로 『사익경(思益經)』은 있음과 없음에 가려진 허위의식을 버리면 그것을 보시바라밀이라 말하고, 대상에 관해 소외되고 대립된 모습을 일으키지 않고 대상과 서로 걸림 없는 삶을 살면 지계바라밀이라 한다.

대상이 나에게 괴로운 느낌을 줄 때 그 괴로움이 안에도 없고 밖에도 없고 중간에도 없는 줄 알아 대상에 관한 왜곡된 느낌을 일으켜서 다시 모든 법을 해치지 않으면 인욕바라밀이라 한다.

그리고 모든 법의 정해진 모습에 꼭 그렇다 할 자기 모습이 없는 줄 알아 존재의 규정된 모습에 막힘없이〔諸法離相〕 새로운 창조와 생성의 길을 걸어가면 그것을 정진바라밀이라 한다.

너와 나, 이것과 저것의 실체적인 모습에 머묾 없으면 대립물에 갇히지 않는 선정바라밀이 성취되며, 존재의 닫혀진 모습에 물든 허위의식과 부질없는 논란을 일으키지 않으면 이것이 바로 반야바라밀이다.

반야는 내면의 영혼을 가만히 들여다보는 일이거나 내 바깥 그 어디에 있는 절대적 신비를 우러르는 일이 아니다. 반야는 세계가 있지 않음을 사무쳐봄으로써 세계를 참으로 주체화하는 길이며, 세계가 없지 않음을 사무쳐봄으로써 자아를 참으로 세계화하는 길이다. 반야가 이처럼 관념적 직관이 아니라 주객의 대립이 있는 현실 속 대립에 머묾 없는 창조적인 행이므로, 반야가 아니면 삶의 진정한 휴식도 얻을 수 없으며 대상을 향한 참된 보시도 이루어질 수 없다.

곧 지금 가진 것의 있지 않음을 사무쳐보는 반야의 눈이 아니면 보시바라밀은 자신의 이기적 탐욕심에 토대를 둔 기만적인 베풂이 될 것이며, 그 반대로 있음에서 있음을 버리고 없음에서 없음을 버리는 보시행으로 발현되지 않는다면 반야는 사물에 관한 관념적 직관이 되고 말 것이다.

반야와 보시, 반야와 선정은 결코 나뉠 수 없다.

12. 세 가지 배움〔三學〕

문 : 세 가지 배움을 평등하게 쓴다 했으니 무엇이 세 가지 배움이며 어떻게 평등하게 씁니까.

답 : 세 가지 배움이란 계 · 정 · 혜다.

문 : 무엇이 계 · 정 · 혜입니까.

답 : 깨끗하여 물듦 없음이 계요, 마음이 움직이지 않는 줄 알아 경계를 상대하여 고요함이 정이다.

그리고 마음이 움직이지 않는 줄 알 때에 움직이지 않는다는 생각도 내지 않으며, 마음이 때묻지 않아 깨끗한 줄 알 때 깨끗하다는 생각도 내지 않으며, 나아가서는 선과 악을 잘 분별할 수 있되 그 가운데 물듦 없어서 자재함을 얻으면 이것을 지혜라 한다.

만약 계 · 정 · 혜의 고정된 바탕을 모두 얻을 수 없는 줄 알 때 얻을 수 없다는 분별도 없으면 곧 계 · 정 · 혜가 한 바탕을 같이함이니, 이것을 세 가지 배움을 평등하게 씀이라 한다.

問 三學等用 何者是三學 云何是等用 答 三學者戒定慧是也

問 其義云何是戒定慧 答 淸淨無染 是戒 知心不動 對境寂然 是定 知心不動時 不生不動想 知心淸淨時 不生淸淨想 乃至善惡皆能分別 於中無染 得自在者 是名爲慧也

若知戒定慧 體俱不可得時 卽無分別者 卽同一體 是名三學等用

해설

앞 장에서 밝힌 반야와 보시, 반야와 선정이 분리될 수 없는 실천의 모습은 계·정·혜 삼학의 하나됨으로 다시 표현된다.

계란 선정과 지혜를 통해 일어나는 물듦 없는 생활의 작용이며, 선정은 주체가 늘 객관대상을 상대하되 물듦 없이 고요함이 선정이다. 지금 주체의 마음은 인식주체와 인식대상이 어울려 일어나므로 일어나되 일어남이 없으니, 주체의 마음이 일어나되 일어남이 없는 줄 알면 이것이 마음이 움직이지 않는 줄 알아 늘 고요함이다.

선정의 고요함은 생활의 작용 너머에 있는 어떤 고요한 곳이 아니라 움직임 속에서 움직임이 없다. 그러므로 움직임 없음에도 머묾 없이 잘 객관대상을 분별하고 선악을 판별하되 그 분별이 고요함 그대로의 분별이 되면〔卽止之觀〕 그것이 지혜이다.

선정이 아니면 지혜가 나올 수 없고 지혜가 아니면 또한 선정이 나올수 없으며, 선정의 자기 긍정으로 발현되는 부정과 지혜의 자기 부정을 통한 긍정이 하나되는 곳에서 참된 도덕의 완성 곧 깨끗하여 물듦 없는 지계의 생활이 성취된다.

하택신회선사(荷澤神會禪師)의 『단어(壇語)』는 세 가지 배움이 평등함을 이렇게 말한다.

> "선지식이여, 세 가지 배움을 알아야 부처님의 가르침이라 말할 수 있다. 무엇을 세 가지 배움이 같음이라고 하는가? 계정혜가 곧 그것이다. 망녕된 마음〔妄心〕이 일어나지 않는 것을 계라고 하며, 망녕된 마음이 없음을 정이라 하고, 마음에 망념됨〔妄〕이 없음을 스스로 깨닫는 것이 혜이다. 이것을 세 가지 배움이 평등함이라고 한다."65)

13. 남이 없는 마음〔無生心〕

문 : 만약 마음이 깨끗함에 머물 때는 깨끗함에 집착하는 것이 아닙니까.

답 : 깨끗함에 머물 때 깨끗함에 머문다는 생각을 짓지 않으면 곧 깨끗함에 집착하지 않는 것이다.

문 : 마음이 공함에 머물 때는 공함에 집착하는 것이 아닙니까.

답 : 공하다는 생각을 지으면 곧 공함에 집착함이라 할 것이다.

문 : 만약 마음이 머무는 곳 없음에 머물 때는 머무는 곳 없음에 집착하는 것이 아닙니까.

답 : 다만 공하다는 생각만 하면 집착할 곳이 없다.

그대가 만약 머무는 바 없는 마음을 밝게 알려고 하면 바르게 앉아 선정을 실천할 때 다만 마음인 줄 알고, 마음 밖에 온갖 것을 헤아리지 말며, 온갖 선과 악을 실체적인 것으로 헤아리지 말라.

지나간 일은 이미 지나갔으므로 생각지 않으면 지나간 마음이 스스로 끊어지니 이것을 지나간 일이 없음이라 말한다. 오지 않은 일은 아직 이르지 않았으므로 원하거나 구하지 않으면 오지 않은 마음이 스스로 끊어지니 이것을 오지 않은 일이 없음이라 말한다.

지금 있는 일은 이미 연기하여 지금 있음이라, 온갖 일에 대하여 집착할 것이 없음을 알아야 한다. 집착함이 없다는 것은

---

65) 하택『단어』에 말한다 : 知識 要須三學 始名佛教 何者是三學等 戒定慧是 妄心不起名爲戒 無妄心名爲定 知心無妄名爲慧 是名三學等

실체적으로 미워하고 사랑하는 마음을 일으키지 않는 것이 곧 집착 없음이니, 지금 있는 마음이 스스로 끊어지므로 이것을 지금 있는 일이 없음이라 말한다.

그리고 이처럼 과거, 현재, 미래의 일을 실체적인 것으로 거둘 수 없는 것을 과거, 현재, 미래의 때〔三世〕 없음이라 말한다.

만약 마음이 일어나 사라질 때 곧 따라가지 않으면 사라져가는 마음이 스스로 끊어지며, 만약 마음이 머물러 있을 때에 곧 따라 머물지 않으면 머물러 있는 마음이 스스로 끊어져서 머물러 있는 마음이 없음이니, 이것이 곧 머물되 머무는 곳이 없음이다.

만약 어떤 것의 머묾이 머무는 때에 있음을 알면 어떤 것이 다만 인연으로 머물 뿐, 머무는 곳도 없고 머무는 곳 없음도 없는 것이다.

만약 스스로 마음이 온갖 곳에 머물지 않는 줄 밝게 사무쳐 안다면, 이것을 머묾 없는 본 마음을 밝게 봄〔見本心〕이라 말하며 또한 모습에 모습 없는 성품을 밝게 봄〔見性〕이라 말한다.

다만 이 온갖 곳에 머물지 않는 마음이 바로 붇다의 마음이고 또한 해탈된 마음이며, 깨달음의 마음이며, 남이 없는 마음이며, 물질의 실체가 공함이라 말하니, 경이 말한바 '남이 없는 법인〔無生法忍〕을 깨달았다' 함이 이것이다.

그대가 만약 이와 같음을 얻지 못했다면 힘을 쓰고 힘을 써서 부지런히 더욱 공을 쓰라. 공(功)이 이루어지면 스스로 이와 같음을 알게 될 것이다.

스스로 안다고 하는 것은 온갖 곳에 물든 마음이 없는 것이 바로 아는 것이다. 마음이 없다고 말하는 것은 거짓되어서 참되지 않은 것이 없음이다. 거짓됨이란 미움과 사랑의 마음이 이것이며 참됨이란 미움과 사랑의 마음이 없음이다.

다만 미움과 사랑의 마음이 없으면 이것이 두 가지 대립물의 실체가 없음이니, 두 가지 대립물의 실체가 없으면 스스로 해탈하게 된다.

問 若心住淨時 不是著淨否 答 得住淨時 不作住淨想 是不著淨

問 心住空時 不是著空否 答 若作空想 卽名著空

問 若心得住無住處時 不是著無住處否 答 但作空想 卽無有著處 汝若欲了了識無所住心時 正坐之時 但知心 莫思量一切物 一切善惡 都莫思量 過去事已過去 而莫思量 過去心自絶 卽名無過去事 未來事未至 莫願莫求 未來心自絶 卽名無未來事 現在事已現在 於一切事但知無著 無著者不起憎愛心 卽是無著 現在心自絶 卽名無現在事 三世不攝 亦名無三世也

心若起去時 卽莫隨去 去心自絶 若住時亦莫隨住 住心自絶 卽無住心 卽是住無住處也 若了了自知住在住時 只物[66]住 亦無住處 亦無無住處也

若自了了知心不住一切處 卽名了了見本心也 亦名了了見性也 只箇不住一切處心者 卽是佛心 亦名解脫心 亦名菩提心 亦名無生心 亦名色性空 經云證無生法忍 是也

汝若未得如是之時 努力努力 勤加用功 功成自會 所以會者一切處無心 卽是會 言無心者 無假不眞也 假者愛憎心是也 眞者無愛

66) 只物 : 只沒, 只麽와 같은 말이다. '다만 ~할 뿐'이라는 뜻으로 당시의 속어(俗語)이다.

憎心是者 但無憎愛心 卽是二性空 二性空者 自然解脫也

해설

머무는 바 없고 남이 없는 마음이 곧 붇다의 마음이며 존재의 공한 참모습이다. 지금 나의 앎이 일어날 때 여기 앎이 있고 저기 앎이 지향하는 대상이 어떤 것으로 있다고 생각하여, 선과 악, 이것과 저것을 실체적인 것으로 헤아리지 않으므로, 삶의 청정성을 유지하되 깨끗하다는 생각도 내지 않으면 그것이 머묾 없음이요 남이 없는 마음이다.

앎은 아는바 객관대상을 토대로 일어나되 지금 알 때 저 세계는 앎 자체로 주어지는 세계이다. 그러므로 능히 앎과 알려지는바 세계는 모두 그렇다 할 것이 없으니, 주객의 대립에 막힘없고 머묾 없이 자재하게 세상을 사는 자는 세계를 앎 밖에 실체적인 것으로 구하거나 집착해선 안 된다.

과거의 것, 현재의 것, 미래의 것은 주체의 생활을 기준으로 하면 과거의 마음, 현재의 마음, 미래의 마음으로 표현된다. 과거의 마음이 실로 있다면 과거가 부정되고 현재가 나올 수 없었을 것이며, 과거의 마음이 실로 없다면 과거를 토대로 현재가 산출될 수 없을 것이다. 현재의 마음은 인연으로 일어난 것이므로 있되 머물러 있는 곳이 없으며, 미래의 마음은 아직 오지 않았으나 현재 속에서 전망될 뿐이므로 다만 이름만 있을 뿐이다. 과거의 마음, 현재의 마음, 미래의 마음은 머무는 곳이 없으므로 얻을 것이 없지만, 머무는 곳 없음도 없으므로 버릴 것도 없다.

과거·현재·미래의 일이 실체적으로 거둘 수 없으므로 과거·현재 · 미래의 조각난 시간에 갇히지 않되 삼세의 시간이 곧 공하므로 시간 밖으로 초월하지 않고, 과거 · 현재 · 미래의 시간에 머묾 없이 역사의 흐름과 함께 하는 자 그가 바로 남이 없는 마음에 서 있는 자이며 머묾 없는 본마음을 밝게 본 자이다.

머묾 없는 본마음〔無住本心〕이야말로 남이 없는 존재의 본질〔無生法忍〕이며 존재의 질곡으로부터 해탈된 마음〔解脫心〕인 것이다.

머묾 없는 마음이 곧 해탈임을 『하택신회어록』은 다음 같이 보인다.

시랑 묘진경(苗晋卿)이 물었다.
"어떻게 도를 실천해야 해탈할 수 있습니까."
"머묾 없는 마음을 얻으면 곧 해탈하오."
"어떻게 머묾 없음을 얻습니까."
"『금강경』에 밝은 글이 갖춰져 있소."
또 물었다.
"『금강경』 말씀에 그런 말이 없는 것 같습니다."
화상이 답했다.
"경에 이렇게 말씀했소.
'다시 수보리여, 여러 보살마하살은 마땅히 이와 같이 깨끗한 마음을 내야 하니, 마땅히 빛깔에 머물지 않고 마음을 내며, 마땅히 소리 · 냄새 · 맛 · 감촉과 법에 머묾 없이 마음을 내고, 마땅히 머무는 바 없이 그 마음을 내야 한다.'
이처럼 다만 머묾 없는 마음을 얻으면 곧 해탈하오."
또 물었다.
"머묾이 없는데 어떻게 머묾 없음을 압니까."
답했다.

"머묾 없는 바탕 위에 스스로 근본지혜가 있어서 근본지혜로 알 수 있는 것이니, 늘 근본지혜로 하여금 그 마음을 내게 하는 것이오."67)

위 하택선사의 답 가운데 머묾 없는 바탕이란 법신(法身)의 고요함이요, 능히 아는 근본지혜〔本智〕란 법신이 어둡지 않아 반야(般若)가 늘 밝음이며, 근본지혜로 하여금 그 마음 늘 낸다 함은 반야가 막힘 없어 해탈의 작용이 늘 있음이다. 그러나 해탈의 활동 또한 다시 고요하여 법신을 떠나지 않으니, 근본지혜의 작용 또한 실체로 보아서는 안 되는 것이다.

---

67) 侍郎苗晉卿問 若爲修道得解脫 答 得無住心 卽得解脫
　問若得無住 答曰 金剛經具有明文 又問 金剛經道沒語 答曰 經云 復複次須菩提 諸菩薩摩訶薩 應如是生淸淨心 不住色生心 不應住聲香味觸法生心 應無所住而生其心 但得無住心 卽得解脫
　又問 無住若爲知無住 答曰 無住體上 自有本智 以本智慧知 當令本智而生其心 (『하택어록』 15단)

14. 늘 머무름〔常住〕

문 : 대립물의 실체성에서 해탈된 깨달음은 다만 앉아 있음으로 작용을 삼습니까, 다닐 때도 작용합니까.

답 : 이제 크나큰 공덕을 쓴다고 한 것은 앉아 있음만을 말하는 것이 아니다. 가고, 머물고, 앉고, 누우며, 짓고, 움직이고, 일하는 온갖 때 가운데 늘 써서 끊어짐이 없으니, 이것을 깨달음의 큰 공덕이 늘 머무름〔常住〕이라 말한다.

問 爲只坐用 行時亦得爲用否 答 今言用功者 不獨言坐 乃至行住坐臥 所造運爲 一切時中 常用無間 卽名常住也

해설

남이 없는 마음은 작용이 있을 때에도 있는 것이 아니고, 작용이 없을 때에도 없는 것이 아니며, 빛깔과 소리를 보거나 들을 때도 보고 들음이 없고, 빛깔과 소리를 보거나 듣지 않을 때에도 다만 허무가 아니다.

나되 남이 없는 마음은 늘 그대로 있지도 않고 아주 사라져 없어지지도 않으며〔不常不斷〕, 늘 쓰임새가 있되 고요하며 늘 고요하되 쓰임새가 끊어지지 않으니, 이것을 깨달음의 큰 공덕이 늘 머무름〔常住〕이라 한다.

이때 늘 머묾〔常住〕은 바깥 길 걷는 자〔外道〕들이 말하는 것처럼 절대적인 성품이 늘 머문다는 뜻이 아니고, 몸은 사라지나 영적인 성품은 사라지지 않는다는 뜻도 아니다.

늘 머묾은 모든 법이 인연으로 생기므로 나되 남이 없고 남이 없되 남 없음도 없음을 뜻하는 것이니, '늘 머무는 불성〔常住佛性〕'의 뜻을 『열반경』은 이렇게 말한다.

> 불성은 얻음도 없고 남도 없다. 왜 그런가.
>
> 불성은 빛깔도 아니고 빛깔 아님도 아니며, 길지도 않고 짧지도 않으며, 높지도 않고 낮지도 않으며, 나지도 않고 사라지지도 않기 때문이다.
>
> 나지 않고 사라지지 않으므로 항상함이라 일컬어지고, 항상하므로 근본이 된다고 말해진다.[68]

---

68) 佛性者無得無生 何以故
非色非不色 不長不短 不高不下 不生不滅故
以不生滅故 得稱爲常 以常故 得稱爲本

15. 다섯 가지 법신〔五種法身〕

문 : 『방광경(方廣經)』에서69) '다섯 가지 법신은 첫째 실상법신이요, 둘째 공덕법신이요, 셋째 법성법신이요, 넷째 응화법신이요, 다섯째 허공법신이다'라고 말했으니, 자신의 몸 가운데서 어떤 것이 이것입니까.

답 : 마음이 무너지지 않는 줄 아는 것이 실상법신이요, 우리들의 마음이 만상을 머금은 줄 아는 것이 끊임없는 공덕의 법신이요, 마음에 마음이라 할 실체가 없는 줄 아는 것이 법성법신이요, 중생의 근기에 따라 설법하는 것이 바로 응화법신이요, 마음에 모습이 없어서 얻을 것 없는 줄 아는 것이 허공법신이다.

만약 이 뜻을 사무쳐 안다면 곧 깨쳐 얻을 것이 없음을 아는 것이니, 얻을 것이 없고 깨칠 것이 없으면 곧 붇다의 법과 진리의 몸〔法身〕을 바르게 깨친 것이다.

만약 깨칠 것이 있고 얻을 것이 있어서 그것으로 깨침을 삼는 자는 삿된 견해로 아만만을 키우는 자〔增上慢人〕이니, 이런 사람을 잘못된 바깥 길〔外道〕을 따라 실천하는 사람이라 말한

---

69) 方廣經云 : 『대통방광경(大通方廣經)』(대정장 권85, p.1348:하) 및 『대승오방편(大乘五方便)』(대정장 권85, p.1292:상)에 다음과 같은 구절이 있다. "첫째 실상법신이니 모습에 모습 없기 때문이고, 둘째 공덕법신이니 생각 떠남으로 공을 삼고 진리를 드러냄으로 덕을 삼는다. 셋째는 법성법신이니 모든 법의 모습 없는 성품의 진리이고, 넷째는 응화법신이니 육근이 물듦 없음이며, 다섯째는 허공법신이니 허공과 평등함이다〔一實相法身 相無相故 二功德法身 離念爲功 顯理爲德 三法性法身 諸法性理 四應化法身 六根無染也 五虛空法身 等虛空界〕."

다. 왜 그런가. 『유마경』은 이렇게 말한다.[70]

"사리불이 하늘여인에게 '그대가 무엇을 얻고 무엇을 깨쳐서 말재주가 이렇게 되었는가'라고 물으니 하늘여인은 대답했다. '나는 얻음이 없고 깨침이 없으므로 이와 같이 되었소'."

이 같은 『유마경』의 말씀에 따라 본다면, 얻음 있고 깨침이 있다는 것은 곧 붇다의 법 가운데 아만만을 더욱 늘리는 사람인 것이다.

問 方廣經云 五種法身 一實相法身 二功德法身 三法性法身 四應化法身 五虛空法身 於自己身 何者是

答 知心不壞 是實相法身 知心含萬像 是功德法身 知心無心 是法性法身 隨根應說 是應化法身 知心無形不可得 是虛空法身

若了此義者 卽知無證也 無得無證者 卽是證佛法法身 若有證有得以爲證者 卽邪見增上慢人也 名爲外道 何以故 維摩經云 舍利弗問天女曰 汝何所得 何所證 辯乃得如是 天女答曰 我無得無證乃得如是

若有得有證 卽於佛法中 爲增上慢人也

해설

우리들의 지금 경험하고 있는 앎은 자아와 세계 속에서 일어나되 자아와 세계는 앎 자체로 나타나고 있다. 앎〔前六識〕은 자아와 세계를 매개해서 일어나므로 일어남이 없고 일어남이 없으므로 사라짐

70) 『유마경』「관중생품(觀衆生品)」에 보인다.

이 없다. 이처럼 실로 일어남이 없으므로 사라짐이 없고 모임이 없으므로 무너짐과 흩어짐이 없는 마음의 참모습을 대주선사는 실상법신〔實相法身〕이라 한다.

마음은 자아와 세계 속에서 일어나되 자아와 세계는 늘 마음으로 드러나는 자아와 세계이다. 마음과 세계가 남이 없되 남 없음도 없어서 세계가 늘 마음을 떠나지 않고 마음이 세계를 머금고 있으니, 일어난 줄 바로 알면 세계를 머금고 있는 이 마음이 공덕법신(功德法身)이다.

마음은 자아와 세계가 서로 맞물려서 일어나므로 마음에는 마음이라 할 모습이 없으니 마음 아닌 마음의 본바탕이 법성법신(法性法身)이다.

마음에는 그렇다 할 정해진 모습이 없지만 푸른 빛을 만나면 푸른 빛을 드러내고 붉은 빛을 만나면 붉은 빛을 드러내며, 상황의 갖가지 변화를 주체화하고 대중의 근기와 요구를 살펴 그에 맞게 법을 설하며 대중의 뜻에 맞춰 방편을 열어내니 이것이 응화법신(應化法身)이다.

마음 없는 마음은 세계와 맞물려 새로운 앎으로 되어지며, 꽃을 볼 때는 꽃인 마음이 되고 새소리를 들을 때는 새소리인 마음이 되지만, 마음에는 꽃도 얻을 수 없고 새소리도 얻을 수 없으며, 이런 생각 저런 생각도 얻을 수 없으니, 모습 없는 마음의 모습을 허공법신(虛空法身)이라 한다.

주체적 활동〔心〕의 모습 없는 참모습이 곧 진리의 몸〔法身〕이니, 모습 없으므로 얻을 것이 없는 주체적 활동 밖에 따로 구하는 것이 있고 깨닫을 것이 있으면, 이 사람이 바로 잘못된 삶의 길을 가는 자이며 붇다의 법 가운데 아만만을 늘리는 자인 것이다.

붇다의 법 가운데서 아만만을 키우는 자, 그는 얻을 것이 없고 취할 것이 없는 법의 참모습 가운데서 얻음이 있고 취함이 있으므로 진리에 대한 새로운 소외를 일으키는 자이며, 스스로 깨쳤다는 모습〔覺相〕을 둠으로써 못 깨친 범부를 가볍게 보고 소홀히 여기는 자이다.

그는 진리와 깨달음을 사적인 것, 정체된 것으로 소유한 자이므로 못 깨친 모습〔不覺相〕을 붙들고 앉아 깨달음을 우러러 보기만 하는 범부와 똑같은 사상적 해독을 안고 있다 할 것이다.

16. 같은 깨달음〔等覺〕과 묘한 깨달음〔妙覺〕

문 : 경에 같은 깨달음〔等覺〕[71]과 묘한 깨달음〔妙覺〕[72]이라 했으니, 어떤 것이 바른 깨달음이며 어떤 것이 묘한 깨달음입니까.

답 : 곧 물질이면서 곧 공함을 바른 깨달음이라 하고, 두 가지 대립물의 성품이 공하므로 묘한 깨달음이라 하며, 또 달리 말하면 깨달음도 없고 깨달음 없음도 없는 것을 묘한 깨달음이라 한다.

문 : 같은 깨달음과 묘한 깨달음이 다릅니까, 다르지 않습니까.

답 : 일에 따르는 방편으로 거짓 두 가지 이름을 세운 것이니, 실천의 바탕은 하나라 둘이 없고 다름이 없으니 나아가서는 온갖 법이 모두 그렇다.

問 經云 等覺妙覺 云何是等覺 云何是妙覺 答 卽色卽空 名爲等覺 二性空故 名爲妙覺 又云 無覺無無覺 名爲妙覺也

問 等覺與妙覺 爲別爲不別 答 爲隨事方便 假立二名 本體是一無二無別 乃至一切法皆然也

---

71) 같은 깨달음〔等覺〕: 모든 부처님의 깨달음은 한결같이 평등하다는 뜻으로 등각이라 한다. 보살 수행의 52계위 가운데 제51위에 해당하는데, 50위까지 보살이 행한 만행이 바로 여래의 평등한 깨달음이라는 뜻.

72) 묘한 깨달음〔妙覺〕: 보살 수행의 제52위, 즉 붇다의 위없는 바른 깨달음을 말한다. 보살의 만행이 깨달음에서 일어난 것이므로 만행과 깨달음이 평등하지만, 평등하다는 모습도 없는 것이므로 그것을 여래의 묘한 깨달음이라 한다.

해설

같은 깨달음이라 옮긴 등각(等覺)은 원래 52위로 설정된 보살의 수행차제에서 51번째의 지위로서 붇다와 깨달음이 같다는 뜻이고, 묘각은 52번째 최상의 지위로서 붇다의 원만한 깨달음을 뜻한다.

그러나 여기 『돈오요문』의 뜻에 따르면 같은 깨달음이란 모든 것이 인연으로 일어나므로 그것에 그것이라 할 것이 없음을 깨닫는 것이다. 곧 물질이 인연으로 일어났으므로 공한 줄 알면 바른 깨달음이고, 물질과 공함이라는 두 가지 대립물이 모두 공하면 이것이 묘한 깨달음이다. 물질이 공하다는 깨달음에도 머묾 없이 그 공함도 공한 것이 묘한 깨달음이니, 묘한 깨달음은 깨달음도 없지만〔無覺〕 깨달음 없음에도 머물지 않으므로 깨달음이 없는 것도 없다〔無無覺〕.

물질이 그대로 공한 것이므로 공도 따로 세울 모습이 없다. 그러므로 물질이 공할 뿐 아니라 공도 공한 것이니, 물질 그대로 공하다는 바른 깨달음에도 머물 모습이 없음을 묘한 깨달음이라 이름한다.

같은 깨달음과 묘한 깨달음은 서로 다르지 않으나 깨달음에 머물 모습을 둘까 싶어 같은 깨달음 밖에 묘한 깨달음이라는 이름을 세운 것이니, 영가선사의 『증도가』는 덧없는 세간의 법 밖에 여래의 두렷한 깨달음이 따로 없음을 다음 같이 노래한다.

모습 없고 공도 없고 공하지 않음도 없으니
이것이 바로 여래의 진실한 모습이요
모든 행이 항상함 없어 온갖 것이 공하니
이것이 바로 여래의 크고 두렷한 깨달음이네.

無相無空無不空 卽是如來眞實相
諸行無常一切空 卽是如來大圓覺

17. 『금강경』에서 설법의 뜻

문 : 『금강경』에 '이루 설할 법이 없는 것을 법을 설함이라 한다'고 말씀하였으니 그 뜻은 어떻습니까.

답 : 반야의 본바탕이 끝내 마쳐 다했다는 것마저 깨끗해서 한 물건도 얻을 것이 없음을 이루 설할 법이 없다 하고, 반야의 비어 고요한 바탕 가운데 강가강 모래수 한량없는 작용을 갖추어서 알지 못하는 일이 없음을 법을 설함이라 한다.

그러므로 '이루 설할 법이 없는 것을 법을 설함이라 한다'고 말씀하였다.

問 金剛云 無法可說 是名說法 其義云何 答 般若體畢竟清淨 無有一物可得 是名無法可說 卽於般若空寂體中 具恒沙之用 卽無事不知 是名說法 故云無法可說是名說法

해설

우리가 무엇인가를 말할 수 있다는 것은 말하는 자와 말 되어지는 것과 말함 속에 꼭 그렇다 할 모습이 없으므로 저것을 이렇게 말하고 이것을 저렇게 말할 수 있는 것이다.

'이루 설할 법이 없음'이란 말하는 자와 말 되어지는 것과 말함 속에 꼭 그렇다 할 모습 없음을 뜻하며, '법을 설함'이란 꼭 그렇다 할 모습이 없으므로 한량없는 언어적 실천이 생활 속에서 일어남을 뜻한다.

곧 하루 내내 말하되 말할 것이 없고, 이루 말함과 말할 것이 없으므로 다함없는 언어의 샘물이 솟구쳐 흐르는 것이니, 붇다는 '녹야원에서 발제하까지 한 글자도 설하지 않았지만', '한 음성 속에 한량없는 음성을 갖추어' 세간의 뭇 삶들에게 법을 설해 그들을 해탈언덕에 오르도록 해 주는 것이다.

그러므로 법을 설하되 능히 설함과 설하는 바가 없음을 알면 세속계를 무너뜨리지 않고 진여의 세계에 들어가는 것이니, 하택신회선사는 『기신론(起信論)』의 뜻을 받아 이렇게 말한다.

> "진여의 성품은 곧 본 마음이니 비록 생각하되 능히 생각함과 생각할 것이 없고 비록 말하되 능히 말함과 말할 것이 없으면 이것을 진여에 들어감이라 한다."[73)]

---

73) 眞如之性 卽是本心 雖念無有能念可念 雖說無有能說 可說是名得入

18. 『금강경』에서 경멸과 천대의 뜻

문 : '만약 잘 행하는 남자와 여인이 있어 이 경을 받아 지녀 읽고 외우고서 남의 업신여김과 천대를 받게 되면 이 사람은 앞 세상의 죄업으로 마땅히 나쁜 길에 떨어질 것이지만, 지금 세상 사람들이 업신여기고 천대하므로 앞 세상의 죄업이 곧 없어져 위없는 바른 깨달음을 얻을 것이다'라고 하였으니 그 뜻이 어떻습니까.

답 : 다만 어떤 사람이 대선지식을 만나지 못하고 잘못된 행위만 지어서 깨끗한 본마음이 세 가지 독〔三毒〕과 무명(無明)에 덮여 밝게 드러나지 못하는 것이다. 그러므로 경은 '남들의 업신여김과 천대를 받는다'고 하였다.

지금 사람들이 업신여기고 천대한다는 것은 곧 오늘에 바른 깨달음의 뜻을 내 붇다의 해탈의 길을 실천하므로 무명이 사라져 다하고 세 가지 독이 나지 않아서 본마음이 밝게 드러나 다시 어지러운 생각이 없고 모든 악이 길이 사라지므로 지금 사람들이 경멸하고 천대한다 한 것이다.

무명이 사라져 다하고 어지러운 생각이 나지 않으면 스스로 해탈을 이루므로 깨달음을 마땅히 얻는다고 말했다. 바른 깨달음의 뜻을 낼 때를 지금 세상〔今世〕이라고 말한 것이니 떨어진 생(生)을 말한 것이 아니다.

問 若有善男子善女人 受持讀誦此經 若爲人輕賤 是人先世罪業 應墮惡道 以今世人輕賤故 先世罪業 卽爲消滅 當得阿耨多羅三

藐三菩提 其義云何

答 只如有人 未遇大善知識 唯造惡業 淸淨本心 被三毒無明所覆 不能顯了 故云 爲人輕賤也 以今世人輕賤者 卽是今日發心求佛道 爲無明滅盡 三毒不生 卽本心明朗 更無亂念 諸惡永滅 故以今世人輕賤也 無明滅盡 亂念不生 自然解脫 故云當得菩提 卽發心時 名爲今世 非隔生也

해설

우리들의 삶 속에 고통과 시련이 닥칠 때 창조적인 인간은 그것을 단순히 어두움과 파멸의 그림자로 보지 않으며, 오히려 그러한 고통과 시련을 새로운 해탈과 희망의 징표로 받아들이며 고통과 시련을 해탈의 계기로 돌려쓴다. 이 장에서는 앞 세상〔先世〕의 죄업과 지금 세상〔今世〕 사람들의 천대라는 두 가지 대립된 뜻이 함께 등장한다. 이 뜻을 인과론적으로 보면, 앞 세상의 과보로 악도에 떨어질 사람도 이 경을 외우는 공덕으로 비록 남들의 천대와 업신여김을 받지만 경의 가르침을 통해 너와 나의 대립된 모순을 일으키지 않고 해탈의 세계에 나아갈 수 있다는 뜻으로 해석될 수 있다.

한편 앞 세상과 뒷 세상이라는 뜻은 번뇌와 질곡에 갇힌 낡은 삶과 허위의식을 벗어난 새로운 삶으로 해석해 볼 수도 있다. 이렇게 보면 『금강경』에서 남의 업신여김과 천대를 받는다는 뜻에는, 먼저 마땅히 나쁜 길에 떨어질 앞 세상의 죄업의 징표로서 남이 주는 업신여김과 천대란 불성(佛性)을 업신여기고 천대함으로써 온갖 허위의식과 고통이 나타남을 뜻한다. 그러나 이제 사람들이 업신여기고 천대한다는 뜻은 과거의 낡은 생활방식인 무명과 삼독을 업신여겨 새로운 삶으로 전환되었다는 뜻이니, 이제 사람들이 무명과 삼독을 업신여김으로써 깨끗한 본마음이 밝게 드러나 모두 해탈하게 됨을 말한다. 이 뜻을 혜능선사는 이렇게 말한다.

> "이치를 잡아 말하면 앞 세상이란 곧 앞 생각 망녕된 마음이요, 지금 세상이란 곧 뒷 생각 깨친 마음이다. 뒷 생각 깨친 마음으로 앞 생각 망녕된 마음을 업신여기고 천대하면 망녕된 마음이 머물 수 없으므로 그것을 앞 세상의 죄업이 곧 사라진다고 하였다. 망녕된 마음이 이미 사라지면 죄업이 이루어지지 않으므로 곧 깨달음을 얻게 되는 것이다."[74]

하택신회선사는 『금강경』의 이 뜻을 묻는 건광(乾光) 법사에게 다음 같이 말한다.

> "경을 지니는 사람은 온갖 사람들의 공경과 절함을 받아야 한다.
>
> 오늘 비록 경을 얻어 읽고 외우지만 아직 경을 지니지 못하는 것은 앞에 있는바 무거운 죄업의 장애 때문이다.
>
> 오늘 경을 지니는 위력 때문에 세상 사람들의 업신여김과 천대를 불러 받아 더욱 다시 경 지니는 사람으로 하여금 지은 무거운 죄업의 장애를 모두 다 없애게 하고, 죄업을 없애므로 위없고 바른 깨달음을 얻게 된다."[75]

---

74) 約理所言 先世者 卽是前念妄心 今世者 卽是後念覺心 以後念覺心 輕賤前念妄心 妄不能住故 云先世罪業 卽爲消滅 妄念旣滅 罪業不成卽得菩提也

75) 持經之人 合得一切人恭敬禮拜 今日雖且得經讀誦 爲未持經以前所有重罪業障 今日持經威力故 感得世人輕賤 倍復能令持經人持經人 所有重罪業障悉皆消滅 以得消滅故 卽得阿耨多羅三藐三菩提也 (『하택어록』 18단)

또 진리의 뜻으로 풀이함〔理義釋〕이 있어 그에 의해 말하면 다음과 같다.

> "앞 세상 죄업이란 앞 생각이 망녕된 마음 일으킴을 비유한 것이요, 지금 사람들이 업신여기고 천대함이란 뒷 생각이 깨달음과 같아짐을 비유함이니, 뒷 생각의 깨달음이 앞의 망녕된 마음을 뉘우침이다.
> 만약 앞의 마음이 이미 사라지면 뒤의 뉘우침도 사라진다.
> 두 생각이 다 사라지면 이미 있지 않는 것이니, 곧 이것이 경을 지니는 공덕이 갖춰짐이고 곧 위없고 바른 깨달음이다."[76]

또 말한다.

> "뒤의 깨달음은 업신여김과 천대함을 비유한 것이니, 이는 앞 생각이 망녕된 마음을 일으키기 때문이다.
> 만약 뒤의 깨달음을 일으키면 또한 이것도 마음 일으킴이다.
> 비록 깨달음을 지었다 이름하나 그런 깨달음은 또한 범부를 떠나지 못하기 때문에 세상 사람이 업신여김과 천대함을 비유한 것이다."[77]

죄업장은 연기한 것이라 공하여 죄업 아닌 죄업이다. 경을 지니는

---

76) 先世罪業者 喩前念起妄心今世人輕賤者 喩後念齊覺 後覺爲悔前忘心 若前心旣滅 後悔亦滅 二念俱滅旣不存 卽是持經功德具足 卽是阿耨多羅三藐三菩提

77) 後覺喩輕賤者 爲是前念起妄心 若起後覺 亦是起心 雖名作覺 覺亦不離凡夫故 喩世人輕賤也

자가 앞의 죄업이 무거우면 경 지니는 공덕으로 사람들의 업신여김을 불러들이는 것이니, 이는 죄가 사라지는 징표이며 고난을 통해 죄가 곧 죄 아님이 드러나는 모습이다.

이런 입장에서 보면 사람들이 경 지니는 이를 업신여김은 바로 그의 죄업장을 업신여겨 크나큰 깨달음의 바다에 돌아감이다.

그러나 업신여길 앞 세상 죄업장과 돌아가야 할 깨달음을 보는 것이 모두 생각 일으킴이니, 두 마음이 모두 사라져야 곧 위없고 바른 깨달음인 것이다.

대주선사도 혜능과 하택의 뜻을 이어 남이 나에게 주는 경멸과 천대란 바로 우리들의 삶 속에 있는 무명과 삼독을 경멸하고 천대하여 열반의 다함없는 공덕을 드러내는 계기로 본다.

인간의 삶은 늘 고난과 시련을 동반하면서 가는 삶이다. 고통과 시련이 일어날 때 지금 일어나고 있는 고통은 일어나는 모습이자 사라지는 모습이다. 고통과 시련은 일어나고 사라지므로 그것은 실로 있는 고통과 시련이 아니다. 그러므로 어떤 사람이 '죄업의 본래 공함'을 설하는 붇다의 가르침을 받아지니고도 지금 현실 속에서 고통과 시련이 닥칠 때 그것의 공한 모습을 보지 못하고 고통과 시련, 남이 주는 경멸과 천대 밖에 고통이 없는 곳을 따로 찾거나 복만을 받고 찬양만을 받는 삶을 따로 추구한다면 그는 참된 해탈의 삶을 살지 못한다.

받아들일 복의 모습이 있는 사람은 지금 비록 일시적으로 복을 받고 찬사를 듣더라도 복과 죄업의 공한 모습〔罪福空性〕을 체달하지 못함으로써 복과 찬양의 인연이 지나 죄업의 인연이 일어나면 죄업에 빠져 나쁜 길에 떨어지게 될 것이다.

그러나 남이 나를 경멸하고 천대할 때 그 경멸과 천대가 나와 우리 속에 있는 낡은 의식의 일시적 발현인 줄 알아 그 경멸과 천대마저 공한 줄 알면, 경멸하고 천대하는 고통스런 상황을 통해 오히려 죄업의 무거운 짐을 넘어 깨달음의 길에 나아갈 수 있는 것이다.

현실 속의 고통과 시련, 남이 주는 경멸과 천대는 너와 나, 역사의 얽히고 설킨 관계 속에서 일어나는 인연업상(因緣業相)의 그림자이다. 그러므로 고난과 시련이 일어날 때 그것이 인연으로 일어난 것인 줄 아는 자는 고난과 시련의 한복판에서 해탈과 열반을 얻게 될 것이다.

그러나 복을 받아 쓰고 남의 찬양을 받을 때 그것을 자기 것만으로 보존하려 하거나 복과 찬양을 있는 모습으로 추구하려 할 때는 있음의 질곡에 갇혀 길이 나고 죽음의 길에서 헤매게 될 것이다. 지혜의 눈을 뜨고 살면 남의 경멸과 천대를 받는 자, 그가 경멸과 천대 속에서 길이 니르바나의 삶을 사는 자이며, 지혜의 눈을 닫고 살면 복을 누리고 찬양을 받는 자, 그가 복과 찬양을 끌어안은 채 길이 악도에 떨어져 고통받을 자이다.

그러므로 복덕과 죄업의 실체가 공한 줄 아는 자는 누려야 할 복덕의 모습이 다가와도 그것을 소유해야 할 어떤 것으로 머물러 두지 않고 복을 모두 앞에 돌려주며, 고통과 시련이 공한 곳에 서서 자신의 삶을 역사화하며 역사의 죄업을 대중과 함께 짊어지고 죄업의 역사를 해탈의 역사로 뒤바꾸어 내는 것이다.

19. 여래의 다섯 가지 눈

문 : 또 경에 여래의 다섯 눈을 말했으니 어떤 것이 다섯 눈입니까.

답 : 모습과 빛깔의 깨끗함 보는 것을 여래의 육안(肉眼)이라 하고, 물질 바탕이 깨끗함 보는 것을 여래의 천안(天眼)이라 한다.

그리고 여러 가지 물질 경계와 선과 악 등 대립물에 대해 미세하게 잘 분별하되 물들거나 집착함이 없어서 그 가운데 자유로운 것을 혜안(慧眼)이라 하며, 사물을 보되 보는 바 없음을 법안(法眼)이라 하고, 봄도 없고 봄이 없는 것도 없음을 불안(佛眼)이라 한다.

又云如來五眼者何 答 見色清淨 名爲肉眼 見體清淨 名爲天眼 於諸色境 乃至善惡 悉能微細分別 無所染著 於中自在 名爲慧眼 見無所見 名爲法眼 無見無無見 名爲佛眼

해설

육안, 천안, 혜안, 법안, 불안을 여래의 다섯 가지 눈이라 한다.

육안은 우리들의 감각기관으로서의 눈이며 몸이다. 대상을 주체가 인식할 때 눈은 사물을 감성적으로 직관하며, 몸은 존재의 빛깔과 소리, 냄새, 맛 등 물질적 경계를 자신의 주체적 활동 속에 실어낸다. 눈으로 사물의 빛깔을 보되 그 빛깔이 눈 밖에 있는 빛깔이 아니라, 볼 때 이미 눈의 자기운동으로 주어지는 빛깔 아닌 빛깔인 줄 알면 '빛깔의 깨끗함〔色淸淨〕'을 본 것이니, 이것이 여래의 육안이다.

보여지는 사물은 저 홀로 닫혀진 사물이 아니라 다른 것을 의지하여 일어난 어떤 것이며, 보편적 연관으로 주어지는 사물이다. 나의 이성적 인식으로 사물의 보편적 연관을 읽어내되, 사물을 알 때 이미 사물의 보편적 연관구조가 나의 '앎 자체〔唯識〕'로 드러나고 있는 줄 알면 물질의 열려진 바탕〔體〕이 깨끗한 줄 보는 것이니, 이것이 여래의 천안(天眼)이다.

주어진 사물은 인연으로 일어난 것이므로 있되 실로 있음이 아니다. 그러므로 사물을 보되 실체적으로 보는 바가 없으면〔見無所見〕 이것이 여래의 혜안(慧眼)이다. 사물은 실로 있음 아니되 있음 아님도 아니니 사물을 보는 바가 없되 봄 없음에 머묾 없이 잘 객관대상을 분별하여 물듦 없이 자유로우면 이것이 여래의 법안(法眼)이다.

사물이 있음이 아니므로 봄이 없되〔無見〕 사물이 없음이 아니므로 봄이 없는 것도 없어서〔無無見〕 '두 가지 대립물에 치우친 분별을 떠나〔息二邊分別〕' 중도실상을 체현하면 이것이 여래의 불안(佛眼)이다.

지금 고개 위에 연기〔煙〕가 피어오른다 하자. 나의 눈으로 피어오르는 것이 연기인 줄 옳게 인식해내면 그것이 육안이며, 연기가 오를 때 눈에 보이지는 않지만 산 너머에 불이 있는 줄 알고 그 불이 무슨 불인가 어떻게 일어났는가를 잘 살펴내면 그것이 천안이다.

불은 스스로 있는 불이 아니라 타게 하는 불씨와 태워지는 풀섶과 바람이 어울려서 불이 비로소 있는 것이므로 불에 불이라 할 것이 없으니 불을 보되 보는 바가 없으면 혜안이다. 불이 불이 아니므로 실로 보는 바가 없지만 보는 바 없음에 머묾 없이 불꽃의 새로운 변화와 진행방향을 살펴 꺼야 할 불이면 끄고 그대로 둘 불이면 그대로 두어서 불에 적절히 대응해내면 이것이 법안이다.

경계로서의 불을 마주하여 경계에 대한 집착이 없어서 대상을 보되 봄이 없고, 보지 않되 보지 않음도 없으면 대상과 나의 소외됨이 없는 진실한 모습이 구현되니 이것이 불안이다.

곧 사물과 소외됨이 없는 감성적 인식〔前五識〕이 여래의 육안이라면, 이성적 인식의 눈〔第六識〕으로 사물의 보편적 연관을 옳게 읽어내되 그것을 앎 밖에 세우지 않으면 여래의 천안이다. 그리고 존재의 공함을 체달하여 앎을 앎 아님으로 지양하면〔空觀〕 혜안이며, 공에도 머묾 없으므로 앎 없음도 없이 사물의 생성변화를 새롭게 주체화해내면〔假觀〕 법안이며, 있음과 공함에 모두 머묾 없는 존재의 중도실상을 체현하여〔中道觀〕 알되 앎 없고 앎 없되 앎 없음도 없으면 이것이 여래의 불안이다.

천태선의 범주로 보면 공관이 혜안이고, 가관이 법안이며, 중도관이 불안인데 다만 혜안이 아니면 법안이 이루어질 수 없고 법안의 창조적 작용이 아니면 혜안이 혜안이라 할 수 없으므로 대주선사는 혜안에서 가관을 말하고 법안에서 공관을 말하고 있을 따름이다.

그리고 천태의 일심삼관(一心三觀)에서 보면 인연으로 일어난 어떤 것을 떠나지 않고 인연으로 일어난 어떤 것 속에서 바로 중도실상을 보므로 불안은 여래의 육안을 떠난 것이 아니니, 불안의 해탈법계는 지금 눈으로 보고 귀로 듣는 경험활동 안에 소외와 대립의 지양으로 검증된다. 이에 『법화경』「법사공덕품」은 '부모가 낳아준 이 눈으로 삼천계를 다 본다〔父母所生眼 悉見三千界〕'고 말하고, 또 『대일경(大日經)』의 법문은 '부모가 낳아준 이 몸으로 빨리 큰 깨달음의 지위를 얻는다〔父母所生身 速證大覺位〕'라고 말한다.

20. 대승(大乘)과 최상승(最上乘)

문 : 경에 대승(大乘)과 최상승(最上乘)이라 말했으니 그 뜻이 어떻습니까.

답 : 대승은 보살이 타는 실천의 수레〔菩薩乘〕요, 최상승은 붇다의 완성된 실천의 수레〔佛乘〕다.

문 : 어떻게 실천해야 이 진리의 수레를 얻을 수 있습니까.

답 : 보살승을 실천하는 자는 곧 대승이다. 이제 보살승을 깨달아서 다시 다른 살핌〔觀〕을 일으키지 않고, 닦을 것이 없는 곳에 이르러 맑고 늘 고요하여 늘어나거나 줄어지지 않는 것을 최상승이라 하니 이것이 붇다의 완성된 실천의 수레다.

又云大乘最上乘 其義云何 答 大乘者是菩薩乘 最上乘者是佛乘 又問 云何修而得此乘 答 修菩薩乘者 卽是大乘 證菩薩乘 更不起觀 至無修處 湛然常寂 不增不減 名最上乘 卽是佛乘也

해설

소승(小乘)과 대승(大乘)은 역사적 개념이다. 붇다의 가르침은 있음과 없음의 치우침을 떠난 연기중도(緣起中道)의 한 길〔一乘〕뿐인데, 삶의 총체적 진실〔中道實相〕을 보지 못하고 존재의 한 측면을 집착하거나 맨 끝 해탈의 땅에 이끌기 위한 방편의 길을 집착할 때, 그들을 '치우친 삶의 길을 걷는 자', '자기 혼자만의 해탈을 추구하는 자'로 비판한다.

어떤 것이 인연으로 일어난 것이므로 그것에 그것이라 할 것이 없는 줄 알지 못하고 있음에 막혀 살아가는 자를 '범부'라 한다면, 어떤 것의 고립된 실체성에서는 벗어났지만 어떤 것을 이루는 안팎의 계기〔諸法〕를 있는 것으로 보아 주관관념론에 빠지거나 진리에 관한 실재론적 집착에 빠져 살아가는 이를 '법집(法執)에 떨어진 치우친 수행자', '작은 실천의 수레를 타는 자〔小乘〕'라 비판한다.

'크나큰 실천의 수레를 타는 자'는 존재의 실체성과 나아가 존재를 이루는 안팎의 계기를 부정하되〔我空·法空〕, 아(我)와 법(法)을 동시에 살려내며〔我法雙照〕 나의 해탈이 대중의 해탈과 하나되므로 그를 대승(大乘)이라 말한다.

대승은 본디 있는 개념이 아니라 소승의 치우침과 닫혀짐이 있으므로 그에 대한 부정으로서 대승이라 이름한 것이다. 그러므로 대승의 크나큰 실천의 길을 걷되 대승이라는 집착을 내지 않고, 생겨나되 생겨남이 없고 사라지되 사라짐이 없는〔不生不滅 不增不減〕 존재의 실상 밖에 다시 다른 관념과 닦아 얻을 곳을 세우지 않으면, 그를 '붇다의 완성된 실천의 수레〔佛乘〕'라 하고 '더할 바 없이 높은 실천의 수레〔最上乘〕'라 한다.

이에 『팔천송반야경』 「초품(初品)」은 다음 같이 수보리와 붇다의 문답을 통해 대승을 정의한다.

> 수보리가 부처님께 말씀드렸다.
>
> "세존이시여, 무엇이 대승이며 무엇이 보살이 대승에 나아가는 것입니까? 이 대승은 어디에 머물며, 이 대승은 어느 곳에서 나옵니까?"
>
> 부처님께서 수보리에게 말씀하셨다.

"대승이라고 함은 헤아릴 수 없고 나누어 셀 수 없기 때문이다. 이 대승이 어느 곳에서 나오고 어디에 머무느냐 하면, 이 대승은 삼계(三界, tri-dhātu)[78]로부터 나와서 일체지에 머문다. 타야 할 수레 없음〔無乘〕이 바로 대승을 낸 것이니, 왜 그런가? 법을 냄〔出法〕과 내는 자〔出者〕가 모두 있는 바 없는데, 무슨 법이 마땅히 나오겠는가?"

수보리가 부처님께 말씀드렸다.

"세존이시여, 말씀하신 바 마하야나(māhāyāna, 大乘)란 온갖 세간의 하늘과 사람, 아수라 등을 뛰어넘습니다. 세존이시여, 마하야나는 허공과 같습니다. 허공이 헤아릴 수 없는 아승지의 중생을 받아들이듯이 마하야나 또한 이와 같이 헤아릴 수 없는 아승지 중생을 받아들입니다. 이 마하야나란 허공이 온 곳도 없고 가는 곳도 없고 머무는 곳도 없는 것처럼, 마하야나도 또한 이와 같아서 과거〔前際〕를 얻을 수 없고 현재〔中際〕를 얻을 수 없으며 미래〔後際〕를 얻을 수 없어서, 이 대승은 삼세에 평등합니다. 그러므로 이름을 마하야나라 합니다."[79]

---

78) 삼계 : 뭇 삶의 존재상태를 욕망의 세계〔欲界〕, 물질적 세계〔色界〕, 물질을 여읜 세계〔無色界〕의 세 가지로 나눈 것을 말한다.

79) 須菩提白佛言 世尊 云何爲大乘 云何爲菩薩發趣大乘 是乘住何處 是乘從何處出 佛告須菩提 大乘者無有量無分數故 是乘從何處出住何處者 是乘從三界出住薩婆若 無乘是乘出者 何以故 出法出者俱無所有 何法當出 須菩提白佛言 世尊 所言摩訶衍 摩訶衍者 勝出一切世間天人阿修羅 世尊 摩訶衍與虛空等 如虛空受無量阿僧祇衆生 摩訶衍亦如是 受無量阿僧祇衆生 是摩訶衍 如虛空無來處無去處無住處 摩訶衍亦如是 不得前際不得中際不得後際 是乘三世等 是故名爲摩訶衍

21. 선정과 지혜의 하나됨

문 : 『열반경』에[80] '선정이 많고 지혜가 적으면 무명을 떠나지 못하고, 선정이 적고 지혜가 많으면 삿된 견해만을 늘리며, 선정과 지혜가 평등하므로 해탈이라 말한다'고 했으니 그 뜻이 어떻습니까.

답 : 선과 악이 대립으로 주어지는 온갖 객관대상을 상대하여 잘 분별할 수 있는 것이 지혜요, 분별되어지는 곳에 사랑과 미움의 실체적 대립의식을 일으키지 않고 따라 물들지 않으면 선정이니, 이렇게 되면 선정과 지혜를 평등하게 씀이 되는 것이다.

問 涅槃云 定多慧小 不離無明 定小慧多 增長邪見 定慧等故 卽名解脫 其義如何 答 對一切善惡 悉能分別 是慧 於所分別之處 不起愛憎 不隨所染 是定 卽是定慧等用也

해설

80) 『열반경』에〔涅槃云〕: 『열반경』 권30의 원문은 다음과 같다. "십주보살은 지혜의 힘은 많으나 삼매의 힘이 적으므로 불성을 보지 못하고, 성문과 연각은 삼매의 힘이 많고 지혜의 힘이 적으므로 불성을 보지 못한다. 부처님들은 선정과 지혜의 힘이 평등하므로 불성을 함께 보아 걸림이 없다〔十住菩薩 智慧力多 三昧力少 是故不得明見佛性 聲聞緣覺 三昧力多 智慧力少 以是因緣不見佛性 諸佛世尊 定慧等故 明見佛性 了了無碍〕."

알되 앎이 없음〔知而無知〕을 선정이라 하고, 앎이 없되 앎 없음에 머물지 않고 사물의 생성변화를 올바로 주체화해내면〔無知而知〕 이를 지혜라 한다. 선정일 때 인식주체와 인식대상의 실체성이 부정되지만〔能所雙遮〕, 지혜일 때 주체와 대상은 그것 아닌 그것으로 살아나〔能所雙照〕 서로 어울려 앎 아닌 앎을 드러낸다.

그러므로 선정은 지혜의 바탕이 되고 지혜는 선정의 작용이 되는 것이니, 존재가 인연으로 일어난 것이라 공한 줄 살피는〔緣起卽空觀〕 지혜가 아니면 모습에 갇힘 없는 삶의 휴식〔體眞止〕이 확보될 수 없고, 진제를 체달한 삶의 휴식〔體眞止〕이 아니라면 존재의 연기생성을 올바로 주체화할 수 없다. 선정은 살핌 그대로의 휴식〔卽觀之止〕이며 지혜는 그침 그대로의 살핌〔卽止之觀〕이다. 그러므로 선정 없는 지혜는 선악·자타의 대립물에 갇힌 허위의식〔邪見〕일 뿐이며, 지혜 없는 선정은 존재의 생성변화를 옳게 읽어낼 수 없는 닫혀진 지혜 곧 어리석음〔無明〕일 뿐이다.

이런 뜻에서 선정을 먼저 해서 나중 지혜를 얻는다고 하거나〔先定後慧〕 지혜를 먼저 해서 나중 선정을 얻는다고 하면〔先慧後定〕, 이는 선정일 때 지혜이고 지혜일 때 선정인 선정과 지혜의 참모습을 보지 못한 자이다.

선정과 지혜가 둘이 될 수 없는 해탈의 모습을 대주선사는 '선정과 지혜를 평등하게 씀〔定慧等用〕'이라 하고, 고려 보조선사는 '깨어있음과 고요함을 평등하게 지님〔惺寂等持〕'이라 하고, 천태선사는 '그침과 살핌을 함께 행함〔止觀俱行〕'이라 말한다.

『하택신회선사어록』에서는 선정과 지혜가 둘일 수 없는 실천의 길을 다음 같이 말한다.

철법사가 물었다.

"어떤 것이 선정과 지혜가 평등한 것입니까."

답했다.

"생각이 일어나지 않고 공하여 있는 바가 없음을 곧 바른 선정이라 하고, 생각이 일어나지 않고 공하여 있는 바가 없음 볼 수 있음을 바른 지혜라 하오. 만약 이와 같음을 얻으면 선정일 때가 지혜의 바탕이 된다고 말하고, 지혜일 때는 곧 선정의 작용이 되는 것이오.

곧 선정일 때 지혜와 다르지 않고 곧 지혜일 때 선정과 다르지 않으며, 곧 선정일 때 지혜이고 곧 지혜일 때 선정이오.

이는 곧 선정일 때 선정 있음이 없고 곧 지혜일 때 지혜 있음이 없소.

왜 그런가 하면, 참성품이 스스로 같기 때문이니 이를 선정과 지혜를 같이 배움〔定慧等學〕이라 하오."81)

---

81) 哲法師問 云何是定慧等義

答曰 念不起 空無所有 卽名正定 以能見念不起 空無所有 卽名正慧 若得如是 卽定之時 名爲慧體 卽慧之時 卽是定用 卽定之時不異慧 卽慧之時 不異定 卽定之時卽是慧 卽慧之時卽是定 卽定之時無有定 卽慧之時無有慧

何以故 性自如故 是名定慧等學 (『하택어록(荷澤語錄)』 19段)

22. 선정과 지혜를 비유로 설명함

문 : '말함이 없고 설함이 없는 것을 선정이다'라고 하는데 바로 말할 때는 선정이라 이름할 수 없습니까.

답 : 이제 선정이라 말하는 것은 말함과 말하지 않음을 논하지 않고 늘 선정인 것이다. 왜 그런가. 선정의 참모습〔定性〕을 쓰기 때문에 말하고 분별할 때에는 말하고 분별하는 것이 또한 선정이 되는 것이다.

만약 공한 마음으로 물질을 볼 때에는 물질을 볼 때도 그대로 또한 공하고, 만약 물질을 보지 않고 말하지 않고 분별하지 않을 때에도 또한 공하며, 나아가서는 보고 듣고 깨달아 앎에 있어서도 또한 다시 이와 같다.

왜 그런가. 존재 스스로의 참모습〔自性〕이 공하여 온갖 곳에서 모두 공하기 때문이니, 공하면 집착이 없고 집착이 없으면 이것이 바로 선정과 지혜를 평등하게 씀인 것이다.

보살은 늘 이와 같이 평등하게 공한 법을 써서 마쳐 다함〔究竟〕에 이르므로, 선정과 지혜를 평등하게 쓰는 것을 해탈이라 이름한다고 말한다.

이제 다시 그대를 위해 비유로 나타내 보여 그대가 밝고 또렷이 알아서 의심을 끊도록 하겠다.

비유해 보자.

밝은 거울이 모습을 비출 때에 그 밝음이 움직이는가.

움직이지 않습니다.

모습을 비추지 않을 때에 또한 움직이는가.

움직이지 않습니다.

왜 그런가. 밝은 거울이 작용함에 비춘다는 뜻이 없이 밝게 비추기 때문이다.

그러므로 비출 때도 움직이지 않고 비추지 않을 때도 움직이지 않는다. 왜냐하면 비춘다는 뜻이 없는 가운데에는(앎이 공함 가운데에는) 움직이는 것도 없고 또한 움직이지 않는 것도 없기 때문이다.

또 달리 비유해 보자.

햇빛이 세상을 비출 때 그 빛이 움직이는가.

움직이지 않습니다.

햇빛이 세상을 비추지 않을 때 그 빛이 움직이는가.

움직이지 않습니다.

왜 그런가. 빛에는 비춘다는 뜻이 없기 때문이다.

햇빛이 비춘다는 뜻이 없이 그 빛을 비추기 때문에 움직이지 않는 것이며 비추지 않을 때도 또한 움직이지 않는 것이다. 비추는 것은 지혜요, 움직이지 않는 것은 선정이다. 보살은 이처럼 선정과 지혜가 평등한 법을 써서 바른 깨달음을 얻기 때문에 선정과 지혜를 평등하게 쓰는 것이 바로 해탈이라고 말하는 것이다.

이제 뜻이 없다는 것은 범부의 어리석은 뜻이 없음이지 성인의 지혜로운 뜻이 없음이 아니다.

문 : 어떤 것이 범부의 어리석은 뜻이고 어떤 것이 성인의 지혜로운 뜻입니까.

답 : 실체적인 두 가지 대립물을 일으키면〔起二性〕 곧 범부의 어리석은 뜻이요, 두 가지 대립물의 실체가 공하면〔二性空〕 바로

성인의 지혜로운 뜻이다.

又問 無言無說 卽名爲定 正言說之時 得名定否

答 今言定者 不論說與不說 常定 何以故 爲用定性 言說分別時卽言說分別亦定 若以空心觀色時 卽觀色時亦空 若不觀色不說不分別時亦空 乃至見聞覺知 亦復如是

何以故 爲自性空 卽於一切處悉空 空卽無著 無著卽是等用 爲菩薩常用如是等空之法 得至究竟 故云定慧等者 卽名解脫也

今更爲汝 譬喩顯示 令汝惺惺 得解斷疑 譬如明鑑照像之時 其明動否 不也 不照時亦動否 不也 何以故 爲明鑑用無情明照 所以照時不動 不照亦不動 何以故 爲無情之中無有動者 亦無不動者

又如日光照世之時 其光動否 不也 若不照時動否 不也 何以故爲光無情故 用無情光照 所以不動 不照亦不動 照者是慧 不動者是定 菩薩用是定慧等法 得三菩提 故云定慧等用卽是解脫也 今言無情者 無凡情 非無聖情也

問 云何是凡情 云何是聖情 答 若起二性 卽是凡情 二性空故 卽是聖情

해설

선정은 살핌 그대로의 그침이며 활동 그대로의 휴식이므로 선정의 앎 없음과 말 없음은 다만 보지 않고 알지 않음이 아니라 보되 보지 않음으로 표시되며 알되 알지 않음으로 드러난다. 어떤 것을 말함이란 지금 말하는 자와 말 되어지는 것과 말이 어울려서 말함을 이룬다. 그러므로 말함 속에 실체적으로 말함이 없는 줄 알아 고요한 자는 말함 속에서 고요할 뿐 아니라 말하지 않을 때에는 말하지 않음의 허무에 떨어지지 않는다. 선정의 참모습〔定性〕은 말함〔言〕과 말하지 않음〔無言〕, 앎〔知〕과 앎 없음〔無知〕을 한때에 넘어선다.

존재의 있는 모습에 갇히지 않는 공한 마음으로 사물을 보면 사물은 있되 있음 아님이 되고, 사물의 있음이 있음 아님이 되므로 사물을 보지 않고 알지 않을 때도 사물의 없는 모습에 빠지지 않는다. 선정의 참모습은 늘 지혜를 통해 확보되고 지혜를 통해 드러난다.

거울이 때 없이 밝을 때 사물의 모습은 거울 속에 환히 드러난다. 거울의 밝음과 밖의 사물이 어울려 거울 속 모습을 드러내지만, 밖의 모습이 있다고 거울의 밝음이 새로 생긴 것도 아니고, 밖의 모습이 없다고 거울의 밝음이 사라지는 것도 아니다.

생기는 것도 아니고 사라지는 것도 아닌 거울의 밝은 바탕 자체는 선정이며, 사물이 오면 비추어내는 거울의 밝은 쓰임새는 지혜이다.

해가 세상을 비출 때 사물을 밝혀내는 햇빛은 실로 생겨난 것이 아니고, 해가 세상을 비추지 않을 때 사물이 어둠 속에 있다 하더라도 햇빛이 아주 사라진 것이 아니다. 햇빛이 사물을 밝혀낼 때도 해는 비춘다는 분별이 없고, 햇빛이 사물을 밝혀내지 않을 때도 해는 비추지 않는다는 분별이 없다. 비춤과 비추지 않음의 분별이 없는 해의 바탕은 선정이며, 늘 밝음〔常明〕으로써 사물의 모습을 세상에 드러내는 빛의 작용은 지혜이다.

23. 언어와 사유의 지양〔言語道斷 心行處滅〕

문 : 경[82]에 '말길이 끊어지고 마음 가는 곳이 사라졌다'고 했으니 무슨 뜻입니까.

답 : 말로써 뜻을 나타냄에 뜻을 얻으면 말이 끊어지는 것이다.

뜻이 곧 공하고 공함이 곧 존재의 참모습〔道〕이니, 참된 존재의 길〔道·實相〕에는 바로 말의 자취가 끊어졌으므로 말길이 끊어졌다고 말하는 것이다.

마음 가는 곳이 사라졌다는 것은 뜻이 드러내고 있는 존재의 참모습을 얻어서 다시 살핌〔觀〕을 일으키지 않음이다.

살핌을 일으키지 않으므로 곧 남이 없음〔無生〕이며, 남이 없으므로 바로 온갖 존재의 공한 성품〔一切色性空〕이다.

존재의 성품이 공하므로 만 가지 헤아려 생각함〔萬緣〕이 모두 끊어지고, 모두 끊어지게 되니 이것이 바로 마음 가는 곳이 사라짐인 것이다.

問 經云 言語道斷 心行處滅 其義如何

答 以言顯義 得義言絶 義卽是空 空卽是道 道卽是絶言 故云言語道斷

心行處滅 謂得義實際 更不起觀 不起觀故 卽是無生 以無生故 卽一切色性空 色性空故 卽萬緣俱絶 萬緣俱絶者 卽是心行處滅

---

82) 『영락본업경』「인과품」에 보인다. 그 밖에 『신심명』, 『영가집』, 『전심법요』 등에도 많이 인용되어 있다.

해설

언어(言語)는 스스로 언어이지 않고 객관존재에 대한 주체의 알아차림 속에서 일어난 것이니, 말은 말이되 말 아닌 말이다. 인간의 의식〔心〕은 그것 자체로 고정화될 수 있는 의식이 아니라 존재인 의식〔法外無心〕이자 의식인 존재〔心外無法〕이니 마음은 마음 아닌 마음이다.

이미 언어가 스스로 언어이지 못하고 객관존재를 안고 일어난 것이라면, 말과 개념을 신비화해서 붙들어쥐지 않고 말이 주는 올바른 의미의 빛을 따라 존재에 돌아가고 존재의 모습 없는 참모습에 돌아가면 말에서 말길이 끊어진다. 주체의 말과 뜻이 세계인 말과 뜻이므로 말과 뜻이 공한 곳이 남이 없는 세계의 실상이니, 말에서 말을 떠난 자는 다시는 존재의 실상 밖에 소외된 관념을 일으키거나 뜻을 지어〔作意〕 살핌을 일으키거나〔起觀〕 존재의 실상과 어긋난 허위이데올로기에 빠져 살지 않게 되니 이것이 말길이 끊어짐이다.

의식은 제 스스로 일어난 마음, 주체 안에 닫혀진 마음이 아니라 존재인 의식〔萬法唯識〕이니, 마음 안에 드러난 존재의 모습이 모습 아님으로 밝혀지면 인간의식도 마음 아닌 마음으로 전환된다. 곧 참마음일 때 사물은 모습 아닌 참모습으로 드러나며, 존재의 공한 본질이 체달될 때 인간의식은 앎 아닌 앎으로 돌려진다. 그러므로 날이 다하도록 보되 봄이 없고 날이 다하도록 알되 앎이 없게 되는 것이니 이를 마음 가는 곳이 사라졌다 한다.

천태선사의 『사념처관(四念處觀)』에 의하면 '말길이 끊어지고 마음 가는 곳이 사라짐'이란 마음 닦아감의 어떤 경지를 나타내는 말이 아니라, 말에 말이 없고 생각에 생각 없어 온갖 모든 법이 곧 부사의 법계임을 나타내 보인 법문이다.

『사념처관』은 다음 같이 보인다.

“온갖 모든 법은 다 이루 생각할 수 없고 말할 수 없으니, 생각으로 따져 알 수 없고 말로써 헤아릴 수 없다.

왜 그런가. 말길이 끊어졌기 때문에 말할 수 없고, 마음 가는 곳이 사라졌기 때문에 생각할 수 없는 것이다.

『대경(大經)』은 말한다.

‘나고 나는 법은 말할 수 없고, 나되 나지 않는 법도 말할 수 없고, 나지 않되 나는 법도 말할 수 없으며, 남도 아니고 나지 않음도 아닌 법도 말할 수 없다.’

이처럼 이미 말할 수 없으니 또한 생각할 수 없는 것이다.

『대품반야경』은 말한다.

‘물질〔色〕도 말할 수 없고 나아가서 앎〔識〕도 말할 수 없으며〔五蘊不可說〕, 눈〔眼〕도 말할 수 없고 나아가서 뜻〔意〕도 말할 수 없으며〔內入不可說〕, 물질〔色〕도 말할 수 없고 나아가서 법(法)도 말할 수 없으며〔外入不可說〕, 눈의 세계〔眼界〕도 말할 수 없고 나아가서 법의 세계〔法界〕도 말할 수 없다〔十八界不可說〕.

그러므로 오음(五陰)・십이입(十二入)・십팔계(十八界)가 말할 수 없음을 마땅히 알라.’

위 대품의 가르침은 바로 속제(俗諦)가 말할 수 없음을 가리킨 것이다.

또 ‘사념처(四念處)를 이루 말할 수 없고, 오근(五根) 오력(五力) 칠각지(七覺支) 팔정도(八正道)를 모두 말할 수 없으며, 수다원을 말할 수 없고 나아가 아라한 또한 말할 수 없다’고 했으니, 이는 진제(眞諦)가 이루 말할 수 없음을 가리킨 것이다.

또 '부처님의 여러 가지 힘을 말할 수 없고, 네 가지 두려움 없음, 열여덟 가지 함께 하지 않는 법, 서른두 가지 모습, 여든 가지 좋은 것들도 모두 말할 수 없다'고 했으니, 이는 중도제일의제(中道第一義諦)가 이루 말할 수 없음을 가리킨 것이다.

『대지도론(大智度論)』은 말한다.

'진실한 법 뒤바뀌지 않으니
물든 생각과 살핌 이미 다 없어져
언어의 법이 모두 사라지면
한량없는 뭇 죄가 없어져서
청정한 마음 늘 한결같으리.
이와 같이 높고 묘한 사람이
곧바로 반야를 볼 수 있으리.'

이렇게 말한 것은 삼제가 이루 생각할 수 없고 말할 수 없음을 모아 가리킨 것이다. 이 뜻을 『법화경』은 '모든 법의 고요한 모습은 이루 말로 보일 수 없다'고 말하고, 또 '이 법은 생각으로 헤아리고 분별해서 알 수 있는 바가 아니다'라고 말했다.

그러므로 마음으로 생각하고 입으로 말할 수 없으며, 마음과 입이 없이 생각하고 말할 수 없으며, 마음과 입이 있기도 하고 없기도 함으로도 생각하고 말할 수 없으며, 마음과 입이 있음도 아니고 없음 아님으로도 생각하고 말할 수 없으며, 방위와 숫자와 법과 비유로도 생각하고 말할 수 없음을 마땅히 알아야 한다.

고요하여 함이 없음은 뭇 경의 지극한 말씀이요, 뭇 성인의 진실한 말씀이라 깊고 깊음이 이와 같고 밝고 밝음이 저와 같아 경계와 지혜 이 둘이 그윽이 하나되고 능히 앎과 아는 바가 모두 고요하다."83)

천태의 법문처럼 '말길이 끊어지고 마음 가는 곳이 사라짐'이란 다만 말 있음과 생각 있음을 부정할 뿐 아니라 말 없음과 생각 없음마저 넘어서 말 있음 속에서 말 없음을 밝혀내고 말 없음 속에서 말 있음을 세워낸다. 천태선사는 『법화현의(法華玄義)』에서 말에서 말길이 끊어지고 마음에서 마음 가는 곳이 사라진 이는 언어문자를 버리지 않고 언어문자로 불사를 짓는 자임을 다음 같이 말하고 있다.

"만약 문자가 문자가 아니며 문자가 아니되 문자 아님도 아닌 줄 알아서 두 가지 치우침과 뒤바뀜이 없으면 참된 깨끗함〔淨〕이라 한다. 깨끗하면 소외된 업이 없으니 그것을 참된 나〔我〕라

---

83) 一切諸法皆不可思議 不可思想圖度 不可言語商略 何以故 言語道斷故不可議 心行處滅故不可思 大經云 生生不可說 生不生不可說 不生生不可說 不生不生不可說 旣不可說亦不可思

大品云 色不可說 乃至識不可說 眼不可說 乃至意不可說 色不可說 乃至法不可說 眼界不可說 乃至法界不可說 當知五陰十二入 十八界 皆不可說 此指俗諦不可說也

四念處不可說 乃至根力覺道 皆不可說 須陀洹不可說 乃至阿羅漢亦不可說 此指眞諦不可說 佛十力不可說 四無畏 十八不共 三十二相 八十種好等皆不可說 此指中道第一義諦不可說也

大論云 實法不顚倒 念想觀已除 言語法皆滅 無量衆罪除 淸淨心常一 如是尊妙人 則能見般若

此總指三諦不可思說也 法華云 諸法寂滅相不可以言宣 又云 是法非思量分別之所能解

當知不可以心思口議 亦不可以無心口思議 不可以有無 不可以非有 非無非方 非數 非法 非論

寂然無爲 群經之極說 衆聖之誠言 深深若此 明明若彼 境智雙冥能所俱寂

하고, 참된 나이면 괴로움이 없으니 그것을 참된 즐거움〔樂〕이라 하며, 괴로움이 없으면 나고 죽음이 없으니 그것을 참으로 항상함〔常〕이라 한다.

왜 그런가. 문자는 속제이고 문자 아님은 진제이며, 문자 아니되 문자 아님도 아님은 하나의 진실한 중도제이다. 속제·진제·중도제의 어느 하나를 들어도 삼제(三諦)이며 삼제가 곧 일제(一諦)이니, 이것이 삼제로서 표현된 경계의 근본됨〔境本〕이다.

만약 검은 글자가 종이와 붓을 따라 있고 마음과 손이 화합하여 이루어진 줄 알면, 낱낱의 글자를 찾아보아도 한 글자도 얻을 수 없고 낱낱의 점을 찾아보아도 글자를 얻을 수 없다. 씌어진 바가 없으면 글자를 쓴 마음과 손도 얻을 수 없으니 쓴 자를 얻을 수 없는 것이다. 능히 쓴 자가 없으면 누가 쓴 자이며 무엇이 씌여진 글자인가를 아는 바도 없으니, 이것이 존재의 공함을 살피는 일체지의 근본〔一切智本〕이다.

문자는 비록 문자가 아니지만 문자가 아니므로 문자가 되는 것이다. 글씨는 쓰는 마음을 따라 점〔點〕이 있고, 점을 따라 글자〔字〕가 있고, 글자를 따라 글귀〔句〕가 있고, 글귀를 따라 게〔偈〕가 있고, 게를 따라 줄〔行〕이 있으며, 줄을 따라 권〔卷〕이 있고, 권을 따라 질〔秩〕이 있고, 질을 따라 부〔部〕가 있고, 부를 따라 장〔藏〕이 있으며, 장을 따라 갖가지 분별이 있으니, 이것이 공에 머뭄 없이 존재의 차별된 모습을 살피는 도종지의 근본〔道種智本〕이다.

비록 문자가 아니지만 문자 아님도 아니어서 문자와 문자 아님을 동시에 긍정〔雙照〕하면, 이것이 있음과 없음에 모두 머묾 없는 일체종지의 근본〔一切種智本〕이다.

… … …

이와 같이 문자를 이해하면 손으로 책을 잡지 않고도 늘 경을 읽고, 입으로 소리를 말하지 않고도 뭇 경전들을 두루 외며, 붇다가 법을 설하지 않아도 거룩한 음성을 늘 들으며, 마음으로 생각하지 않고도 법계를 널리 비춘다."[84]

84) 若知字非字 非字非非字 無二邊倒名淨 淨則無業名我 我則無苦名樂 無苦則無生死名常 何以故 字是俗諦 非字是眞諦 非字非非字是一實諦 一諦卽三諦 三諦卽一諦 是名境本

若知墨字從紙筆 心手和合而成 一一字推不得一字 一一點推亦不得字 則無所不得心手卽不得能 無能無所知能所誰 是一切智本 字雖非字非字而字 從心故有點 從點有字 從字有句 從句有偈 從偈有行 從行有卷 從卷有帙 從帙有部 從部有藏 從藏有種種分別 是道種智本 雖非字非非字 而雙照字非字 是爲一切種智本

如此解字手不執卷 常讀是經 口無言聲 遍誦衆典 佛不說法 恒聞梵音 心不思惟 普照法界

24. 한결같음〔如如〕

문 : 한결같음이란 무엇입니까.

답 : 한결같음이란 움직이지 않는다는 뜻이니, 마음〔心〕이 남이 없이 참되고 한결같으므로〔眞如〕 한결같음이라 말한다.

이로써 과거의 모든 붇다도 이 한결같은 행을 실천하여 해탈의 도를 이루었고, 현재의 붇다도 이 한결같은 행을 실천하여 또한 해탈의 도를 이루며, 미래의 붇다도 이 한결같은 행을 실천하여 해탈의 도를 이룰 것이며, 과거·현재·미래의 붇다가 실천하여 얻는 해탈의 길이 모두 다름이 없으므로 한결같음이라 말한 줄 알아야 한다.

『유마경』은 말한다.

"모든 붇다도 또한 한결같음이며 앞으로 올 미륵까지도 또한 한결같음이며 나아가서는 온갖 삶들도 모두 한결같음이다. 왜 그런가. '붇다의 성품〔佛性〕이 끊어지지 않고 있는 성품'이기 때문이다."

問 如如者云何 答 如如是不動義 心眞如故名如如也 是知過去諸佛行此行 亦得成道現在佛行此行 亦得成道 未來佛行此行 亦得成道 三世所修證道無異 故名如如也 維摩經云 諸佛亦如也 至於彌勒亦如也 乃至一切衆生 悉皆如也 何以故 爲佛性不斷有性故也

해설

한결같음〔如如〕이란 어떤 것이 변치 않고 늘 있다는 뜻이거나 아무 것도 하지 않고 고요함에 머물러 있다는 뜻이 아니다. 오히려 차별로 주어지는 만 가지 법에 그렇다 할 정해진 자기 모습이 없는 줄 아는 자가 모순 속에서 하나됨의 계기를 발견하며, 존재의 생성변화를 일어남 없는 일어남〔無生之生〕으로 보는 자가 일상과 역사의 끊임 없는 변화 속에서 늘 한결같음을 사는 자이다. 그러므로 위 본문에서 불성이 끊어지지 않고 늘 있다는 뜻은 절대의 성품이 늘 머문다는 것이 아니라 모든 법이 나되 남이 없고 사라지되 사라짐 없음을 그 총체성에서 기술한 것으로 보아야 할 것이다. 달리 말하면 니르바나는 모순으로 주어지는 현실 역사 속에서만 구현되어지며, 참된 영원〔眞常〕은 생겨남〔生生〕과 생겨나지 않음〔無生〕의 두 가지 대립을 뛰어넘을 때만 볼 수 있는 것이다. 이에 조주선사는 어떤 제자가 승조법사의 '사물이 옮겨가지 않는 뜻〔物不遷義〕'을 묻자 '냇물이 흘러가는 모습'을 지어 답하고 있는 것이다.

또 『유마경』 「보살품」은 한결같음이 변화 내면에 있는 변하지 않음의 뜻이 아니라, 곧 나되 남 없이 연기하는 세간법의 있되 공한 실상임을 다음과 같이 보인다.

> "온갖 중생이 모두 한결같으며 온갖 법 또한 한결같으며 뭇 성현도 또한 한결같으며 미륵까지라도 또한 한결같다. 만약 미륵이 성불의 언약을 받으면 온갖 중생 또한 마땅히 성불언약을 받을 것이다. 왜 그런가. 한결같음이란 둘이 아니고 다름이 아니기 때문이다."[85]

---

85) 一切衆生皆如也 一切法亦如也 衆聖賢亦如也 至於彌勒亦如也 若彌勒得受記者 一切衆生亦應受記 所以者何 夫如者不二不異

25. 물질〔色〕과 물질 그대로의 공함〔空〕

문 : 물질〔色〕 그대로 곧 공함이 되며 범부 그대로 곧 성인됨이 바로 단박 깨달음이 아닙니까.

답 : 그렇다.

문 : 어떤 것이 물질 그대로 곧 공함이 되며 어떤 것이 범부 그대로 곧 성인됨입니까.

답 : 마음에 물듦이 있으면 곧 물질의 닫혀진 모습이요, 마음에 물듦 없으면 곧 물질 그대로 공함이며, 마음에 물듦 있으면 곧 범부요, 마음에 물듦 없으면 곧 성인이다.

또 말한다면 다음과 같다.

참으로 공함이되 묘한 있음〔眞空妙有〕이므로 '물질 그대로임〔卽色〕'이고, 물질의 모습을 얻을 수 없으므로 '그대로 공함〔卽空〕'인 것이다.

이제 공함이라 말한 것은 물질의 성품이 스스로 공한 것이요 물질을 없애고 공한 것이 아니다.

또 이제 물질이라고 말한 것은 공한 성품이 스스로 물질인 것이지 실체로서의 물질이 물질일 수 있는 것이 아니다.

問 卽色卽空 卽凡卽聖 是頓悟否 答 是

問 云何是卽色卽空 云何是卽凡卽聖 答 心有染卽色 心無染卽空 心有染卽凡 心無染卽聖

又云 眞空妙有故卽色 色不可得故卽空 今言空者 是色性自空 非色滅空 今言色者 是空性自色 非色能色也

해설

어떤 것이 인연으로 일어나 그것에 그것이라 할 자기모습이 없음을 공함〔空〕이라 한다. 있음의 있음 아님을 공함이라 말한다면〔緣起卽空〕 공하기 때문에 모든 있음은 있음으로 되어져 나온다고 말해야 한다〔空卽緣起〕. 곧 공하지 않은 있음이 없으므로 있음으로 되지 않는 공함이란 없는 것이니, 공함은 있음을 없애고 공함이 되는 것도 아니다. 공함은 있되 있지 않은 존재의 자기모습이 바로 공함인 것이니, 공함은 아주 없음〔但空〕이거나 있음을 떠난 초월적 실재도 아니다. 이러한 뜻을 「중론송(中論頌)」은 다음 같이 말한다.

만약 공하지 않은 법이 있다면
마땅히 공한 법이 있을 것이다.
실로 공하지 않은 법이 없다면
어찌 공한 법이 있을 것인가.

若有不空法　則應有空法
實無不空法　何得有空法

큰 성인이 공한 법을 말씀하신건
삿된 견해 떠나도록 하기 위함이네.
만약 다시 공함이 있다고 본다면
부처님도 교화하실 수 없을 것이다.

大聖說空法　爲離諸見故
若復見有空　諸佛所不化

26. 다함〔盡〕과 다함 없음〔無盡〕

문 : 경[86]에서 다함과 다함 없음의 법문을 이야기 했는데 그 뜻이 무엇입니까.

답 : 두 가지 대립물의 실체가 없으므로 보고 들음이 나지 않으면 이것이 다함이다.

다했다는 것은 모든 번뇌의 흐름이 다함이요, 다함 없다는 것은 남이 없는 바탕 가운데〔無生體中〕 강가강 모래 수와 같은 한량없는 묘한 작용을 갖추어 일을 따라 응해 씀이 나타나며, 모든 공덕 빠짐없이 갖추어 막힘 없는 본바탕 가운데는 덜어지거나 줄어듦이 없으므로 이것을 다함없음이라 말한다.

이러한 뜻이 바로 다함과 다함 없음의 법문이다.

문 : 다함과 다함 없음이 하나입니까, 다릅니까.

답 : 바탕은 하나이나 말함에는 곧 다름이 있다.

문 : 바탕이 이미 하나인데 어떻게 말함에는 곧 다를 수 있습니까.

답 : 하나라는 것은 말함의 본바탕이요, 말함은 바로 바탕의 작용이다. 일을 따라 달리 응해 쓰므로 바탕은 같지만 말함은 곧 다르다고 한 것이다.

---

86) 여기서 경이란 『유마경』을 말한다. 『유마경』「보살행품」에서 붇다는 여러 보살들에게 "다함 있고 다함 없는 해탈의 법문을 그대들은 배워야 한다. 무엇이 다함인가. 곧 함이 있는 법이다. 무엇이 다함 없음인가. 곧 함이 없는 법이다〔有盡無盡解脫法門 汝等當學 何謂爲盡 謂有爲法 何謂無盡 謂無爲法〕"라고 가르친다. 그런데 함이 있는 법이 공한 곳에 함이 없는 법의 이름이 세워지므로 붇다는 곧이어 "함이 있는 법을 다하지도 않고 함이 없는 법에 머물지 않는다〔不盡有爲 不住無爲〕"고 말한다.

비유하면 하늘 위 한 해〔日〕 밑에 갖가지 그릇을 놓고 물을 채우면 낱낱의 그릇 가운데 모두 해가 있어서 모든 그릇 가운데 해가 원만하여 하늘 위의 해와 아무런 차별이 없으므로 바탕은 같다고 말한다.

그러나 그릇을 따라 이름을 세우면 곧 차별이 있는 것이니 그것 때문에 차별이 있다고 말한다. 그러므로 바탕은 같지만 말함에는 곧 차별이 있다고 한다.

그릇에 나타난 모든 해가 원만해서 하늘 위의 본래 해에 비해 덜어지거나 줄어듦이 없으므로 다함 없다고 말한다.

問 經云 盡無盡法門如何 答 爲二性空故 見聞無生 是盡 盡者諸漏盡 無盡者於無生體中 具恒沙妙用 隨事應現 悉皆具足 於本體中 亦無損減 是名無盡 卽是盡無盡法門也

問 盡與無盡 爲一爲別 答 體是一 說卽有別

問 體旣是一 云何說別 答 一者是說之體 說是體之用 爲隨事應用故 云體同說別 喩如天上一日下 置種種盆器盛水 一一器中 皆有於日 諸器中日 悉皆圓滿 與天上日亦無差別 故云體同 爲隨器立名 卽有差別 所以有別 故云體同 說卽有別 所現諸日 悉皆圓滿 於上本日 亦無損減 故云無盡也

해설

모습이 모습 아님을 모습이 다함이라 하며, 생각이 생각 아님을 생각이 다함이라 한다. 그런데 모습을 없애고 모습 아님이 아니고 생각을 버리고 생각 없음이 아니므로, 모습 다함은 모든 모습의 열려진 산실이 되고 생각 다함은 모든 창조적 사유의 원천이 된다.

다함〔盡〕이 바로 존재의 공성을 통달한 일체지(一切智)를 뜻한다면, 다함없음은 공에도 머묾 없는 도종지(道種智)를 뜻하니, 일체종지의 중도실상에서 보면 다함과 다함없음은 둘이 없지만, 말로 법을 표현할 때는 다함과 다함없음을 둘로 나타내 보이는 것이다.

그에 비해 『유마경』에서는 세간의 함이 있는 법은 나고 사라지므로 다함이 있는 법이고, 모습 공해 함이 없는 법은 다함 없는 법이라 말한다. 그러나 세간법이 본디 공함에 함이 없음의 이름을 세웠으므로, 함이 있는 법을 실로 다할 것이 없으며 함이 없는 법에 실로 머물 것이 없다〔不盡有爲 不住無爲〕고 말한다.

27. 생기지 않고 없어지지 않음〔不生不滅〕의 뜻

문 : 경에 '생기지 않고 없어지지 않는다' 했으니, 무슨 법이 생기지 않고 무슨 법이 없어지지 않습니까.

답 : 참모습이 실현되지 못해 소외된 법〔不善〕은 생기지 않고 참모습이 실현되어 해탈된 법〔善法〕이 사라지지 않는 것이다.

문 : 어떤 것이 해탈되어 좋은 법이며 어떤 것이 소외되어 좋지 않은 법입니까.

답 : 좋지 않은 법이란 물듦 있고 번뇌의 흐름이 있는 마음이요, 해탈되어 좋은 법이란 물듦 없고 번뇌의 흐름이 없는 마음이다.

다만 물듦 없고 번뇌의 흐름이 없으면 곧 좋지 않은 법이 일어나지 않으며, 물듦 없고 번뇌의 흐름이 없음을 얻게 될 때 늘 깨끗하고 두렷이 밝아 맑고 늘 고요하며 끝내 옮겨가지 않으므로 이것을 해탈된 좋은 법이 사라지지 않는다고 말하는 것이다.

여기서 밝힌 뜻이 곧 경에서 '생겨나지 않고 사라지지 않는다'는 뜻이다.

問 經云 不生不滅 何法不生 何法不滅 答 不善不生 善法不滅 問 何者善 何者不善 答 不善者是染漏心 善法者是無染漏心 但無染無漏 卽是不善不生 得無染無漏時 卽淸淨圓明 湛然常寂 畢竟不遷 是名善法不滅也 此卽是不生不滅

해설

모든 것은 인연으로 일어나므로 실로 일어난 바가 없고 인연을 따라 사라지므로 실로 사라진 바가 없다. 일어남과 사라짐을 실체화시키는 범부의 삶을 소외와 질곡을 반복하는 윤회의 삶이라 한다면, 일어남과 사라짐의 연기성을 통달한 보살의 삶은 너와 나, 생겨남과 없어짐의 대립물에 갇히지 않는 니르바나의 삶이라 할 것이다.

그러므로 대주선사는 나지 않고 사라지지 않음을 다만 존재론적으로 설명하지 않고, 나고 사라짐에 갇힌 소외의 법은 생겨나지 않고 나고 사라짐을 떠난 니르바나의 공덕이 사라지지 않는 해탈의 삶이야말로 바로 나지 않고 사라지지 않음이라 정의한다.

위 본문에서 '나지 않고 사라지지 않음'의 출처로 보인 경(經)이란 『유마경』 「관중생품(觀衆生品)」으로 다음과 같다.

> "번뇌를 없애려면 마땅히 어떻게 행해야 하오?"
> "마땅히 바른 생각〔正念〕을 행해야 합니다."
> "무엇이 바른 생각을 행함이오?"
> "마땅히 생겨남도 아니며 사라짐도 아님〔不生不滅〕을 행하는 것입니다."
> "어떤 법이 생겨나지 않으며, 어떤 법이 사라지지 않소?"
> "착하지 않은 법은 생겨나지 않으며, 착한 법은 사라지지 않습니다."[87]

또 대주선사는 사라지지 않음〔不滅〕을 맑고 고요하여 끝내 옮겨가

---

87) 欲除煩惱當何所行 答曰 當行正念 又問 云何行於正念 答曰 當行不生不滅 又問 何法不生何法不滅 答曰 不善不生善法不滅

지 않음〔湛然常寂 畢竟不遷〕이라 말하니, 나고 사라지는 모든 움직임 속에서 고요함이라 옮겨가지 않음은 움직임을 끊고 고요함이 아니다.

승조법사(僧肇法師)의 『조론(肇論)』 가운데 「물불천론(物不遷論)」에 다음 같이 말한다.

> "『도행반야경』에 '모든 법은 본래 좇아온 바가 없고 가되 이르는 곳이 없다'고 말하고, 『중관론』은 '가는 곳을 살펴 가는 자가 감을 알지만, 가는 자는 가는 곳에 이르지 않는다'고 하였다. 이 법문은 모두 움직임에 나아가 고요함을 구한 것이다. 이로써 사물이 옮기지 않음을 아는 것이 분명해졌다."

28. 붇다의 계〔佛戒〕

문 : 보살계에 '중생이 붇다의 계를 받으면 곧 모든 붇다의 지위에 들어가, 그 지위가 크게 깨달은 이와 같아져서 이 사람이야말로 참된 붇다의 아들이다'라고 했으니 그 뜻이 무엇입니까.

답 : 붇다의 계(戒)란 물듦 없이 깨끗한 마음이 이것이니, 어떤 사람이 바른 깨달음의 마음을 내어 존재의 질곡에서 벗어난 깨끗한 행을 실천할 때 존재의 고정된 모습을 받지 않는 마음을 얻으면 이것을 붇다의 계를 받음이라 말한다.

과거의 모든 붇다도 깨끗하여 받음 없는 행을 실천하여 붇다의 도를 이루었다. 지금도 어떤 사람이 바른 마음을 내어, 모습 받지 않는 깨끗한 행을 실천하면 붇다의 공덕과 그 작용이 평등하여 차이가 없게 된다.

그러므로 모든 붇다의 지위에 들어간다고 말하는 것이다.

이와 같이 깨치는 자는 붇다의 깨달음과 같으므로 그 지위가 크게 깨달은 이와 같아서 이 사람이야말로 참된 붇다의 아들이라고 말한다.

존재의 질곡에서 벗어난 깨끗한 마음 속에서 지혜가 생기는 것이므로 지혜가 깨끗함을 모든 붇다의 아들이 된다고 말하고 지금 여기 계시는 이 붇다의 아들이 된다고 말한다.

問 菩薩戒云 衆生受佛戒 卽入諸佛位 位同大覺已 眞是諸佛子 其義云何

答 佛戒者淸淨心是也 若有人發心修行淸淨行 得無所受心者 名

受佛戒也 過去諸佛 皆修清淨無受行 得成佛道 今時有人 發心修無受清淨行者 卽與佛功德等用 無有異也 故云入諸佛位也 如是悟者 與佛悟同 故云位同大覺已 眞是諸佛子 從清淨心生智 智清淨 名爲諸佛子 亦名此佛子

해설

붇다의 계를 받음이란 대상으로 주어진 붇다로부터 모습의 계를 받는다는 뜻이 아니라 붇다의 지혜 그대로의 진리의 계를 받음이다. 수행자가 마음에 받아들이는 계(戒 : śīla)의 모습〔戒體〕에 대해서는 종파에 따라 여러 가지 경우가 있다. 소승 아비달마불교에서는 계(戒)를 밖으로 보일 수 없는 물질적 세력〔無表色 : 俱舍宗〕이라 하고, 사분율종(四分律宗)에서는 계를 물질도 아니고 마음도 아니지만 물질과 마음을 떠나지 않은 법〔不相應法〕이라 말한다. 도선율사의 남산율종에서는 계(戒)란 물질과 마음의 규정된 모습이 아니지만 온갖 선법을 낼 수 있는 제8아라야식의 생명력〔心法種子〕이라 한다.

천태율에서는 계란 선정과 지혜를 떠나지 않으니 천태에서 계의 참모습은 중도실상이며 불성이다. 그러므로 붇다의 계를 받음이란 범부의 허위와 환상 질곡의 삶이 공한 곳에 니르바나의 공덕이 공하지 않음을 사무쳐 보고, 존재가 인연으로 일어난 줄 알아서 있음에 머물지 않되 공도 또한 공한 줄 알아 공함에도 머묾 없이 중도실상을 체현함을 말한다.

붇다의 계를 받은 자 그가 바로 붇다와의 소외를 참으로 지양한 자이며 생활 속에서 진리를 실현하는 자이다.

천태선사의 『수습지관좌선법요(修習止觀坐禪法要)』는 다음 같이 말한다.

"마땅히 알라. 있음과 없음을 떠나 중도를 바로 살핌〔中道正觀〕이 바로 붇다의 눈이며 일체종지이다. 만약 이러한 살핌에 머물면 선정과 지혜의 힘이 평등하게 되어 밝고 밝게 불성을 보게 될 것이다.

그러한 사람은 편안히 크나큰 진리의 수레〔大乘〕에 머물러 실천의 걸음걸이가 평평하고 바르게 되며, 그 빠름이 바람과 같아서 저절로 '일체지의 바다〔薩婆若海〕'에 들어가게 될 것이다. 그 사람은 여래의 행을 실천하며, 여래의 방에 들어가 여래의 옷을 입고 여래의 자리에 앉게 되며, 여래의 장엄으로써 스스로 장엄하게 된다."[88)]

88) 當知 中道正觀 則是佛眼 一切種智 若住此觀則定慧力等 了了見佛性 安住大乘 行步平正 其疾如風 自然流入 薩婆若海 行如來行 入如來室 著如來衣 坐如來座 則以如來莊嚴而自莊嚴

29. 붇다〔佛〕와 법(法)

문 : 붇다와 붇다의 가르치신 법에서 붇다가 먼저입니까, 법이 먼저입니까.

만약 법이 먼저라면 법이 어떻게 붇다의 설하신 바가 되며, 만약 붇다가 먼저라면 붇다는 어떤 가르침을 이어서 깨달음의 도를 이루었습니까.

답 : 붇다는 법보다 먼저 있기도 하고 법보다 뒤에 있기도 한다.

문 : 어떻게 붇다가 법보다 먼저 있기도 하고 뒤에 있기도 합니까.

답 : 만약 고요한 실상의 법〔寂滅法〕을 들면 법이 먼저 있고 붇다가 뒤에 있으며, 만약 붇다의 문자법(文字法)에 의거하면 붇다가 먼저 있고 법이 뒤에 있다.

왜 그런가. 온갖 붇다는 다 고요한 실상의 법에 의해서 깨달음을 이루었으므로 곧 고요한 법이 먼저 있고 붇다가 나중에 있는 것이니, 경은 그 뜻을 '모든 붇다가 스승으로 삼아 행하신 바는 곧 법이다'라고 하였다.

다시 문자법을 중심으로 하면 붇다가 해탈의 도를 이루신 뒤로 비로소 널리 십이부경을 설해서 뭇 삶들을 이끌어 교화함에 뭇 삶들이 붇다의 진리의 가르침을 받아 닦아 행해 깨달음을 이루게 되므로 곧 붇다가 먼저 있고 가르치는 법이 뒤에 있는 것이다.

問 只是佛之與法 爲是佛在先 爲是法在先 若法在先 法是何佛所說 若佛在先 承何敎而成道 答 佛亦在法先 亦在法後

問 因何佛法先後 答 若據寂滅法 是法先佛後 若據文字法 是佛先法後 何以故 一切諸佛 皆因寂滅法 而得成佛 卽是法先佛後 經云 諸佛所師所爲法也 得成道已 然始廣說十二部經 引化衆生 衆生承佛法敎 修行得成佛 卽是佛先法後也

해설

붇다[佛]와 붇다가 깨쳐 언어 문자를 통해 중생에게 열어 보이는 법(法)은 본래 둘일 수 없다. 그러나 실상반야(實相般若)를 기준으로 하면 법이 먼저 있고 붇다가 뒤에 있다 할 수 있으며, 여래가 설한 문자반야(文字般若)를 기준으로 하면 붇다가 먼저 있고 법이 뒤에 있다 할 수 있다.

대주선사가 적멸법(寂滅法)이라 함이 실상반야라면 문자법(文字法)은 문자반야이다. 실상반야에서 보면 여래가 깨친 법은 붇다가 이 세상에 출현하거나 출현하지 않거나 법계에 늘 머물러 있는 법이니 『아함경』은 그 뜻을 이렇게 말한다.

'연기법은 내가 만든 것도 아니요, 또한 다른 사람이 만든 것도 아니다. 그러므로 그것은 여래가 세상에 나오거나 세상에 나오지 않거나 법계에 항상 머물러 있다. 저 여래는 이 법을 스스로 깨닫고 바른 깨달음을 이룬 뒤에 모든 중생을 위해 분별해 연설하고 대중에게 드러내 보이신다.'

여래가 깨친바 나되 남이 없고 사라지되 사라짐 없는 법계의 진리는 주체의 편에서 기술하면 늘 머무는 불성[常住佛性]이 되니, 불성의 법은 부처님이 오시거나 오시지 않거나 늘 적멸하여 의지처가 되는 법이다. 『열반경』은 이렇게 말한다.

> "부처님이 계시거나 부처님이 계시지 않거나 성품의 모습은 늘 머물러 있다. 모든 중생이 번뇌가 덮으므로 열반을 보지 못하고 곧 없다고 말하나, 열반이 늘 머무는 법이라 본디 없다가 지금 있는 것이 아님을 알아야 한다.
>
> 불성은 오음·십팔계·십이입의 있는 모습이 아니며, 본디 없다 지금 있는 것이 아니며, 이미 있다 다시 없어지는 것이 아니다.
>
> 좋은 인연을 따라 중생이 불성을 보면 불성을 보므로 본디 스스로 있는 것임을 알게 된다."[89)]

열반·불성의 고요한 법이 다시 반야의 밝은 지혜로 표현되니, 부처님의 의지하는바 반야의 법을 경은 다시 '보디사트바는 반야바라밀다를 의지하므로 자신의 생활 속에 걸림이 없고, 걸림 없으므로 두려움이 없고 뒤바뀐 헛된 생각 멀리 떠나 끝내 니르바나를 얻으며, 삼세의 모든 붇다도 이 반야바라밀다를 의지하므로 위없는 깨달음을 완성하셨다'고 말한다.

법(法)은 문자법(文字法)과 적멸법(寂滅法)으로 나누어 붓다와 법의 앞뒤를 말한 법문이 『하택어록』에도 나오니, 『하택어록』에 다음 같은 문답이 실려 있다.

---

89) 有佛無佛 性相常住 以諸衆生煩惱覆故 不見涅槃 便謂爲無 當知涅槃 是常住法 非本無今有 佛性者 非蔭界入 非本無今有 非已有還無 從善因緣 衆生得見佛性 以得見佛性故 當知本自有知

낙양현령 서악문이 물었다.

"온갖 모든 부처님과 부처님의 위없고 바른 깨달음이 다 이 경을 좇아 나온다'고 말씀했으니, 부처님이 먼저인지 법이 먼저인지 살피지 못하겠습니다.

만약 부처님이 먼저라면 무슨 가르침을 받아 도를 이루셨으며, 만약 법이 먼저라면 법은 어떤 사람이 설한 것입니까."

선사가 답했다.

"만약 문자를 논하면 부처님이 먼저이고 법이 나중이며, 만약 적멸법 가운데를 논한다면 법이 곧 먼저이고 부처님이 나중이오. 또 경의 뜻을 밝혀보면 경에 이렇게 말씀했소.

'모든 부처님의 스승은 곧 법이다. 법이 항상하므로 모든 부처님 또한 항상하다.'

부처님이 무슨 가르침을 받아 도를 이루었는가 하는 것은 경에 말씀한 바로는 이렇소.

'중생에게는 스승 없는 지혜가 있고 스스로 그러한 지혜가 있다. 중생은 스스로 그러한 지혜를 받아 그 지혜에 맞게 닦아 익히는 것이니, 곧 적멸법으로 깨달음을 얻은 것이다.'

부처님은 곧 이 법을 가지고 다시 돌이켜 중생을 교화하는 것이니, 중생은 부처님의 가르침을 받아 닦아 익혀 바른 깨달음을 이루오."[90]

---

90) 洛陽縣令徐鍔問曰 一切諸佛及諸佛阿耨多羅三藐三菩提法 皆從此經出 未審佛先 未審法先 若佛先 卽稟何教 而成道 若是法先者 法卽是何人說
 答曰 若論文字 佛先法後 若論寂滅法中 法卽先佛後 又明經義 經云 諸佛之師 所謂法也 以法常故 諸佛亦常 佛稟何教而成道者 經所說 衆生有無師智有自然智 衆生承自然智 任運修習 謂寂滅法 得成於佛 佛卽遂將此法轉教化衆生 衆生承佛教修習 得成正覺 (『하택어록(荷澤語錄)』 43段)

그러나 붇다를 자신이 깨달은 진리와 둘이 아닌 자리에서 보면, 붇다의 다함없는 원력의 몸은 온누리 그 어디서나 삼세 그 어느 때나 중생과 함께하여 진리를 설하고 있는 것으로 표현되니 『화엄경』은 이렇게 노래한다.

비로자나 부처님의 크신 원력은
온 법계 그 어디에나 두루하시네
중생있는 모든 국토 그 가운데에
위없는 법의 바퀴 항상 굴리네.

毘盧遮那佛　願力周法界
一切國土中　恒轉無上輪

30. 말을 통함〔說通〕과 진리의 근본을 통함〔宗通〕

문 : 어떤 것이 말은 통하고 진리의 근본은 통하지 못한 것입니까.
답 : 말과 행실이 서로 어긋나는 것이 바로 말은 통하고 진리의 근본은 통하지 못한 것이다.
문 : 어떤 것이 진리의 근본도 통하고 말도 또한 통한 것입니까.
답 : 말과 행실에 차이가 없으면 말도 통하고 진리의 근본도 통한 것이다.

問 云何是說通宗不通 答 言行相違 卽是說通宗不通
問 云何是宗通說亦通 答 言行無差 卽是說通宗亦通

해설

말〔說〕도 통하고 종(宗)도 통함이란 앎과 삶에 차이가 없는 생활을 뜻한다.
말만 통하고 종을 통하지 못한 그런 사람은 바른 세계관과 진실된 삶은 없이 말재간만 피우는 자일 것이며, 종은 통했는데 말은 통하지 못하면 이는 세간을 교화하고 대중을 이끌 방편을 갖추지 못한 자의 삶일 것이다. 말과 종을 함께 통하고 이론과 실천이 통일된 창조적 인간의 최고의 전형인 붇다를 『금강경』은 이렇게 표현한다.

'수보리여, 여래는 참된 말씀 하시는 분이며 실다운 말씀 하시는 분이며 한결같은 말씀 하시는 분이며 속임의 말을 하지 않는

분이며 다른 말을 하지 않는 분이다.'[91]

하택선사는 종과 설을 함께 통한〔宗說兼通〕 지혜의 길을 묻는 이에게 이렇게 답한다.

남양태수 왕필이 물었다.
"선사는 말을 통하셨습니까, 종을 통하셨습니까."
답했다.
"지금 말한 것은 말 또한 통하고 종 또한 통함이오."
또 물었다.
"어떻게 함이 말을 통함이고 어떻게 함이 종을 통함입니까."
답했다.
"입으로 보디를 말하되 마음에 머무는 곳이 있고, 입으로 니르바나를 말하되 마음에 나고 사라짐이 있으며, 입으로 해탈을 말하되 마음에 얽매임이 있으면, 곧 말을 통함이나 종은 통하지 못함이오."
또 물었다.
"어떻게 함이 종을 통함입니까."
답했다.
"다만 본디 스스로의 성품이 공적한 줄 사무쳐 알아 다시 살핌을 일으키지 않으면 종을 통함이오."
또 물었다.
"이처럼 바로 말할 때 어찌 나고 사라짐이 아니겠습니까."
답했다.

---

91) 須菩提 如來是 眞語者 實語者 如語者 不誑語者 不異語者

"경은 이 뜻을 '잘 법의 모든 모습을 분별하지만 으뜸가는 진리의 뜻에는 움직이지 않는다'고 말씀했소."92)

곧 하택선사에 의하면 잘 법의 모습을 분별하되 실로 분별함이 없고, 말하되 능히 말한 자와 말하는 바가 없는 자가 종도 통하고 말도 또한 지혜로운 사람이다.

영가현각선사는 선정과 지혜를 함께 갖추고 종도 통하고 말도 통한 창조적 인간의 삶을 『증도가』에서 다음 같이 노래한다.

종지도 통하고 말도 통함이여
선정과 지혜 두렷이 함께 밝아져
텅 빈 공에 떨어져 막히지 않네.
나만 홀로 이렇게 깨침 아니라
강가강 티끌 수의 부처님들도
깨치신 진리는 모두 같도다.
짐승의 왕 사자처럼 외치는 소리
두려움이 전혀 없는 설법소리여
삿된 여러 짐승들은 소리 듣고서
머리골이 찢어져 다 흩어지고
코끼리마저 달아나가 위엄 잃지만
하늘과 용 그 법문 고요히 듣고

---

92) 南陽太守王弼問曰 禪師 爲是說通 爲是宗通 答 今所說者 說亦通 宗亦通 又問 若爲是說通 若爲是宗通 答 口說菩提 心有住處 口說涅槃 心有生滅 卽是說通 宗不通 又問曰 若爲宗通 答曰 但了本自性空寂 更不復起觀 卽是宗通 又問曰 正說之時 豈不是生滅否 答 經云 善能分別諸法相 於第一義而不動
(『하택어록(荷澤語錄)』 44단)

받아지녀 한없는 기쁨을 내네.

宗亦通說亦通　　定慧圓明不滯空
非但我今獨達了　恒沙諸佛體皆同
師子吼無畏說　　百獸聞之皆腦裂
香象奔披失却威　天龍寂聽生欣悅

31. 이르름〔到〕과 이르지 않음〔不到〕

문 : 경에 '이르되 이르지 않고 이르지 않되 이른다'고 말한 법은 무엇입니까.

답 : 말은 이르러도 실천이 이르지 못한 것을 '이르되 이르지 않음'이라 말하고, 실천은 이르러도 말은 이르지 못한 것을 '이르지 않되 이르름'이라 말하며, 실천과 말이 모두 이르름을 '이르고 이르름'이라 말한다.

問 經云 到不到 不到到之法云何 答 說到行不到 名爲到不到 行到說不到 名爲不到到 行說俱到 名爲到到

해설

이르름〔到〕과 이르지 않음〔不到〕을 대주선사는 이론과 실천의 뜻으로 해석하고 있다. 곧 말은 이르러도 행이 이르지 못한 것을 선사는 이르되 이르지 않음〔到不到〕이라 하고, 행은 이르러도 말은 이르지 못한 것을 이르지 않되 이르름〔不到到〕이라 하며, 말과 행이 함께 이른 것을 이르고 이르름〔到到〕이라 하고, 말과 행이 함께 이르지 못한 것을 이르지 않고 이르지 않음〔不到不到〕이라 한다.

이르름과 이르지 않음〔到·不到〕의 법문은 『대반열반경』「고귀덕왕보살품(高貴德王菩薩品)」의 법문이다. 『열반경』에서는 이르름〔到〕과 들음〔聞〕과 생겨남〔生〕의 세 가지 단어를 통해 네 구절〔四句〕의 법문을 보인다.

곧 들음으로서는 듣지 않고 들음〔不聞聞〕·들음도 아니고 듣지 않음도 아님〔不聞不聞〕·듣고 듣지 않음〔聞不聞〕·듣고 들음〔聞聞〕의 법문을 보이고, 이르름으로서는 이르지 않고 이르름〔不到到〕·이르름도 아니고 이르지 않음도 아님〔不到不到〕·이르고 이르지 않음〔到不到〕·이르고 이르름〔到到〕의 법문을 보인다. 다시 생겨남에 대해서는 생겨나지 않고 생겨남〔不生生〕·생겨남도 아니고 생겨나지 않음도 아님〔不生不生〕·생겨나되 생겨나지 않음〔生不生〕·생겨나고 생겨남〔生生〕의 네 가지 법문을 보인다.

『열반경』은 생겨남에 대해서 다음 같이 설한다.

> 어떤 것이 나지 않고 남인가. 옳게 행하는 이여, 세제(世諦)에 편안히 머물러 처음 태에서 나올 때를 이름하여 나지 않고 남이라 한다.
>
> 어떤 것을 남도 아니고 나지 않음도 아님이라 하는가. 옳게 행하는 이여, 대열반은 나는 모습이 없으니 이를 이름하여 남도 아니고 나지 않음도 아님이라 한다.
>
> 어떤 것을 나되 나지 않음이라 하는가. 세제에서 죽는 때를 이름하여 나되 나지 않음이라 한다.
>
> 어떤 것을 나고 남이라 하는가. 옳게 행하는 이여, 온갖 범부들을 이름하여 나고 남이라 한다. 왜냐하면, 온갖 샘이 있는〔有漏〕 이들이 서로 이어 나기 때문에 이것을 나고 남이라 한다. 사주(四住)보살을 이름하여 나되 나지 않음이라 이름하니, 그 까닭은 태어남에 자재하기 때문에 나되 나지 않음이라 한다.[93)]

---

93) 云何不生生 善男子 安住世諦初出胎時 是名不生生 云何不生不生 善男子 是大涅槃無有生相 是名不生不生 云何生不生 善男子 世諦死時是名生不生

『열반경』은 이처럼 생생(生生)·생불생(生不生)·불생생(不生生)·불생불생(不生不生)을 각각 범부의 삶, 공을 체달한 보살의 삶, 세속제에 잘 머무른 보살의 삶, 대열반을 얻은 붇다의 삶에 대비한다.

천태선사(天台禪師)는 이 사구를 바로 연기(緣起)·공(空)·가(假)·중(中)에 대비하여 생겨나고 생겨남〔生生〕은 바로 인연으로 나고 나는〔緣起生〕 문을, 나되 나지 않음〔生不生〕은 인연으로 나므로 남이 없는 문을, 나지 않고 남〔不生生〕은 공하므로 연기하는 문을, 남도 아니고 나지 않음도 아님〔不生不生〕은 공함과 있음, 남이 없음〔無生〕과 남〔生〕을 동시에 지양한 중도문(中道門)에 배대한다.

이렇게 보면 이르고 이르름이란 연기문(緣起門)에 서서 중생에서 붇다로 변혁되고 여기서 저기로 옮겨 감을 말하고 있다면, 이르되 이르지 않음이란 남이 없는 문〔無生門〕에 서서 중생의 번뇌가 본래 공함을 보여주고 여기서 저기로 이르되 이르른 바가 없음을 나타낸다. 다시 이르지 않되 이르름이란 거짓 있음의 문〔假有門〕에 서서 중생의 번뇌가 공하되 번뇌가 없지 않으므로 중생의 고통을 반야로 돌이키는 한량없는 실천이 없을 수 없음을 보여주며, 이르름도 없고 이르지 않음도 없음은 중도문(中道門)에 서서 닦아가는 실천 자체에도 머묾 없이, 중생의 번뇌를 끊지 않고 따로 열반을 얻음도 없이 해탈현실이 구현됨을 밝히고 있다.

云何生生 善男子 一切凡夫是名生生 何以故 生生不斷故 一切有漏念念生故是名生生 四住菩薩名生不生 何以故 生自在故是名生不生

32. 함이 있음〔有爲〕과 함이 없음〔無爲〕

문 : 붇다의 법은 함이 있음〔有爲〕도 그쳐 다하지 않으며 함이 없음〔無爲〕에도 머물지 않는다 하니, 무엇이 함이 있음도 그쳐 다하지 않는 것이며 무엇이 함이 없음에도 머물지 않는 것입니까.

답 : 함이 있음도 그쳐 다하지 않는다는 것은 처음 바른 깨달음의 마음을 내면서부터 보리수 밑에서 바른 깨달음을 이루어 나중 두 그루 사라나무 사이에서 니르바나에 들 때까지 그 가운데 온갖 법을 모두 버리지 않는 것이 바로 함이 있음도 그쳐 다하지 않는 것이다.

함이 없음에도 머물지 않는다는 것은 비록 생각 없음〔無念〕을 닦지만 아주 생각 없음으로써 깨달음의 완성을 삼지 않으며, 비록 공함을 닦지만 아주 공함으로써 깨달음의 완성을 삼지 않으며, 비록 보디〔菩提〕와 니르바나〔涅槃〕, 모습 없음과 지음 없음을 닦지만, 다만 모습 없음과 짓지 않음으로써 깨달음의 완성을 삼지 않으니, 이것이 바로 함이 없음에도 머물지 않음이다.

問 佛法不盡有爲 不住無爲 何者是不盡有爲 何者是不住無爲

答 不盡有爲者 從初發心 至菩提樹下 成等正覺 後至雙林 入般涅槃 於中一切法 悉皆不捨 卽是不盡有爲也

不住無爲者 雖修無念 不以無念爲證 雖修空 不以空爲證 雖修菩提涅槃無相無作 不以無相無作爲證 卽是不住無爲也

해설

함이 있음도 그쳐 다하지 않고〔不盡有爲〕 함이 없음에도 머물지 않는다〔不住無爲〕는 이 법문은 『유마경』 「보살행품」의 법문이다. 법문의 내용은 『유마경』에 나오지만 대주선사의 위 법문은 하택신회선사의 어록 가운데 내용을 그대로 다시 인용해 보인 법문이다.

'함이 있음을 다하지 않고 함이 없음에 머물지 않는다는 뜻이 무엇인가〔何者不盡有爲 何者不住無爲〕'를 묻는 원법사(遠法師)에게 하택신회선사는 이렇게 답한다.

"함이 있음을 다하지 않는다는 것은 처음 바른 깨달음의 마음을 내면서부터 보리수 밑에서 바른 깨달음을 이루어 나중 두 그루 사라나무 사이에서 니르바나에 들 때까지 그 가운데 오직 착함을 바라지 않는 것이 바로 함이 있음을 다하지 않는 것이다.

함이 없음에 머물지 않는다는 것은, 비록 공함을 닦아 배우지만 공함으로 깨달음의 완성을 삼지 않고, 지음 없음을 닦아 배우지만 지음 없음으로 깨달음의 완성을 삼지 않음이 곧 함이 없음에도 머물지 않음이다.

앉아서 생각을 일으키지 않음이 앉음〔坐〕이요, 본 성품을 보는 것이 선(禪)이다.[94]

대주선사와 하택선사에 있어서 함이 있음이란 모습이 있고 하는 것이 있음을 뜻한다면, 함이 없음이란 모습이 없고 하는 것이 없음

94) 不盡有爲者 從初發心 至菩提樹成等正覺 直至雙林入般涅槃 於中一切善悉皆不舍 卽不盡有爲 不住無爲者 修學空 不以空爲證 修學無作 不以無作爲證 卽是不住無爲 坐念不起爲坐 見本性爲禪 (『하택어록(荷澤語錄)』 47段)

을 뜻한다. 그런데 모든 모습〔相〕과 행위 주체의 지음과 함〔作爲〕이란 늘 주·객관적 요건에 의해 연기되는 것이므로 모습으로 주어지는 그것에는 그것이라 할 것이 없고 지음과 함에도 실로 지음과 함이 없다. 곧 모습 없음과 함이 없음을 말하나 모습 있음을 없애고 모습 없음을 얻는 것이 아니고 함이 있음을 떠나서 함 없음을 따로 구하는 것이 아니다. 오온(五蘊)으로 주어지는 함이 있는 생활 자체가 공하다. 그러므로 함이 있음을 그쳐 다한 뒤에 함이 없음에 나아가는 것이 아니다. 다시 공함이 바로 오온의 함이 있는 생활 자체이므로 공함과 함 없음에도 머물지 않는 것이다. 곧 연기법을 통달한 창조적인 인간은 중생의 나고 죽음의 모습 자체가 공하므로 나고 죽음에 머물지 않지만〔不住生死〕, 중생의 나고 죽음을 떠나서 열반의 모습이 따로 있는 것이 아니므로 열반에 머물지도 않고〔不住涅槃〕 나고 죽음의 함이 있는 생활을 버리지도 않는 것이다.

『유마경』「보살행품」은 그 뜻을 이렇게 보여준다.

> 무엇을 함이 있음을 다하지 않음이라 하는가.
>
> 크나큰 사랑을 떠나지 않고 크게 슬피 여기는 마음을 버리지 않으며, 일체지의 마음을 깊이 내되 홀연히 잊어버리지 않으며, 뭇 삶들을 교화하되 끝내 싫증내지 않으며, 네 가지 거두는 법을 따라 행하기를 생각하며,
>
> ……
>
> 대승의 가르침으로 보살승을 이루며, 마음에 함부로 놓아 지냄이 없어서 뭇 실천을 잃지 않으니, 이러한 법을 향하면 바로 보살이 함이 있음을 그쳐 다하지 않음이라 한다.
>
> 무엇을 함이 없음에 머물지 않음이라 하는가.

공함을 배워 닦아도 공함으로써 깨달음의 완성을 삼지 않고, 모습 없음과 지음 없음을 배워 닦아도 모습 없음과 지음 없음으로 깨달음의 완성을 삼지 않으며,

……

행할 바 없음을 살피되 행하는 법으로 중생을 교화하며, 비어 없음을 살피되 크나큰 자비를 버리지 않으며, 바른 법의 자리를 살피되 소승을 따르지 않고, 모든 법이 허망하여 굳셈도 없고 그것이라 할 실체도 없으며, 주재하는 자도 없고 모습도 없으며, 근본원이 아직 차지 못한 줄 알되 작은 복덕과 선정과 지혜를 헛되게 여기지 않으니, 이러한 법을 닦으면 바로 보살이 함이 없음에 머물지 않음이라 한다.95)

95) 何謂不盡有爲 謂不離大慈不捨大悲 深發一切智心而不忽忘 教化衆生終不厭惓 於四攝法常念順行 …… 以大乘教成菩薩僧 心無放逸不失衆善 行如此法 是名菩薩不盡有爲 何謂菩薩不住無爲 謂修學空不以空爲證 修學無相無作 不以無相無作爲證 …… 觀無所行而以行法教化衆生 觀於空無而不捨大悲 觀正法位而不隨小乘 觀諸法虛妄無牢無人無主無相 本願未滿而不虛福德禪定智慧 修如此法 是名菩薩不住無爲

33. 지옥의 있음과 없음

문 : 지옥이 있습니까, 지옥이 없습니까.

답 : 있기고 하고 없기도 하다.

문 : 왜 있기도 하고 없기도 합니까.

답 : 삶들의 마음을 따라 짓는 온갖 잘못된 행위가 바로 지옥이 있음이다.

만약 마음에 물듦이 없으면 존재의 참모습이 공하게 되므로 곧 지옥이 없는 것이다.

問 爲有地獄 爲無地獄 答 亦有亦無 問 云何亦有亦無 答 爲隨心所造 一切惡業 卽有地獄 若心無染 自性空故 卽無地獄

해설

저 세계는 마음의 토대이자 마음으로 주어지는 세계이니 마음 밖 주체의 생활 밖에 따로 있는 실체로서의 세계는 없다. 지옥은 주체에게 가장 큰 고통을 안겨주는 외적 세계를 뜻한다. 지옥은 저 홀로 있는 것이 아니라 주체의 잘못된 행위를 따라 나타나 주체에게 고통을 안겨주는 객관세계이다. 지옥은 지금 주체에게 고통과 아픔을 안겨주므로 아주 없는 것은 아니나, 지옥은 주체의 삶 밖에 있는 실체가 아니며 연기된 것이므로 실로 있는 것도 아니다.

그러므로 보디의 길을 가는 창조적 인간〔菩薩〕은 외적세계의 모습에 물듦 없는 지혜와 행으로 지금 고통을 안겨주는 외적세계의 꼭 그러한 모습을 타파하고, 고통과 질곡을 주는 역사와 사회, 외적 자연을 행복과 안락을 안겨주는 정토의 세계로 전환시켜간다.

34. 중생(衆生)과 불성(佛性)

문 : 잘못된 행위의 결과로 죄를 받는 중생도 불성이 있습니까.

답 : 그런 중생에게도 또한 불성이 있다.

문 : 이미 불성이 있다면 잘못된 행위의 결과로 바로 지옥에 들어가게 될 때 불성(佛性)도 그런 상황에 함께 들어갑니까.

답 : 함께 들어가지 않는다.

문 : 지옥에 바로 들어가게 될 때 불성은 다시 어느 곳에 있습니까.

답 : 불성도 또한 같이 들어간다.

문 : 불성이 그러한 상황 속에 같이 들어간다면 그렇게 들어갈 때 중생이 잘못된 행위의 결과로 죄를 받을 때 불성도 또한 죄를 함께 받습니까.

답 : 불성이 비록 중생을 따라 극악한 상황 속에 함께 들어가지만 이것은 중생이 행위의 결과를 스스로 받는 것이요, 불성은 원래 행위의 고통스런 결과를 받지 않는다.

문 : 불성이 중생과 함께 극악한 상황 속에 함께 들어가는데 어떻게 행위의 고통스런 결과를 받지 않습니까.

답 : 중생이란 인연으로 일어나 모습이 있는 것이니 모습 있는 것은 이루어짐이 있고 무너짐이 있다. 불성은 모습이 없는 것이며 모습 없는 것은 바로 공한 성품〔空性〕이다. 그러므로 참으로 공한 성품은 무너짐이 없는 것이다.

비유하면 어떤 사람이 허공 속에 땔나무를 쌓아두면 쌓아둔 땔나무는 스스로 무너짐을 받지만 허공은 무너지지 않음과 같다. 이때 허공이 불성을 비유한 것이라면 땔나무는 인연으로 일어난 중생을 비유한 것이다.

그러므로 불성이 중생과 함께 극악한 상황 속에 들어가지만 함께 죄를 받지 않는 것이다.

問 受罪衆生有佛性否 答 亦有佛性

問 旣有佛性 正入地獄時 佛性同入否 答 不同入

問 正入之時 佛性復在何處 答 亦同入

問 旣同入 正入時衆生受罪 佛性亦同受罪否 答 佛性雖隨衆生同入 是衆生自受罪苦 佛性元來不受

問 旣同入 因何不受 答 衆生者是有相 有相者卽有成壞 佛性者是無相 無相者卽是空性也 是故眞空之性 無有壞者

喩如有人於空積薪 薪自受壞 空不受壞也 空喩佛性 薪喩衆生 故云同入 而不同受也

해설

붇다와 중생은 같으면서 다르다. 붇다의 소외된 모습이 중생이라면 중생의 해탈된 모습이 붓다이기 때문이다.

불성이란 중생의 고통과 소외, 번뇌와 망상이 본래 공한 곳에 여래의 지혜와 열반의 공덕이 공하지 않음을 나타내는 말이다. 중생의 고통과 소외가 본래 공한 것〔無明本空〕을 깨달음의 입장에서는 본래 깨쳐 있음〔本覺〕이라 하고, 중생의 본래 깨쳐 있음을 다시 여래장(如來藏)이라 하고 불성(佛性)이라 한다. 그리고 중생의 지금 소외되어 있음을 못 깨침〔不覺〕이라 한다면, 중생이 번뇌를 돌려 깨달음을 다시 구현해내면 새롭게 깨침〔始覺〕이라 하고 지혜의 붇다〔智慧佛〕라 한다.

그런데 본래 깨침〔本覺〕·못 깨침〔不覺〕·새로 깨침〔始覺〕에는 꼭 정해진 자기 모습〔自性〕이 없으니, 본래 깨침이 실체가 있다 하면 깨달음을 등지고 나고 죽음에 헤매는 중생의 모습을 설명할 수 없을 것이고, 못 깨침이 만약 실체가 있다면 중생은 영원히 중생이라 중생이 깨쳐 해탈할 수 없을 것이며, 새로 깨침이 만약 실체가 있다면 지혜와 자비를 완성한 붇다는 깨달음의 세계에만 홀로 머물러 중생에게 되돌아 나올 필요가 없을 것이다.

중생의 고통과 소외가 본래 공한 곳을 불성이라 이름지었으므로, 그 뜻을 대주선사는 중생이 과보를 받아도 불성은 과보를 받지 않으며, 중생이 지옥에 들어갈 때 불성은 지옥 속에 함께 있어도 지옥의 과보를 받지 않는다고 말하고 있다.

『신회어록』에도 같은 뜻을 논한 부분이 있으니 다음과 같다.

양주장사(揚州長史) 왕이(王怡)가 물었다.

"불성은 이미 뭇 삶의 마음 가운데 있다고 하는데, 만일 죽어서 지옥에 들어갈 때에 그 불성은 지옥에 들어갑니까, 들어가지 않습니까?"

답했다.

"몸은 번뇌에 물든 허망한 몸〔妄身〕이다. 지옥의 업을 지음도 또한 허망한 몸이 짓는 것이다."

"이미 이것이 허망한 몸이 지음이라면 그 들어가는 것은 무엇이 들어갑니까?"

"들어감은 곧 허망한 몸이 들어감이다."

"이미 이것이 허망한 몸이 들어감이라면, 불성〔性〕은 어디에 있습니까?"

"불성은 허망한 몸을 떠나지 않는다."

"그러면 함께 들어갑니까?"

"비록 함께 들어가지만 지옥의 과보를 받음이 없다."

"이미 허망한 몸을 떠나지 않는데 무슨 까닭에 함께 들어가지만 과보를 받지 않습니까?"

"비유하면 꿈 속에서 매를 맞더라도 잠든 몸이 알아차리지 못함과 같다. 그 불성이 함께 들어간다고 하더라도 받는 바가 없다. 그러므로 죄를 지음도 허망한 것〔妄〕이며 지옥도 허망한 것〔妄〕임을 마땅히 알아야 한다. 두 가지 모두 허망한 것이어서 허망함을 받는다. 허망함은 스스로 참됨에 미혹한 것이라 성품은 본래 받는 것이 없다."96)

---

96) 揚州長史王怡問曰 佛性旣在衆生心中 若死去入地獄之時 其佛性?複不入 答曰 身是妄身 造地獄業 亦是妄造 問曰 旣是妄造 其入者何入 答日 入者是妄入 問 旣是妄入 性在何處 答曰 性不離妄 卽應同入否 答 雖同入而無受 問 旣不離妄 何故得有入無受 答曰 譬如夢中被打 爲睡身不覺知 其佛性雖同入 而無所受 故知造罪是妄 地獄亦妄 二俱是妄受妄 妄自迷眞 性元無受

(『하택어록(荷澤語錄)』 45단)

35. 세 가지 몸〔三身〕과 네 가지 지혜〔四智〕

문 : 여덟 가지 앎〔識〕을 돌려 네 가지 지혜를 이루며, 네 가지 지혜를 묶어 세 가지 진리의 몸을 이룬다고 하니, 몇 개의 앎이 함께 하나의 지혜를 이루며 몇 개의 앎이 그 자체만으로 홀로 하나의 지혜를 이룹니까.

답 : 눈, 귀, 코, 혀, 몸의 다섯 가지 앎이 함께 해탈된 감성적 인식〔成所作智〕을 이루며, 여섯 번째 앎은 의식인데 의식이 전환되면 홀로 해탈된 이성적 인식〔妙觀察智〕을 이루며, 의식의 뿌리〔意根〕인 일곱 번째 앎이 전환되어 주체끼리 서로 평등한 인식〔平等性智〕을 이루며, 여덟 번째 앎이 전환되어 맑은 거울이 만물을 비치듯 자아와 세계 사이에 대립이 끊어진 해탈된 인식〔大圓鏡智〕을 이룬다.

문 : 이 네 가지 지혜가 서로 다릅니까, 같습니까.

답 : 바탕은 같지만 작용을 따라 붙인 이름은 다르다.

문 : 바탕이 이미 같은데 어떻게 이름이 다를 수 있으며, 일을 따라 이름을 세웠지만 바로 바탕 자체는 하나일 때 무엇이 대원경지(大圓鏡智)입니까.

답 : (인식주체와 대상, 자아와 세계가 모두 실체가 없어서) 맑고 비어 고요하며 두렷이 밝아 움직이지 않으면 곧 대원경지요,

인식주체의 실체성을 벗어나 모든 객관을 상대하되 미움과 사랑의 실체적 대립의식을 일으키지 않으면 두 가지 대립물의 실체가 공한 것이니 대립물의 실체가 공하면 곧 평등성지(平等性智)요,

육근(六根)이 상대하는 객관경계에 들어가 잘 분별하되 알려진 것에 막힌 어지러운 생각을 일으키지 않고 자재하게 되면 곧 묘관찰지(妙觀察智)요,

육근으로 하여금 여러 가지 상황을 따라 잘 응하여 쓰게 하되 바른 받음〔正受〕에 다 들어가 두 가지 대립물의 모습이 없으면 이것이 성소작지(成所作智)이다.

문 : 네 가지 지혜를 묶어 세 가지 진리의 몸을 이룬다면, 몇 개의 지혜가 함께 하나의 몸을 이루며 몇 개의 지혜가 홀로 하나의 몸을 이룹니까.

답 : 대원경지는 홀로 법신(法身)을 이루고, 평등성지는 홀로 보신(報身)을 이루고, 묘관찰지와 성소작지가 함께 화신(化身)을 이루니, 이 세 가지 몸도 또한 방편으로 거짓 이름을 세워 나눈 것이니, 다만 알지 못하는 사람들로 하여금 보게 하기 위한 것일 뿐이다.

만약 네 가지 지혜가 다른 것이 아닌 이치를 사무쳐 알면 세 가지 몸의 서로 다른 작용이 없는 것이다.

왜 그런가. 세 가지 몸의 바탕은 실체화될 모습이 없어서 머묾 없는 근본으로 좇아 이름을 세웠지만 머묾 없는 근본이란 것도 또한 없기 때문이다.

問 轉八識成四智 束四智成三身 幾箇識共成一智 幾箇識獨成一智

答 眼耳鼻舌身 此五識共成成所作智 第六是意 獨成妙觀察智 第七心識 獨成平等性智 第八含藏識 獨成大圓鏡智

問 此四智爲別爲同 答 體同名別

問 體旣同 云何名別 旣隨事立名 正一體之時 何者是大圓鏡智 答 심然空寂 圓名不動 卽大圓鏡智 能對諸塵 不起愛憎 卽是二性空 二性空 卽平等性智 能入諸根境界 善能分別 不起亂想 而得自在 卽是妙觀察智 能令諸根隨事應用 悉入正受 無二相者 卽是成所作智

問 束四智成三身者 幾箇智共成一身 幾箇智獨成一身 答 大圓鏡智獨成法身 平等性智獨成報身 妙觀察智 與成所作智 共成化身 此三身亦假立名字分別 只令未解者看 若了此理 亦無三身應用 何以故 爲體性無相 從無住本而立 亦無無住本

해설

눈, 귀, 코, 혀, 몸의 다섯 가지 감각기관이 일으킨 인간의 감성적 활동이 대립을 지양하면 지어야할 바 바른 일을 성취할 수 있으니 이를 성소작지(成所作智)라 하고, 이름과 모습에 얽힌 제육의식이 창조적 활동으로 전환되면 존재의 보편적 연관을 묘하게 살펴낼 수 있으니 이를 묘관찰지(妙觀察智)라 한다.

제7식은 전육식(前六識)의 나고 사라지는 앎 활동을 끊어짐이 없이 이어주는 앎 곧 의근(意根)인데, 이 의근은 늘 전육식의 활동 자체로 드러나는 앎일 뿐 활동 너머에 있는 실체성이 아니다. 범부는 의근을 실체화하여 자아에 대한 집착과 얽매임을 일으키는데, 의근의 실체성을 부정함으로써 자기애착과 자기고립성을 타파하여 타자와 열려진 생활을 이루게 되면 이를 너와 내가 평등한 지혜 곧 평등성지(平等性智)라 한다.

제8식은 전육식(前六識) 밖에 따로 있는 앎이 아니라 경험활동의 보편적 토대 곧 인식주체가 세계를 향해 나아가고 세계가 인식주체에 알려지는 인식생산의 원천을 제8식이라 하니, 자아와 세계의 실체성이 함께 부정되면 거울이 만물을 비추듯 자아와 세계 사이에 소외와 대립이 사라지니 이를 대원경지(大圓鏡智)라 한다.

자아와 세계의 실체성이 부정된 생활의 열린 터전이 바로 법신(法身)이니 법신은 제8식의 해탈된 모습으로서 대원경지이고, 보신(報身)은 자기집착이 사라진 창조적 주체이니 제7식의 실체성이 부정된 평등성지가 이것이며, 화신(化身)이란 창조적 주체의 막힘 없는 활동상이니 전오식과 제6의식 곧 성소작지와 묘관찰지가 바로 이것이다.

그러나 비록 이처럼 전오식과 제6의식, 제7식, 제8식의 이름이 차별되고 법, 보, 화의 세 가지 몸이 분별되었지만, 그것들은 모두 인연으로 일어난 것이므로 공하고 공하기 때문에 서로 의지해 갖가지 차별된 이름과 모습을 나타낸 것이니, 그 뜻을 대주선사는 머묾 없는 근본으로 좇아 이름을 세웠지만 공함도 공하므로 머묾 없는 근본이라는 것도 또한 없는 것이라고 하였다.

『유마경』은 머묾 없는 근본이란 머묾 없되 머묾 없음도 없음임을 다음 같이 말한다.

> "머묾 없음은 무엇으로 근본을 삼습니까. 머묾 없음은 곧 근본이 없습니다. 문수사리시여, 머묾 없고 근본 없음으로부터 온갖 법을 세웁니다."[97]

---

97) 問 無住孰爲本
答曰 無住卽無本 文殊師利 從無住本 立一切法

36. 붇다의 참된 몸〔佛眞身〕

문 : 어떤 것이 '붇다의 참된 몸〔佛眞身〕'을 보는 것입니까.

답 : 있음과 없음을 실체로 보지 않는 것이 붇다의 참된 몸을 보는 것이다.

문 : 왜 있음과 없음을 실체로 보지 않는 것이 붇다의 참된 몸을 보는 것입니까.

답 : 있음은 없음을 인해서 서고, 없음은 있음을 인해서 드러난다. 본래 있음을 세우지 않으면 없음도 또한 두지 않게 된다.

이미 없음을 두지 않는다면 있음을 어디에서 얻겠는가. 있음과 없음이라는 대립물은 서로 의지하여 비로소 생겨나게 되는 것이니, 이처럼 있음과 없음이 이미 서로 의지하여 생겨나게 되는 것이라면 있음과 없음은 꼭 정해진 것이 아니라 생기고 사라지는 것이다.

그러므로 있음과 없음을 실체화시키는 견해를 떠나버리면 곧 붇다의 참된 몸을 보는 것이다.

문 : 다만 저 있음과 없음도 오히려 서로 세울 수 없는데 붇다의 참된 몸은 어디를 좇아 세웁니까.

답 : 붇다의 참된 몸을 묻기 때문에 그렇게 답변한 것이니, 붇다의 참된 몸을 따로 찾거나 묻지 않을 때에는 참된 몸이라는 이름도 또한 세울 수가 없는 것이다.

왜 그럴까. 비유하면 밝은 거울이[98] 사물의 모습을 상대할

---

98) 비유하면 밝은 거울이 : 이 거울의 비유도 『신회어록(神會語錄)』의 다음 내용과 동일하다.

때에 곧 모습을 드러내지만, 만약 모습을 상대하지 않을 때는 끝내 모습을 드러내지 않는 것과 같다.

問 云何是見佛眞身 答 不見有無 卽是見佛眞身

問 云何不見有無 卽是見佛眞身 答 有因無立 無因有顯 本不立有 無亦不存 旣不存無 有從何得 有之與無 相因始有 旣相因而有 悉是生滅也 但離此二見 卽是見佛眞身

問 只如有無 尙不可交 建立眞身 復從何而立 答 爲有問故 若無問時 眞身之名 亦不可立 何以故 譬如明鏡 若對物像時 卽現像 若不對像時 終不見像

해설

붇다의 참된 몸을 본다는 것은 존재의 참모습을 본다는 것이고, 존재의 참모습을 본다는 것은 연기법을 보는 것이다.

지금 있는 어떤 것은 인연으로 일어난 것이므로 실로 있는 것이 아

"지금 말하는 것〔言說〕은 물음에 대답하기 위한 까닭이다. 만약 물음에 답하지 않으면 끝내 말할〔言說〕 필요가 없다. 예를 들면, 밝은 거울이 사물을 마주하지 않으면 거울에는 끝내 모습이 나타나지 않음과 같다. 지금 모습이 나타난다고 말하는 것은 사물을 마주하였기 때문이다. 그러므로 모습을 나타낸다.

문 : 만일 사물을 마주하지 않으면 비추는가, 비추지 않는가.

답 : 지금 비춘다고 함은 마주함과 마주하지 않음을 말하지 않는다. 항상 모두 비춘다."

今言說者 相對問故 若不對問 終無言說 譬如明鏡 若不對像 鏡中終不現像 爾今言現像者 相對物故爾所以現像 問曰 若不對像照不照 答曰 今言對照者 不言對與不對但常照

니고, 어떤 것의 지금 없음이란 인연이 갖추어지지 않았기 때문에 없는 것이므로 꼭 없는 것이 아니다. 있는 것이 있음으로 굳어지므로 없는 것이 없음으로 닫혀지지만, 있는 것이 있지 않음으로 열려지면 없는 것은 없지 않음으로 살아난다.

곧 있음을 있되 있지 않음으로 보는 자가 없음을 없되 없지 않음으로 살펴 있음과 없음에 갇히지 않는 중도실상에 서며, 일어남을 인연으로 일어나므로 일어남 없는 줄 아는 자가 사라짐을 사라지되 사라짐 없는 줄 보아 참된 영원의 삶을 살게 되니, 그가 바로 붇다의 참몸을 본 자이다.

붇다의 참몸이라 말하는 것도 중도실상을 보지 못한 허위와 환상의 삶을 상대하여 그렇게 이름지었을 뿐 신비화할 아무 것도 없으니 『화엄경』은 다음 같이 말한다.

> 현재의 법은 요소들의 화합 아니고
> 미래법도 또한 다시 이와 같도다.
> 온갖 법은 닫혀진 모습 없으니
> 이것이 바로 붇다의 참된 몸이네.
> 모든 법의 깊고 깊은 연기의 뜻을
> 이와 같이 올바로 살펴 안다면
> 부처님 법신의 참된 모습을
> 곧바로 사무쳐 보게 되리라.
>
> 現在非和合　未來亦復然
> 一切法無相　是則佛眞體
> 若能如是觀　諸法甚深義
> 則見一切佛　法身眞實相

37. 늘 붇다를 떠나지 않음〔常不離佛〕

문 : 어떤 것이 늘 붇다를 떠나지 않는 것입니까.

답 : 마음에 일어나고 사라짐이 없어서 객관을 상대하되 늘 고요하여, 어느 때나 끝내 비어 고요하면 곧 이것이 늘 붇다를 떠나지 않는 것이다.

問 云何是常不離佛 答 心無起滅 對境寂然 一切時中 畢竟空寂 卽是常不離佛

해설

존재는 마음인 존재이다. 그러므로 존재의 있는 모습과 없는 모습, 생기는 모습과 사라지는 모습을 실체화하므로 마음에 나고 사라짐이 있는 것이니, 모습에서 모습을 떠나면 생각에서 생각을 떠나게 된다. 생각에서 생각을 떠나면 마음에 나고 사라짐이 없어서 무너짐이 없는 존재의 실상을 보게 되니, 이 사람이 바로 늘 붇다와 함께 하는 자이며 붇다를 떠나지 않고 붇다와 함께 보살행을 지어가는 자이다.

'끝내 비어 고요함〔畢竟空寂〕'이란 마음에 나고 사라짐이 다해 비어 고요하되 그 사라져 다함에도 머물지 않는 참된 고요함을 뜻한다.

『화엄경』은 다음과 같이 말한다.

온갖 법은 실로 생겨남이 없고

또한 다시 실로 사라짐이 없다.
법의 모습 이와 같이 바로 안다면
이 사람은 부처님을 뵙게 되리라.

一切法無生　亦復無有滅
若能如是解　斯人見如來

만약 온갖 법의 본래 모습이
니르바나와 같은 줄 바로 본다면
이 사람은 부처님의 참된 몸을 보아
끝내 그 어디에도 머묾 없으리.

若見一切法　本性如涅槃
是則見如來　究竟無所住

38. 함이 없는 법〔無爲法〕

문 : 어떤 것이 '함이 없는 법〔無爲法〕'입니까.

답 : '함이 있는 법〔有爲法〕'이 바로 그것이다.

문 : 이제 함이 없는 법을 물었는데 왜 함이 있는 법이 그것이라고 답합니까.

답 : 있음은 없음을 인해서 서고 없음은 있음을 인해서 드러나는 것이니, 본래 있음을 세우지 않으면 없음은 어디서 생기겠는가.

만약 참으로 함이 없는 법을 논하려면 곧 함이 있음도 취하지 않고 함이 없음도 취하지 않아야 하니 그렇게 되면 바로 그것이 참으로 함이 없는 법인 것이다.

왜 그런가. 경은 그 뜻을 이렇게 말한다.

"법의 모습을 취하더라도 나와 너의 모습을 집착하는 것이며, 법 아닌 모습을 취하더라도 나와 너의 모습을 집착하는 것이다. 그러므로 법도 취하지 말고 법 아님도 취하지 말라."

경의 말씀처럼 하면 이것이 곧 존재의 참모습을 취하는 것이다. 만약 이렇듯 취할 것 없는 존재의 참모습을 밝게 사무쳐 알면 곧 참된 해탈이며 있음과 없음이 둘이 아닌 진리의 문을 아는 것이다.

問 何者是無爲法 答 有爲是

問 今問無爲法 因何答有爲是 答 有因無立 無因有顯 本不立有無從何生 若論眞無爲者 卽不取有爲 亦不取無爲 是眞無爲法也

何以故 經云 若取法相 卽著我人 若取非法相 卽著我人 是故不應取法 不應取非法 卽是取眞法也 若了此理 卽眞解脫 卽會不二法門

해설

있음〔有〕을 실로 있음으로 집착함으로 없음〔無〕이 아주 없음이 되는 것이니, 있음에서 있음을 떠나면 없음에서 없음을 떠나 중도실상을 깨닫게 된다. 그렇듯 행위〔爲〕에서도 함 있음〔有爲〕을 실로 함 있음으로 생각하므로 함이 없음이 다만 함이 없음이 되지만, 하되 실로 함 있음이 아닌 줄 알면 함 있음을 떠나지 않고 함 없음을 이루게 된다. 곧 참된 함이 없음은 아무 것도 하지 않음의 함이 없음이 아니라 하되 함이 없음이며 하지 않되 하지 않음도 없음이다. 그러므로 보살은 함이 있음도 취하지 않고 함이 없음도 취하지 않는다.

보살은 함이 있음을 취하지 않으므로 나고 죽음, 있음과 없음에 머묾 없이 대립물에 갇히지 않는 해탈 열반을 구현하지만, 함이 없음도 취하지 않으므로 니르바나에도 머묾 없이 세간의 중생 속에 돌아오며 함이 있음을 창조적인 함으로 정립해낸다.

곧 보살은 지혜가 있으므로 나고 죽음에 머물지 않고 자비가 있으므로 니르바나에 머물지 않는다〔菩薩有智慧故 不住生死 菩薩有慈悲故 不住涅槃〕.

나고 사라짐에 나고 사라짐이 없으므로 나고 사라짐을 끊고 니르바나를 찾거나 함이 있음을 끊고 함이 없음을 찾음이 다시 모습에 떨어짐이고 나고 사라짐에 떨어지는 것이니 『금강경』에 이렇게 말한다.

"이 모든 중생이 마음으로 모습을 취하면 곧 나·사람·중생·목숨 있는 것의 모습을 취하는 것이다. 왜 그런가. 만약 법의 모습을 취하더라도 나·사람·중생·목숨 있는 것의 모습을 집착하는 것이요, 법 아닌 모습을 취하더라도 나·사람·중생·목숨 있는 것의 모습을 집착하는 것이다. 그러므로 법도 취하지 말고 법 아님도 취하지 말아야 한다."[99]

---

99) 是諸衆生 若心取相 卽爲着我人衆生壽者 何以故 若取法相 卽着我人衆生壽者 若取非法相 卽着我人衆生壽者 是故不應取法 不應取非法

39. 중도(中道)

문 : 어떤 것이 중도(中道)의 뜻입니까.[100]

답 : 대립으로 주어지는 가의 뜻[邊義]이 이것이다.

문 : 이제 중도[101]를 물었는데 왜 대립으로 주어지는 가의 뜻이라고 답하십니까.

답 : 대립으로 주어지는 가[邊]는 가운데로 인해 서고, 가운데는 가로 인해서 생긴다. 본래 만약 갓[邊]이 없다면 가운데는 어디서 생겨나겠는가. 이제 가운데라 말하는 것은 갓으로 인해서 비로소 있다. 그러므로 가운데와 갓이 서로 인해서 세워져서 모두 고정되어 있지 않은 줄 알아야 한다. 색·수·상·행·식 오온의 법도 또한 다시 이와 같다.

問 何者是中道義 答 邊義是 問 今問中道 因何答邊義是 答 邊因中立 中因邊生 本若無邊 中從何有 今言中者因邊始有 故知 中

---

100) 이 단은 『신회어록』과 표현이나 논법이 거의 같다.

문 : 무엇이 곧 중도의 뜻입니까?

답 : 대립으로 주어지는 가[邊]의 뜻이 바로 이것이다.

문 : 지금 중도의 뜻을 물음에 무슨 까닭으로 대립으로 주어지는 가의 뜻이 이것이라고 답합니까?

답 : 지금 중도라고 하는 것은 요컨대 가에 의해서 세워진다. 만일 가를 세우지 않으면, 가운데도 세울 수 없다.

101) 중도(中道) : 범어 maddhyamā-pratipad의 역. 두 가지 치우침[二邊]을 떠난 존재의 참모습이자, 존재의 참모습에 부합된 치우침 없는 삶의 길

之與邊 相因而立 悉是無常 色受想行識 亦復如是

해설

있음과 없음이라는 두 가지 대립의 지양은 있음을 있음으로 닫혀지게 하거나 없음을 없음으로 굳어지게 해서도 얻어지지 않으며〔非有非無〕, 있음도 아니고 없음도 아닌 제3의 길에서 얻어지지도 않으며〔非非有非無〕, 있기도 하고 없기도 하는 기회주의적 입장에서 얻어지지도 않는다〔非亦有亦無〕.

있음과 없음의 대립이 지양된 중도는 있음을 있음 아님으로 보아 그 있음을 다른 것 앞에 열려진 있음 아닌 있음으로 세워내는 곳에서 얻어지며, 없음을 없음 아닌 없음으로 보아 그 없음을 있음의 산실인 창조적인 없음으로 돌려내는 곳에서 얻어진다.

곧 중도로서의 있음도 아니고 없음도 아님이란, 있음과 없음을 떠난 제3의 길이 아니라 있음과 없음이라는 대립물의 한복판에 주어지며 대립물의 적대적 모순을 비적대적 모순으로 전환시키는 곳에서 주어진다.

색·수·상·행·식 오온은 인연으로 일어나고 인연으로 사라지는 법이다. 생겨남과 사라짐이라는 두 가지 대립을 실체로 보므로 생겨나지 않고 사라지지 않는다는 중도의 뜻을 세웠지만, 생겨남을 생겨남 아닌 생겨남으로 보고 사라짐을 사라짐 아닌 사라짐으로 보면 중도란 바로 생겨남과 사라짐이라는 대립물 자체인 것이다.

대립이 대립 아닌 줄 알면 어찌 따로 중도의 이름을 세울 것인가. 가〔邊〕와 가운데〔中〕가 서로 의지하듯 대립물과 대립물의 통일은 서로 의지해서 일어난 개념일 뿐이다.

40. 오음(五陰)

문 : 무엇을 오음이라 합니까.

답 : 물질을 상대하여 물질에 물듦으로 물질을 따라 태어남을 받는 것을 색음(色陰)이라 한다.

좋고 나쁜 여덟 가지 객관의 바람을 받아들임으로써 잘못된 믿음 쌓기를 좋아하여 받아들임을 따라 받음 가운데 나는 것을 수음(受陰)이라 한다.

미혹된 마음으로 의식된 세계〔想〕를 실체로 취하여 물든 생각을 따라 새로운 삶을 받는 것을 상음(想陰)이라 한다.

모습에 집착한 모든 행을 쌓아 행을 따라 태어남을 받는 것을 행음(行陰)이라 한다.

평등한 삶의 바탕에서 허망하게 분별을 일으켜 그 헛된 알음알이를 얽매여 집착하여 태어남을 받는 것을 식음(識陰)이라 한다.

그러므로 색·수·상·행·식의 집착된 모습을 오음(五陰)이라 하는 것이다.

問 何名五陰等

答 對色染色 隨色受生 名爲色陰 爲領納八風 好集邪信 卽隨領納受生 名爲受陰 迷心取想 隨想受生 名爲想陰 結集諸行 隨行受生 名爲行陰 於平等體 妄起分別 繫著虛識受生 名爲識陰 故云五陰

해설

오음(五陰)은 현장의 신역(新譯)에서 오온(五蘊)으로 옮겨진다.

온(蘊)으로 옮겨진 스칸다(skandha)는 쌓여짐, 조건을 통해 일어남의 뜻을 지닌다. 색·수·상·행·식 오온은 다른 조건을 통해서 일어난 것이므로 일어남이 없고, 조건의 변화를 통해서 사라지므로 사라지되 사라짐이 없는 것이다. 오온이 이처럼 인연으로 일어난 것〔依他起五蘊〕이라면, 지혜의 눈으로 오온의 참모습을 바르게 살피면 오온이 그대로 일어남이 없고 사라짐이 없는 중도실상〔圓成實性五蘊〕이다. 그리고 오온이 이처럼 실체적인 요소가 아니라 공한 오온이라면, 오온이 어울려 생성된 존재의 자기동일성도 고정된 실체가 아니다.

대주선사는 고정된 실체가 아니고 일어나되 일어남이 없고 사라지되 사라짐이 없는 오온의 실상을 보지 못하여, 얽매임이 있고 집착이 붙어있는 소외된 상태의 오온〔遍計所執五蘊〕을 설명함으로써, 집착을 버리고 해탈의 길로 나아가도록 하고 있다.

오온에서 색법〔色〕은 막힘이 있고 틀이 있고 덩어리가 있는 물질 일반을 말하며, 수(受 : 領納)는 객관대상이 주체 안에 감각적으로 수용됨을 뜻하며, 상(想 : 取像)은 객관대상이 인식내용으로 구성됨을 뜻하며, 행(行 : 造作)은 구성된 인식내용이 뚜렷한 행위의 힘으로 형성됨을 뜻하며, 식(識)은 주·객이 어울려 '개념적 인식〔識 : 了別〕'으로 틀지워짐을 뜻한다.

곧 색법이 의식에 의해 알려지는 물질세계 일반〔rūpa〕이라면, 수·상·행·식은 주체의 의식적 활동〔nāma〕이다. 오온의 각 법은 서로 의지해서 일어나고 다른 조건을 통해서 생성되므로 늘 그것이라 할 것이 없고 나고 사라짐의 실체가 없다.

그러나 오온의 연기성을 통달치 못하면 존재의 닫혀진 실체성과 남과 죽음, 일어남과 사라짐의 모순에 떨어지게 되니, 그것을 대주 선사는 '물질에 물들어 태어남을 받음〔受生〕'이라 말한다.

그렇다면 어떻게 해야 물질의 있음에 가린 질곡의 삶에서 벗어날 수 있는 것인가.

『화엄경』은 다음과 같이 말한다.

> 오온의 여러 법을 분별해보면
> 그 성품은 본래 공해 고요하도다.
> 공하므로 사라질 수가 없으니
> 이것이 바로 남이 없는 뜻이다.
>
> 分別此諸蘊　其性本空寂
> 空故不可滅　此是無生義

41. 스물다섯 가지 집착된 존재〔二十五有〕

문 : 경에 '스물다섯 가지의 있음[102)]'이라 했으니 어떤 것입니까.

답 : 뒤에 몸 있음〔後有身〕을 받는 것이 이것이니, 뒤에 몸이 있음이란 곧 여섯 갈래 삶의 길〔六道〕에 태어남을 받는 것이다.

뭇 삶들이 현세에 그 마음이 어리석어 잘못된 업을 맺어 짓기를 좋아함으로써, 뒤에 스스로 짓는 잘못된 활동을 따라 태어남을 받으므로 '뒤의 있음〔後有〕'이라 한다.

세상에 어떤 사람이 있어 완전한 해탈의 길을 실천하려고 뜻을 세워 남이 없는 존재의 성품〔無生法忍〕을 깨닫는 사람은 곧 삼계의 소외된 세계를 길이 떠나 뒤의 있음을 받지 않는다.

---

102) 스물다섯 가지 존재 : 이 절의 스물다섯 가지 존재〔二十五有〕에 관한 해석은 대주선사의 독자적인 것으로 전통불교의 해석과는 매우 다르다. 전통불교의 스물다섯 가지 존재〔二十五有〕의 뜻을 간략히 말해보면 다음과 같다.

기성의 해석은 중생세간 곧 삼계(三界 : 欲界 · 色界 · 無色界)를 다시 펼쳐서 스물다섯 가지 존재〔二十五有〕라고 한다.

욕계는 지옥 · 아귀 · 축생 · 아수라의 사악취(四惡趣), 사주(四洲 : 東勝身洲 · 南贍浮洲 · 西牛貨洲 · 北俱盧洲), 여섯 하늘〔六欲天 : 四天王 · 夜摩天 · 兜利天 · 兜率天 · 化樂天 · 他化自在天)의 열네 가지 존재〔十四有〕이고, 색계는 초선천(初禪天) · 대범천(大梵天) · 제이선천(第二禪天) · 제삼선천(第三禪天) · 제사선천(第四禪天) · 무상천(無想天) · 오정거천(五淨居天)의 일곱 가지 존재〔七有〕이다.

무색계는 공무변처천(空無邊處天) · 식무변처천(識無邊處天) · 무소유처천(無所有處天) · 비상비비상처천(非想非非想處天)의 네 가지 존재〔四有〕이다. 이 삼계의 해탈하지 못한 삶의 길을 함께 묶어 스물다섯 가지 존재라 한다.

뒤의 있음을 받지 않는다는 것은 곧 법신(法身)을 깨닫는 것이고, 법의 몸〔法身 : dharmakāya〕이란 바로 붇다의 몸〔佛身〕103)이다.

문 : '스물다섯 가지 있음'의 이름은 어떻게 분별합니까.

답 : 본바탕은 하나지만 작용을 따라 이름을 세워 스물다섯 가지 있음을 나타내니, 스물다섯 가지 있음이란 열 가지 악한 행위〔十惡〕와 열 가지 착한 행위〔十善〕, 오음(五陰)이 이것이다.

문 : 어떤 것이 열 가지 악한 행위와 열 가지 착한 행위입니까.

답 : 열 가지 악한 행위란 죽임 · 훔침 · 잘못된 성생활 · 거짓말 · 꾸밈말 · 두말 · 몹쓸 욕, 나아가서는 탐냄 · 성냄 · 삿된 견해가 바로 이것이며, 열 가지 착한 행위란 이 열 가지 악한 행위 짓지 않는 것이 이것이다.

問 經云二十五有 何者是 答 受後有身是也 後有身者 卽六道受生也 爲衆生現世心迷 好結諸業 後卽隨業受生 故云後有也 世若有人 志修究竟解脫 證無生法忍者 卽永離三界 不受後有 不受後有者 卽證法身 法身者 卽是佛身

問 二十五有名 云何分別 答 本體是一 爲隨用立名 顯二十五有 二十五有 十惡 十善 五陰是

問 云何是十惡 十善 答 十惡 殺 盜 婬 妄言 綺語 兩舌 惡口 乃

---

103) 법신이 곧 붇다의 몸 : 『유마경』「방편품」에 이렇게 말한다.
"이 몸은 독사와 같고 원수와 같고 빈 무더기와 같아서 오음, 십이입, 십팔계가 함께 이뤄낸 것이오. 여러분 이 몸은 싫어하여 떠날 것이요, 마땅히 붇다의 몸을 즐겨해야 합니다. 왜냐하면 붇다의 몸이란 곧 법의 몸이기 때문입니다〔是身 如毒蛇 如怨賊 如空聚 陰界諸入所共成 諸仁者 此可厭患 當樂佛身 所以者何 佛身者卽法身也〕."

至 貪 瞋 邪見 此名十惡 十善者但不行十惡 卽是也

해설

스물다섯 가지 집착된 존재란 십악(十惡), 십선(十善), 오온(五蘊)이니, 선악의 대립된 행위에 갇혀 있고 오온의 연기성을 통달치 못한 닫혀진 삶의 모습을 뜻한다.

그런데 선도 공하고 악도 공하며 선도 아니고 악도 아님도 공한 줄 알며〔善·惡·無記 三性空〕 오온이 인연으로 일어나기 때문에 남이 없는 줄〔無生〕 알면, 선악의 모순과 일어남과 사라짐의 모순 속에서 해탈을 구현할 수 있으니, 대주선사는 그것을 법신을 보아 붇다의 몸을 이룸이라 한다.

그리고 『아함경』에서는 그 뜻을 '나의 태어남은 다하고〔我生已盡〕 범행은 이미 서며〔梵行已立〕 지을 바는 이미 지어서〔所作已作〕 뒤의 있음을 받지 않는다〔不受後有〕'고 말한다.

여기서 오온이란 인간주체가 경험하는 현실을 의식과 존재〔名色〕의 영역으로 분류해 놓은 범주다. 오온으로 표시된 현실은 늘 다른 것을 통해서 일어난 존재의 영역들이므로 그것만의 고정된 모습이 없으므로 공하다. 그런데 범부들은 오온이 공한 줄 모르고 선악의 실체적 대립을 일으키고 주어진 것을 실로 있는 것으로 집착하니, 이와 같이 집착된 존재들을 『아함경』은 오취온(五取蘊)이라 하고 본서에서는 이십오유(二十五有)라 한다.

유식불교의 범주로 말을 바꾸어 보면 오온 자체의 연기되는 모습이 의타기상오온(依他起相五蘊)이라면, 오온의 집착된 모습은 변계소집상오온(遍計所執相五蘊)이며, 오온의 공한 실상을 체달하여 집착 없는 삶의 모습은 원설실상오온(圓成實相五蘊)일 것이다.

원성실상오온은 오온 밖의 다른 영역이 아니라 오온이 연기이므로 공한 오온의 실상 자체이며, 오온이 공한 실상을 체달하여 스물다섯 가지 존재의 영역에 막힘이 없는 삶의 자유를 말한다.

이 원성실상오온이 바로 대주선사가 답한 법신(法身)이고 붇다의 몸〔佛身〕이며 법신을 깨달은 해탈의 삶인 것이다.

42. 생각 없음과 단박 깨달음

문 : 위에서 '생각 없음〔無念〕'을 말씀하셨는데 아직도 확실히 이해하지 못하겠습니다.

답 : 생각 없음이란 온갖 곳에 물든 마음이 없는 것이 이것이며, 온갖 실체화된 경계가 없음이니 다른 생각으로 이를 구할 수 없다.

모든 객관의 물질세계를 마주하여 길이 일으켜 움직이지 않음이 곧 생각 없음이다.

생각 없음〔無念〕을 참된 생각〔眞念〕이라 말하니, 만약 생각으로 생각을 삼으면 이것은 삿된 생각이라 바른 생각이 되지 못한다. 왜 그런가.

경은 그 뜻을 이렇게 말한다.

"만약 사람들에게 여섯 가지 생각을 가르치면 이를 실로 있는 생각 아님〔非念〕이라 이름하고, 여섯 가지 생각이 있으면 삿된 생각이라 이름하니, 여섯 가지 생각이 없는 것이 바로 참된 생각이다."

또 경은 말한다.104)

104) 경은 말한다 : 『대품반야경』에서 인용한 것 같으며, 조금 잘려져 있다. 『신회어록』에도 이와 똑같은 곳을 인용하여 '『소품반야경』에 전한다'고 말하고 있다. 『소품반야경』도 『대품반야경』과 거의 같아 대주선사의 경우 어느 쪽에서 인용한 것인지 알 수 없다. 이하는 『대품반야경』에서 인용, 게재해 둔다.

"선남자여, 우리들은 생각할 바 없는 법에 머물러 이 금빛 찬란한 삼십이상 팔십종호와 불가사의한 지혜와 위없는 계와 삼매, 붇다의 위없는 지혜

“잘 행하는 이여, 우리들이 생각 없는 법〔無念法〕 가운데 머물면 이와 같은 금빛 서른두 가지 장엄한 공덕의 모습〔三十二相〕을 얻어 크나큰 지혜의 밝은 빛을 놓아 남음 없이 모든 세계를 비추게 된다. 그 이루 생각할 수 없고 말할 수 없는 공덕은 붇다가 설명해도 오히려 다할 수 없는데, 하물며 그 밖의 낮은 차원의 성인들〔餘乘〕이 어떻게 알 수 있겠는가.”

이렇듯 생각 없음을 얻은 자는 인식주체〔六根〕가 대상에 의해 물들지 않으므로 저절로 모든 부처님들의 지견〔佛知見〕에 들어가게 된다.

이와 같음을 얻는 자를 붇다의 공덕의 곳간〔佛藏〕이라 하며 진리의 곳간〔法藏〕이라 하니, 그런 사람은 모든 붇다의 해탈된 삶과 온갖 법을 간직하게 되는 것이다.

왜 그런가. 생각이 없기 때문이니 그 뜻을 경은[105] ‘온갖 모든 부처님들이 모두 이 경을 좇아 나온다’고 말하고 있다.

문 : 이미 생각 없음을 말하였는데 부처님 지견에 들어간다는 것은 어디를 좇아 세웁니까.

답 : 바로 생각 없음을 좇아 세운다. 왜 그런가. 경에서[106] ‘머물러 있는 근본 없음을 좇아 모든 법을 세운다’고 말하였기 때문

를 얻어 모든 공덕을 갖추었다. 모든 공덕을 갖추었으므로 붇다도 모습을 취해 다 말할 수 없는데, 하물며 성문 벽지불이나 그 밖의 다른 이들이겠는가〔善男子 我等於無所念法中住 得是金色身丈光明 三十二相八十隨形好 不可思議智慧 無上戒無上三昧佛無上智慧 一切功德皆悉具足 一切功德具足故 佛尙不能取相說盡 何況聲聞벽支佛及諸餘人〕.”

105) 그 뜻을 경은 : 『금강경』에 ‘일체제불 및 제불의 아뇩다라삼막삼보리의 법은 모두 이 경에서 나온다’라고 하였다.

106) 경에서 : 『유마경』「관중생품」의 구절.

이다.

또 경은 말한다.

"비유하면 밝은 거울과 같으니 거울 가운데는 비록 모습이 없지만 만 가지 모습을 나타낼 수 있는 것이다."

왜 그런가. 거울이 밝기 때문에 만 가지 모습을 나타낼 수 있는 것이다.

배우는 사람은 마음이 물들지 않으므로 망녕된 마음이 나지 않고, 나와 너를 실체화하는 잘못된 마음이 사라져서 끝내 깨끗해지고, 끝내 깨끗함을 이루므로 한량없는 지혜의 작용을 낼 수 있게 되는 것이다.

단박 깨달음〔頓悟〕은 지금 현재의 삶을 떠나지 않고 해탈을 얻는 것이니 무엇으로 그것을 알 수 있는가.

비유하면 사자새끼가 처음 태어날 때도 바로 진짜 사자임과 같이 단박 깨달음의 길을 실천하는 자도 또한 다시 이와 같아서 처음 실천할 때 바로 붇다의 지위에 들어가는 것이다.

또 마치 봄에 나온 죽순이 그해 봄을 벗어나지 않고 어미대와 같이 되어 다름이 없게 되는 것과 같다.

왜 그런가. 마음이 공하기 때문이다. 단박 깨달음의 길을 실천하는 자도 이와 같아 단박 망녕된 마음을 없앰으로〔頓除妄念〕 나와 너에 관한 실재의식을 길이 끊어서 공한 자취마저 없이 끝내 공적하여 붇다와 더불어 평등하여 다름이 없게 된다.

그러므로 지금 범부됨〔凡〕 그대로 해탈한 성인이 된다〔卽聖〕.

단박 깨달음의 길을 실천하는 자는 지금 이 몸을 떠나지 않고 삶들의 끝없이 악순환하는〔輪迴〕 삼계의 괴로운 세계〔三

界]를 벗어나게 된다.

경은 그 뜻을 이렇게 말한다.107)

"세간을 무너뜨리지 않고 세간을 벗어나며, 번뇌를 버리지 않고 니르바나에 들어간다."

이에 반해 단박 깨달음의 길을 실천하지 않는 자는 들여우〔野干〕가 아무리 사자를 따라 다녀 백천겁을 지날지라도 끝내 사자가 될 수 없는 것과 같다.

문 : 참되고 한결같은 성품〔眞如之性〕은 실로 공합니까, 실로 공하지 않습니까.

만약 공하지 않다고 말하면 곧 이것은 모습 있음이요, 만약 공하다고 말하면 곧 이것은 끊어져 없음이니, 뭇 삶들이 마땅히 무엇을 의지해 실천하여 해탈을 얻을 수 있습니까.

답 : 참되고 한결같은 성품은 공하면서 또한 공하지 않다.

왜 그런가. 참되고 한결같은 묘한 바탕〔眞如妙體〕은 꼴도 없고 모습도 없어서 얻을 것이 없으므로 이것을 공하다고 말한다.

그러나 공하여 모습 없는 바탕 가운데 강가강 모래수 한량없는 작용을 갖추어 응하지 않는 일이 없으므로 이것을 공하지 않음이라 말한다.

그러므로 경은 이렇게 말한다.108)

---

107) 경은 그 뜻을 이렇게 말한다 : 전반의 '세간을 무너뜨리지 않고 세간을 벗어난다〔不壞世間 而超世間〕'는 구절은 알 수 없으나, 후반의 '번뇌를 버리지 않고 니르바나에 들어간다〔不捨煩惱 而入涅槃〕'는 구절은 『유마경』 「제자품」의 '번뇌를 끊지 않고 열반에 드니 이것을 안좌(晏坐)라고 한다'에 의거한다.

108) 경은 이렇게 말한다 : 이 경은 분명하지는 않으나 『능가사자기(楞伽師

"하나인 공(空)을 알면 천 가지가 따르고, 하나인 공(空)에 어둡게 되면 만 가지에 어둡게 된다."

만약 사람이 하나인 공을 지키면 만 가지 일을 다 마치게 되니, 이것이 참된 삶의 길을 깨치는 묘한 방법인 것이다.

경에109) '벌려 있는 온갖 것과 만 가지 모습이 한 법이 도장 찍은 바〔森羅及萬像一法之所印〕'라고 하였으니, 어떻게 한 법 가운데서 갖가지 견해를 낼 수 있겠는가.

이와 같은 공덕의 일은 바른 행으로 근본을 삼으므로 만약 그릇된 마음을 항복하지 않고 글만을 의지해 깨치려 하면 옳지 못하다.

그렇게 되면 스스로를 속이고 남을 속여서 너와 내가 함께 떨어지게 되니 힘을 쓰고 힘을 써서 자세하게 살피라. 다만 일이 닥쳐 올 때 그것을 실체적으로 받아들이지 않으면 온갖 곳에 물든 마음이 없게 되는 것이다. 이와 같음을 얻게 된 자는 곧 니르바나에 들어가 남이 없는 법의 참모습〔無生法忍〕을 깨닫게 된다.

남이 없는 법의 참모습을 깨달으면 그것을 또한 둘이 아닌 진리의 문〔不二法門〕이라 하며 다툼 없는 삼매〔無諍三昧〕라 하며 일행삼매(一行三昧)라 한다.

왜 그런가. 모든 허위와 질곡을 떠나 깨끗하다는 자취마저 없이 끝내 깨끗하여 나와 남의 실체성이 없기 때문이다. 미움

資記)』「도신전(道信傳)」에 지민선사(知敏禪師)의 말로 '한 가지를 바로 알면 천 가지가 따르고, 하나에 어두우면 만 가지가 미혹된다〔一解千從 一迷萬惑〕'라고 인용되어 있다.

109) 경에 : 『불설법구경(佛說法句經)』에 보이는 구절이다.

과 사랑의 대립의식을 일으키지 않아야 두 가지 대립물의 실체가 공한 것이니, 이것이 보는 바가 없음이며 곧 참되고 한결같아 얻음 없다는 말이다.

問 上說無念 猶未盡決 答 無念者一切處無心是 無一切境界 無餘思求是 對諸境色 永無起動 是卽無念 無念者是名眞念也 若以念爲念者 卽是邪念 非爲正念 何以故 經云 若教人六念 名爲非念 有六念 名爲邪念 無六念者 卽眞念

經云 善男子 我等住於無念法中 得如是金色三十二相 放大光明 照無餘世界 不可思議功德 佛說之猶不盡 何況餘乘能知也 得無念者 六根無染故 自然得入諸佛知見 得如是者 卽名佛藏 亦名法藏 卽能 藏 一切佛一切法 何以故 爲無念故 經云 一切諸佛等皆從此經出

問 旣稱無念 入佛知見 復從何立 答 從無念立 何以故 經云從無住本 立一切法 又云 喻如明鑑 鑑中雖無像 而能現萬像 何以故 爲鑑明故 能現萬像 學人爲心無染故 妄念不生 我人心滅 畢竟淸淨 以淸淨故 能生無量知見 頓悟者 不離此生 卽得解脫 何以知之 譬如師子兒 初生之時 卽眞師子 修頓悟者 亦復如是 卽修之時 卽入佛位 如竹春生筍 不離於春 卽如母齊 等無有異 何以故 爲心空故 修頓悟者 亦復如是 爲頓除妄念 永絶我人 畢竟空寂 卽與佛齊 等無有異 故云 卽凡卽聖也 修頓悟者 不離此身 卽超三界

經云 不壞世間 而超世間 不捨煩惱 而入涅槃 不修頓悟者 猶如野干隨逐師子 經百千劫 終不得成師子

又問 眞如之性爲實空 爲實不空 若言不空 卽是有相 若言空者 卽是斷滅 一切衆生 當依何修 而得解脫 答 眞如之性 亦空亦不空

何以故 眞如妙體 無形無相 不可得也 是名亦空 然於空無相體中 具足恒沙之用 卽無事不應 是名亦不空 經云 解一卽千從 迷一卽 萬惑 若人守一萬事畢 是悟道之妙也

經云 森羅及萬象 一法之所印 云何一法中 而生種種見 如此功業 由行爲本 若不降心 依文取證 無有是處自誑誑他 彼此俱墜 努力努力 細細審之 只是事來不受 一切處無心 得如是者 卽入涅槃 證無生法忍 亦名不二法門 亦名無諍 亦名一行三昧

何以故 畢竟淸淨 無我人故 不起愛憎 是二性空 是無所見 卽是 眞如無得之辯

해설

돈오선(頓悟禪)에서 생각 없음〔無念〕의 뜻을 다시 문답을 통해 보여준다.

주체가 대상을 알고 세계를 경험할 때 생각으로 생각을 삼아 대상에 물든 생각을 붙들어 쥐고 있으면〔有念而有念〕 이를 범부라 하고, 생각 없음으로 생각 없음을 삼아 대상에 물든 생각은 없되 대상을 밝게 분별해내지 못하면〔無念而無念〕 생각 없음에 빠진 치우친 수행자의 삶〔二乘〕일 것이다. 그러나 생각으로 생각을 삼지도 않고 생각 없음으로 생각 없음을 삼지도 않으면, 생각하되 생각 없고 생각 없되 생각 없음도 없게 되니〔念而無念 無念而念〕, 이를 돈오선의 무념이라 하며 생각 없는 참생각〔眞念〕이라 한다.

생각으로 생각을 삼는 범부란 존재를 꼭 있는 것으로 생각하여 있음에 막혀 사는 자를 뜻하며, 생각 없음으로 생각 없음을 삼는 치우친 수행자는 존재의 공함을 새롭게 신비화하거나 허무에 빠진 자를 뜻하며, 존재의 실상을 단박 깨달아 생각과 생각 없음을 뛰어넘은 보살은 존재를 있되 있지 않음으로 보아 있음과 없음의 대립을 뛰어넘은 창조적 인간을 뜻한다.

하택신회선사 또한 '생각에 생각 없음을 닦아가는 법〔修無念法〕'은 생각을 생각으로 삼는 범부와 생각 없음을 생각 없음으로 삼는 이승의 길〔二乘道〕을 바로 뛰어넘는 해탈의 길임을 다음 같이 말한다.

사도왕(嗣道王)이 물었다.

"생각 없는 법이란 범부의 닦음입니까, 성인의 닦음입니까. 만약 성인의 닦음이라면 왜 범부에게 생각 없는 법을 닦도록 권합니까."

답했다.

"생각 없는 법이란 성인의 법이니, 범부가 만약 생각 없는 법을 닦으면 곧 범부가 아니요."

또 물었다.

"없다는 것은 무슨 법이 없음이고 생각함이란 무슨 법을 생각함입니까."

답했다.

"없다는 것은 두 가지 실체적인 법이 없음이요, 생각함이란 오직 진여(眞如)를 생각함이오."

또 물었다.

"생각함과 진여는 무슨 차별이 있습니까."

답했다.

"또한 차별이 없소."

물었다.

> "차별 없음을 깨달았는데 왜 진여 생각함을 말합니까."
> 답했다.
> "말한바 생각함이란 곧 진여의 작용이요, 진여란 곧 생각의 바탕이오. 이런 뜻 때문에 생각 없음으로 실천의 뼈대〔宗〕를 삼는 것이오. 만약 생각 없음을 말한다면 보고 듣고 깨달아 앎이 있다 해도 늘 비어 고요하오."[110]

인간주체의 생각은 다만 생각이 아니라 세계인 생각이므로 연기된 세계의 참모습을 보지 못하여 존재를 있는 것으로 보면 주체의 사유는 존재의 차별되고 닫혀진 모습에 물든 허위의식〔見思惑〕으로 된다. 다시 존재의 공함을 새롭게 집착하거나 없음에 빠지면 티끌 모래 수와 같은 존재의 다양성과 사물의 변화에 대응할 방편을 잃게 된다〔塵沙惑〕.

존재의 있는 모습에 막힌 견사혹 때문에 사실 존재의 티끌처럼 새롭게 연기되는 모습에 대응하지 못하는 진사혹(塵沙惑)이 있는 것이며, 존재의 있는 모습에 막힌 견사혹의 뿌리는 존재의 중도실상에 밝지 못한 무명혹(無明惑)인 것이다. 견사혹・진사혹・무명혹은 사물의 실상에 밝지 못한 근원적인 미혹을 측면을 달리하여 기술한 것일 뿐이니, 그 뜻을 대주선사는 '하나를 알면 천 가지가 따르고, 하

---

110) 嗣道王問曰 無念法者 爲是凡夫修 爲是聖人修 爲若是聖人修 卽何故令勸凡夫修無念法

答曰 無念者 是聖人法 凡夫若修無念者 卽非凡夫也 又問曰 無念者無何法 是念者念何法 答曰 無者無有二法 念者唯念眞如

又問 念者與眞如有何差別 答 亦無差別 問 旣無差別 何故言念眞如 答曰 所言念者 是眞如之用 眞如者 卽是念之體 以是義故 立無念爲宗 若言無念者 雖有見聞覺知 而常空寂 (『하택어록(荷澤語錄)』 20段)

나에 어둡게 되면 만 가지에 어둡게 된다'고 말한다.

보통 천태삼관(天台三觀)을 점차적으로 보는 이들은 공관(空觀)을 통해 견사혹이 사라지고, 가관(假觀)을 통해 진사혹이 사라지며, 중도관(中道觀)을 통해 무명혹이 사라진다고 말하나, 있음을 있음 아님으로 깨달으면 있음 아님은 머물러 둘 모습이 없으므로 모든 있음은 있음 아닌 있음으로 살아나게 되니, 공관을 체달하면 가관·중도관이 한 때에 성취되고, 견사혹이 참으로 끊어지면 진사혹과 무명혹이 동시에 사라지는 것이다.

또한 존재의 공성을 통달함이란 있음을 조금씩 덜어서 점차적으로 이루어가는 길이 아니라 있음이 있음 아님을 직하에 사무쳐 요달하는 길이므로 천태삼관이야말로 돈오선(頓悟禪)인 것이다. 이 뜻을 형계담연선사는 그의 『시종심요(始終心要)』에서 '인(因)을 좇아 과(果)에 이르되 점차로 닦아감이 아니다. 말로는 차제가 있는 것 같지만 실천 그 자체는 차제가 아닌 것이다〔從因至果 非漸修也 說之次第 理非次第〕'라 하고 있다.

또한 천태의 『마하지관』은 원돈지관(圓頓止觀)이 지위와 점차가 없이 중도실상을 바로 깨닫는 길임을 이렇게 천명한다.

> "원돈지관이란 처음부터 실상을 반연하여 경계에 나아가면 바로 중도라 진실하지 않음이 없다. 생각함을 법계에 매어두고 생각을 법계에 하나되게 하니, 한 빛깔 한 냄새라도 중도 아님이 없다."111)

111) 圓頓者 初緣實相 造境卽中 無不眞實 繫緣法界 一念法界 一色一香無非中道

이렇게 천태를 이해하고 보면 대주선사가 주장하고 있는 생각 없는 참생각〔無念眞念〕, 무쟁삼매(無諍三昧)가 바로 천태가 제창하고 있는 중도관(中道觀)이자 두 가지 치우침을 떠난 삶의 휴식〔息二邊分別止〕이며, 대승이 말하고 있는 선정과 지혜가 둘 아닌 보살의 바라밀행인 것이다.

『하택어록』에서도 차제에 떨어짐이 없되 일상의 인과적 차제를 없애지도 않는 돈오(頓悟)의 뜻을 다음 같이 말한다.

> "스스로 그러함이 단박 깨침의 뜻이고, 스스로의 마음이 본래 비어 고요함이 단박 깨침의 뜻이며, 마음에 얻을 바 없음이 단박 깨침의 뜻이며, 마음이 바로 도임이 단박 깨침의 뜻이고, 마음에 머무는 바 없음이 단박 깨침의 뜻이며, 법을 두고 마음을 깨치되 마음에 얻을 바 없음이 단박 깨침이다.
>
> 온갖 법이 곧 진여인 온갖 법인 줄 아는 것이 단박 깨침이며, 공 설함을 듣되 공을 집착하지 않고 공하지 않음도 취하지 않는 것이 단박 깨침이고, 나〔我〕 설함을 듣되 나를 집착하지 않으며 나 없음〔無我〕도 취하지 않음이 단박 깨침이며, 나고 죽음을 버리지 않고 니르바나에 드는 것이 단박 깨침이오."112)

---

112) 自然是頓悟義 自心從本已來空寂者 是頓悟 卽心無所得者爲頓悟 卽心是道爲頓悟 卽心無所住爲頓悟 存法悟心 心無所得 是頓悟 知一切法是一切法爲頓悟 聞說空不著空 卽不取不空 是頓悟 聞說我不著 卽不取無我 是頓悟 不舍生死而入涅槃 是頓悟

43. 깨끗함마저 다한 깨끗함〔畢竟淨〕

문 : 『유마경』에 '정토를 얻으려 하면 마땅히 그 마음을 깨끗이 하라' 하였으니 어떤 것이 깨끗한 마음입니까

답 : 깨끗함마저 다한 깨끗함〔畢竟淨〕으로 깨끗함을 삼는다.

문 : 무엇이 깨끗함마저 다한 깨끗함으로 깨끗함을 삼는 것입니까.

답 : 깨끗함도 없고 깨끗함 없음도 없는 것이 깨끗함마저 다한 깨끗함이다.

문 : 무엇이 깨끗함도 없고 깨끗함 없음도 없는 것입니까.

답 : 온갖 곳에 물든 마음이 없는 것이 깨끗함이니 깨끗함을 얻었을 때 깨끗하다는 생각도 짓지 않는 것을 깨끗함이 없음이라 한다. 이처럼 깨끗함이 없음을 얻었을 때 또한 깨끗함이 없다는 생각도 짓지 않으면 이것이 깨끗함 없음도 없는 것이다.

問 維摩經云 欲得淨土 當淨其心 云何是淨心 答 以畢竟淨爲淨
問 云何是畢竟淨爲淨 答 無淨 無不淨 卽是畢竟淨
問 云何是無淨 無無淨 答 一切處無心是淨 得淨之時 不得作淨想 卽名無淨也 得無淨時 亦不得作無淨想 卽是無無淨也

해설

필경(畢竟)이란 '마쳐 다했다'는 뜻인데 있음에 관한 집착도 다하고 없음에 대한 집착도 다함이 마쳐 다함이다. 그런데 있음이 본래

있음이 아니고 없음이 본래 없음이 아니라면 마쳐 다했다는 모습에도 집착할 것이 없으니 이것이 마쳐 다해 깨끗함마저 깨끗함〔畢竟淨〕이라 한다.

대주선사는 이 뜻을 이것과 저것의 대립물에 갇힌 물든 마음이 없는 것을 깨끗함이라 하는데, 이 깨끗함을 얻었을 때 깨끗하다는 집착이 없고, 깨끗하다는 집착이 없을 때 깨끗함이 없다는 생각도 갖지 않는 이것이 바로 깨끗함마저 다한 깨끗함이라고 한다.

『대혜어록』 가운데서도 이와 같이 깨끗함마저 다한 참된 깨끗함의 뜻을 말하고 있다.

대혜종고선사는 위시랑(魏侍郎)이 살고 있는 깨끗한 마음의 집〔淨心閣〕에 대해 '깨끗한 마음을 구하는 것이 곧 물듦이 되고, 버릴 물듦이 없고 취할 깨끗함이 없는 것이 참으로 깨끗한 마음이 됨'을 다음과 같이 노래한다.

> 위대하다, 넓고 커 고요한 마음이여!
> 비유하면 허공이 분별하지 않음 같네.
> 헤아리는 마음으로 깨끗함 구하는 것이
> 곧바로 물들어서 더럽혀짐이 되니
> 하물며 부처님의 국토에 견줄 것인가.
>
> 또 꿈 가운데 보는 물건과 같아서
> 보는 바가 비록 있으나 가질 수 없으니
> 이처럼 통달해 의심하지 않으면
> 깨끗한 마음의 뜻 환하게 나타나리.
> 이 뜻이 나타나나 헤아릴 수 없으니
> 모든 빛깔 모습 떠나고 말을 떠났네.

과거 현재 미래 세상 언제나 계실
부처님과 보살들과 여러 모든 성문들
온갖 모든 뜻을 가진 한량없는 중생들
평등하게 이 뜻을 진실히 깨치면
거룩하도다 이 사람은 기특하게
온갖 모든 헤아림 벗은 사람이니
다만 이 깨끗한 마음의 집으로써
참으로 깨끗한 마음의 뜻 연설하면
연설한 뒤 곧 생각하는 바 따름을
또한 꿈 가운데와 차별이 없게 되리라.

나는 이제 어버이가 나준 이 입으로
이 위없는 묘한 가타를 말해주어
넓고 커서 고요한 마음을 장엄함으로
앞으로 올 여러 사람에게 큰 이익 되어주리.113)

---

113) 偉哉廣大寂滅心 譬如虛空不分別
擬心求淨卽染汚 況復比倫諸佛土
又如夢中所見物 所見雖有不可取
如是通達無有疑 淨心之義炳然現
是義現矣難測量 超諸色相離言說
過去未來現在世 佛及菩薩與聲聞
一切含識有情類 平等於義如實了
善哉奇特過量人 只以此閣演是義
演已便息隨所緣 亦與夢中無差別
我以父母所生口 說此無上妙伽陀
莊嚴廣大寂滅心 爲諸來者作饒益
(『대혜보각선사어록(大慧普覺禪師語錄)』 권 제11)

44. 깨달음마저 다한 깨달음〔畢竟證〕

문 : 참된 삶의 길을 실천하는 자는 무엇으로 깨달음을 삼습니까.
답 : 깨달음마저 다한 깨달음〔畢竟證〕으로 깨달음을 삼는다.
문 : 무엇이 깨달음마저 다한 깨달음입니까.
답 : 깨달음도 없고 깨달음 없음도 없는 것을 깨달음마저 다한 깨달음이라 한다.
문 : 무엇이 깨달음 없음이며 무엇이 깨달음 없음도 없는 것입니까.
답 : 밖으로 빛깔, 소리 등 객관대상에 물들지 않고 안으로 망녕된 마음을 일으키지 않아서 이와 같음을 얻으면 깨달음이라 말한다.

깨달음을 얻었을 때 깨달았다는 생각도 짓지 않으면 깨달음 없음이라 말하고, 이처럼 깨달음 없음을 얻었을 때 또한 깨달음 없다는 생각도 짓지 않으면 곧 깨달음 없음도 없는 것이라 말한다.

問 修道者以何爲證 答 畢竟證爲證

問 云何是畢竟證 答 無證 無無證 是名畢竟證

問 云何是無證 云何是無無證 答 於外不染色聲等 於內不起妄念心 得如是者 卽名爲證 得證之時 不得作證想 卽明無證也 得此無證之時 亦不得作無證想 是名無證[114] 卽名無無證也

114) 是名無證 : 이 네 글자는 문맥상 빠져야 할 구절이다.

해설

존재의 실체성에서 해방되고〔無我執〕 존재를 이루는 여러 계기들의 실체성에서도 해방되면〔無法執〕 모든 집착이 사라져 다해 깨침이다. 그런데 존재가 스스로 그렇다 할 것이 없고〔我空〕 존재를 이루는 여러 계기에도 본래 그렇다 할 것이 없다면〔法空〕 존재와 존재를 이루는 여러 계기에 대한 집착이 다해 깨달음을 이룰 때, 집착이 다해 깨달음을 이루었다는 집착도 두어서는 안 되니, 깨치되 실로 깨쳤다는 집착 없음을 대주선사는 '깨달음이 없음〔無證〕'이라 말한다.

그러나 실로 깨달음 없다는 집착도 다시 세워서는 안 되니, 이를 대주선사는 '깨달음이 없되 깨달음 없음도 없음'이라 말한다.

곧 대주선사에 의하면 밖으로 빛깔이나 소리 등 여섯 가지 객관대상의 실체성을 벗어나고, 안으로 존재의 실체성에 물든 허위의식〔妄心〕이 사라지면 이것을 깨달음이라 하는데, 깨달음을 얻었을 때 깨달았다는 생각도 짓지 않고 깨달음 없다는 생각도 짓지 않으면 이것이 깨달음마저 다한 깨달음이라 한다.

『법화경』에서는 '대통지승부처님이 십겁을 도량에 앉아 있었지만 불법이 나타나지 않아 불도를 이루지 못했다〔大通智勝佛 十劫坐道場 佛法不現前 不得成佛道〕'라고 했으니, 이 뜻이 바로 번뇌를 끊고 얻을 깨달음도 없고 깨달음 없음도 없다는 뜻을 나타낸 것인가.

이에 대해 대혜종고선사는 다음 같이 노래한다〔頌〕.

도량에 편히 앉아 십겁 지내니
낱낱 머리 따라 다 누설하였네.
나무 그루터기 지켜 토끼를 찾듯
세간에 그 얼마나 한 어리석은 이들

몽둥이 들어 하늘의 달 치려 하는가.

燕坐道場經十劫 一一從頭俱漏泄
世間多少守株人 掉棒擬打天邊月

45. 참된 해탈〔眞解脫〕

문 : 무엇이 해탈된 마음입니까.

답 : 해탈된 마음도 없고 또한 해탈된 마음 없음도 없는 것을 참된 해탈이라고 말한다.

경은 '법도 버려야 하는데 하물며 법 아닌 것이겠는가'라 했으니, 여기서 법이란 어떤 것의 있음이요 법 아님이란 없음이니, 다만 있음과 없음을 취하지 않으면 참된 인간해탈의 길인 것이다.

問 云何解脫心 答 無解脫心 亦無無解脫心 卽名眞解脫也 經云 法尙應捨 何況非法也 法者是有 非法是無也 但不取有無 卽眞解脫

해설

두 가지 대립물의 닫혀진 질곡을 벗어나 자유롭되 자유롭다는 집착마저 두지 않으면 이것이 참된 해탈이며, 법도 취하지 않고 법 아님도 취하지 않아서 있음과 없음 어디에도 머물지 않을 때 참된 해탈이 된다.

또한 망상을 없애지도 않고 참됨을 따로 구하지도 않음〔不除妄想不求眞〕이 참된 해탈이니, 『화엄경』「십통품(十通品)」은 참된 해탈을 다음 같이 말한다.

법에 둘이 없는 줄 깨달았지만
둘 없음에도 또한 집착치 않네.
마음은 이 세간을 떠나지 않되
또한 세간에 머물지도 않네.

了法無有二　無二亦無着
心不離世間　亦不住世間

46. 얻음마저 다한 얻음〔畢竟得〕

문 : 어떻게 해탈된 삶의 길을 얻습니까.

답 : 얻음마저 다한 얻음으로 얻음을 삼는다.

문 : 무엇이 얻음마저 다한 얻음입니까.

답 : 얻음도 없고 얻음 없음도 없는 것을 얻음마저 다한 얻음이라 말한다.

問 云何得道 答 以畢竟得爲得
問 云何是畢竟得 答 無得 無無得 是名畢竟得

해설

태어남과 사라짐이 다해 태어남과 사라짐의 질곡이 나의 삶을 묶지 않으면 이것이 니르바나를 얻음이고 크나큰 자유를 얻음이다. 그런데 태어남이 바로 태어남이 아니고 사라짐이 바로 사라짐이 아니라면, 태어나고 사라지는 세간 밖에 따로 니르바나의 모습을 세울 것이 없으니 니르바나에도 머물 모습이 없다.

곧 나고 죽음을 벗어나 니르바나를 얻었되 니르바나에도 머물 모습을 보지 않고 크나큰 자비심으로 세간의 뭇 삶들과 함께 하는 이, 그가 바로 참된 삶의 길을 얻되 얻음마저 다한 자인 것이다.

영가선사의 『증도가』는 실상(實相)을 깨침이란 얻을 바 있는 법을 얻음이 아니라 존재〔我〕와 존재를 이루는 법(法)에 실체 없음을 깨치는 것임을 다음 같이 노래한다.

법신을 깨달음에 한 물건도 없으니
본 바탕의 자기 성품 타고난 부처로다.
오온의 뜬 구름이 헛되이 오고 가며
세 가지 독 물거품이 헛되이 나고 드나
실상을 깨달음에 사람 없고 법도 없어
찰나에 아비지옥 무거운 업 없애도다.

法身覺了無一物 本源自性天眞佛
五陰浮雲空去來 三毒水泡處出沒
證實相無人法 刹那滅却阿鼻業

47. 공함마저 다한 공함〔畢竟空〕

문 : 무엇이 공함마저 다한 공함입니까.
답 : 공도 없고 공 없음도 없는 것이 공함마저 다한 공함이다.

問 云何是畢竟空 答 無空 無無空 卽名畢竟空

해설

필경공(畢竟空)을 천태선사의 『법계차제초문(法界次第初門)』은 다음 같이 말한다.

"모든 법의 실체성을 깨뜨려 모든 법의 실체성이 마쳐 다해 깨끗함을 마쳐 다함〔畢竟〕이라 말한다. 그런데 만약 깨뜨려야 할 모든 법이 본래 실체성이 없는 것이라면 마쳐 다함에도 집착할 것이 없으니, 이것을 마쳐 다해 공함마저 공함이라 한다.
또 마쳐 다함을 알면 이것을 끝내 마쳐 다한 관(觀)이라 하는데, 이 마쳐 다하는 법도 또한 얻을 것이 없어서 끝내 마친 법에도 집착이 없으니, 이를 마쳐 다해 공함마저 공함이라 한다."115)

115) 畢竟空者 以前八空 破諸法畢竟盡淨 名爲畢竟 若無諸法 亦無畢竟之可著 故名畢竟空 又解畢竟名爲終竟觀 是終竟之法 亦不可得 則不執有究竟之法 名爲畢竟空 故法華經云 乃至究竟涅槃 常寂滅相 終歸於空

그러므로『법화경』은 열반의 고요함마저 공함이 끝내 마쳐 다함마저 공함이라는 뜻으로 '나아가서는 구경의 니르바나도 늘 고요한 모습이라 끝내 공함에 돌아가는 것이다〔乃至究竟涅槃 常寂滅相 終歸於空〕'라고 하였다.

곧 공함〔空〕은 있음을 실로 있음으로 집착하는 병통을 깨기 위한 것이므로 공(空)에는 공도 없다. 또 공 없음〔無空〕은 공하다는 견해〔空見〕를 깨기 위한 것이므로 공하지 않음〔不空〕도 집착할 것이 없으니, 영가선사의『증도가』는 공〔空〕도 없고 공하지 않음〔不空〕도 없는 참된 공〔眞空〕을 이렇게 노래한다.

참됨을 구하지 않고 허망함을 끊지 않고
두 개 법이 공하여 모습 없음 깨치니
모습 없고 공도 없고 공하지 않음도 없음이
곧바로 여래의 진실한 모습이네.

不求眞 不斷妄 了知二法 空無相
無相無空無不空 卽是如來眞實相

48. 참되고 한결같은 선정〔眞如定〕

문 : 무엇이 참되고 한결같은 선정입니까.

답 : 정함도 없고 정함 없음도 없는 것을 참되고 한결같은 선정이라 하니, 경은 '위없는 바른 깨달음이라 할 정한 법이 없으며 또한 여래가 설할 수 있는 정한 법이 없다'고 하였다.

경에 '비록 공함을 실천하나 공함으로서 깨달음을 삼지 않는다'고 하였으니 공했다는 생각도 짓지 않는 것이 이것이며, 비록 고요한 선정을 실천하나 고요한 선정으로 깨달음을 삼지 않으니 고요히 정한다는 생각도 갖지 않는 것이 곧 이것이다.

또한 비록 깨끗함을 얻었으나 깨끗함으로써 깨달음을 삼지 않아서 깨끗하다는 생각도 짓지 않는 것이 곧 이것이다.

만약 고요한 선정을 얻고 물듦 없는 깨끗함을 얻어 온갖 곳에 물든 마음이 없음을 얻을 때 이와 같다는 생각을 짓게 되면 곧 이것은 망녕된 생각〔妄想〕이라 새롭게 얽매여 묶이게 되니 참된 해탈이라 말할 수 없다.

만약 이와 같은 깨끗함을 얻게 될 때 자재함 얻음을 스스로 밝게 사무쳐 알되, 이와 같음으로 깨달음을 삼지 않고 이와 같이 자재하다는 생각도 짓지 않으면 곧 참된 해탈을 얻게 된다.

경은 말한다.116)

---

116) 정진한다는 마음을 일으키면 : 『불설법구경』에 '모든 정진의 업을 말하는 것은 증상만을 위해 말한 것이다. 증상만이 없는 이는 선도 없고 정진도 없다. 만약 정진의 마음을 일으키면 망상이지 정진이 아니다. 만약 마음에 망상이 없으면 정진할 것이 없다〔說諸精進業 爲增上慢說 無增上慢者

"만약 정진한다는 마음을 일으키면 이것은 망녕됨이지 참된 정진이 아니다. 만약 마음이 망념됨을 일으키지 않을 수 있으면 정진이 끝이 없을 것이다."

問 云何是眞如定 答 無定 無無定 卽名眞如定 經云 無有定法名阿耨多羅三藐三菩提 亦無定法如來可說

經云 雖修空 不以空爲證 不得作空想 卽是也 雖修定 不以定爲證 不得作定想 卽是也 雖得淨 不以淨爲證 不得作淨想 卽是也 若得定 得淨 得一切處無心之時 卽作得如是想者 皆是妄想 卽被繫縛 不名解脫

若得如是之時 了了自知 得自在 卽不得將此爲證 亦不得作如是想時 得解脫 經云 若起精進心 是妄非精進 若能心不妄 精進無有涯

해설

공함을 닦되 공함에 머물지 않고 이것과 저것의 대립물에 물듦 없는 깨끗함을 얻었되 깨끗함에 머물지 않으면 바로 참되고 한결같은 선정이다.

참된 선정은 이것과 저것의 대립물에 갇히지 않으므로 늘 고요함에 안정해 있으나, 이것과 저것의 대립물을 버리지 않으므로 꼭 정함도 없고 고요함에 빠짐도 없는 것이다.

참된 선정은 움직임 속에 늘 고요하며 고요함 속에서도 삶의 역동

無善無精進 若起精進心 是妄非精進 若能心不妄 精進無有處]'라고 하였다.

성을 잃지 않으니, 영가선사는 그 뜻을 '행함도 선이고 앉음 또한 선이라, 말하고 침묵하며 움직이고 고요함에 늘 삶의 바탕 편안하다〔行亦禪坐亦禪 語默動靜體安然〕'고 하며, 혜능선사의 『단경』은 움직임과 고요함에 머묾 없는 참된 선정〔那伽定〕을 이렇게 말한다.

"오음이 본래 공하고 여섯 가지 객관경계가 있지 않으므로 나는 것도 아니고 드는 것도 아니며 정함도 아니고 어지러움도 아니다. 선의 참모습이 머묾 없으므로 선정의 고요함에 머물지도 않고, 선의 참모습이 남이 없으므로 선 한다는 생각을 내지 않아서 마음이 허공 같되 허공 같다는 헤아림도 없다."117)

117) 五陰本空 六塵非有 不出不入 不定不亂 禪性無住 離住禪寂 禪性無生 離生禪想 心如虛空 亦無虛空之量

49. 치우침 없는 삶의 길〔中道〕

문 : 무엇이 치우침 없는 바른 삶의 길〔中道〕입니까.

답 : 가운데〔中間〕도 없고 또한 두 가지 갓〔二邊〕도 없는 것이 치우침 없는 바른 삶의 길이다.

문 : 무엇이 두 가지 가〔二邊〕에 치우친 삶의 길입니까.

답 : 저기에 떨어진 마음이 있고 여기에 떨어진 마음이 있으면 곧 두 가지 가에 치우친 삶의 길이다.

문 : 무엇을 저기에 떨어진 마음〔彼心〕이라 하고 여기에 떨어진 마음〔此心〕이라 합니까.

답 : 밖으로 빛깔과 소리에 얽매이는 것을 저기에 떨어진 마음이라 하고, 안으로 망념된 마음〔妄心〕 일으키는 것을 여기에 떨어진 마음이라 한다.

만약 밖으로 빛깔과 소리에 물들지 않으면 저기에 떨어진 마음이 없다고 말하고, 안으로 망녕된 마음〔妄心〕 일으키지 않으면 여기에 떨어진 마음이 없다고 말하니, 이렇게 되면 여기 저기의 두 가지 가에 떨어지지 않음〔非二邊〕이다.

마음 가운데 이미 두 가지 치우친 갓〔二邊〕이 본래 없다면 가운데〔中〕 또한 어떻게 있을 수 있겠는가.

이와 같음을 얻게 되는 것을 치우침이 없는 바른 삶이라 말하는 것이니, 이것이 바로 '참된 여래의 길〔眞如來道〕'인 것이다.

여래의 길이란 모든 자각된 주체들의 해탈이니, 경은 그 뜻을 '허공은 중간도 없고 가도 없으며[118] 모든 붇다의 몸도 또한 그와 같다'고 하였다.

그렇듯 온갖 물질법이 공하다고 하는 것이 바로 온갖 곳에 물든 마음이 없다는 것이요, 온갖 곳에 물든 마음이 없다는 것이 온갖 물질의 성품이 공하다는 것이다.

두 뜻이 서로 다름이 없으므로 그것을 또한 물질이 공하다고 말하고 '물질에 그것이라고 말할 존재의 모습이 없다〔色無法〕' 고 말한다.

그대가 만약 온갖 곳에 물든 마음을 떠나 보디의 해탈, 니르바나의 고요함, 선정을 얻고 성품을 본다〔見性〕는 것은 옳지 못하다.

온갖 곳에 물든 마음 없는 것이 곧 바른 보디의 해탈, 니르바나의 고요함, 선정과 나아가서는 육바라밀을 실천하는 것이라 모두 성품을 보는 곳이다.

---

118) 허공에는 가운데와 갓이 없나니 : 『여래장엄지혜광명입일체불경계경(如來莊嚴知慧光明入一切佛境界經)』에 있는 구절이니 다음과 같다.

모든 부처님의 모습 허공 같으나
허공 또한 허공의 모습이 없네.
모든 인과를 다 떠났으므로
살필 바 없는 분께 경례합니다.
허공에는 가운데도 갓도 없으며
모든 부처님의 몸도 또한 그러해
마음이 허공과 같으시므로
살필 바 없는 분께 경례합니다.
諸佛虛空相 虛空亦無相
離諸因果故 敬禮無所觀
虛空無中邊 諸佛身亦然
心同虛空故 敬禮無所觀

왜 그런가. 『금강경』은 그 뜻을 '적은 법이라도 얻을 것이 없음 이것을 위없이 바른 깨달음이라 이름한다'라고 말하였다.

問 云何是中道 答 無中間 亦無二邊 卽中道也

問 云何是二邊 答 爲有彼心有此心 卽是二邊

云何名彼心此心 答 外縛色聲名爲彼心 內起妄念 名爲此心 若於外不染色 卽名無彼心 內不生妄念 卽名無此心 此非二邊也 心旣無二邊 中亦何有哉 得如是者 卽名中道 眞如來道 如來道者 卽一切覺人解脫也

經云 虛空無中邊 諸佛身亦然 然一切色空者 卽一切處無心也 一切處無心者 卽一切色性空 二義無別 亦名色空 亦名色無法也

汝若離一切處無心 得菩提解脫 涅槃寂滅 禪定見性者 非也 一切處無心者 卽修菩提解脫 涅槃寂滅 禪定乃至六度 皆見性處 何以故 金剛經云 無有少法可得 是名阿耨多羅三藐三菩提也

해설

치우침 없는 중도의 삶은 이것과 저것의 대립물을 취하지 않되 이것과 저것을 떠나 이것도 아니고 저것도 아닌 제3의 영역에 머묾이 아니다. 중도는 이것이 이것 아닌 이것으로 살아나고 저것이 저것 아닌 저것으로 돌려지는 곳 속에서 구현되니, 두 가지 가에 머물고도 중도의 삶은 없고, 두 가지 가를 떠나서도 중도의 삶은 없다.

이런 뜻을 하택신회선사 또한 '어떤 것이 중도의 뜻입니까〔何者是中道義〕'를 묻는 여산법사(廬山法師)에게 이렇게 답한다.

"치우친 가〔邊〕의 뜻이 중도요."

"지금 중도의 뜻을 물었는데, 왜 가의 뜻이 중도라 답하십니까."

"지금 중도라 말하는 것은 가의 뜻을 인해 세운 것이라 만약 가의 뜻을 세우지 않으면 중도 또한 서지 않는 것이오."119)

곧 있음과 없음, 이것과 저것의 대립물을 실체화하는 마음이 있으므로 중도의 뜻을 말했으나, 있음이 있음 아니고 없음이 없음 아닌 줄 알면 중도의 뜻 또한 대립물 밖에 따로 세울 수 없는 것이다.

대립물로 주어진 가〔邊〕에 떨어진 마음을 대주선사는 저 마음〔彼心〕 이 마음〔此心〕이라 한다.

곧 대주선사는 저기 객관경계의 실체성에 물든 마음을 저 마음이라 하고, 객관경계를 실로 있는 것으로 보는 여기 주체의 허위의식을 이 마음이라 한다.

저 마음과 이 마음, 환상의 경계〔妄境界〕와 허위의식〔妄想〕은 서로 규정한다.

바깥 빛깔과 소리가 있되 있음 아닌 줄 모르는 이 마음으로 인해 주체의 경계에 물든 저 마음이 일어나고, 주체의 허위의식으로 인해 경계는 실로 있는 경계로 굳어지게 된다.

경계가 경계 아닌 경계인 줄 알면 마음은 마음 아닌 마음이 되고, 마음이 마음 아닌 마음이 되면 경계는 모습 없는 실상으로 현전하다.

---

119) 廬山法師問 何者是中道義 答曰 邊義卽是 問 今問中道義 何故答邊義是 答曰 今問中道義 何故答邊義是 答曰 今言中道者 要因邊義立 若其不立邊 中道亦不立 (『하택어록(荷澤語錄)』 5段)

그리하여 얽매여 닫혀진 저 마음이 없고 물든 이 마음이 없으면 저기 저 객관경계와 여기 이 주체의 마음을 없애지 않고 중도는 구현된다. 『팔천송반야경』은 이렇게 말한다.

"이 지혜는 안의 물질〔內色 : 六根〕로써 볼 수 없고, 밖의 물질〔外色 : 六境〕로써 볼 수 없으며, 안팎이 겹쳐지는 물질〔內外色 : 六識〕로써 볼 수 없습니다. 그러나 이 지혜는 안팎이 겹쳐지는 물질을 떠나서도 볼 수 없습니다. 이 지혜는 안의 수상행식〔內受想行識 : 六根〕으로 볼 수 없고, 밖의 수상행식〔外受想行識 : 六境〕으로 볼 수 없으며, 안팎이 겹쳐지는 수상행식〔內外受想行識 : 六識〕으로 볼 수 없습니다. 그러나 이 지혜는 안팎이 겹쳐지는 수상행식을 떠나서도 볼 수 없습니다.

이 지혜를 선니범지는 살바야의 지혜로 믿어 받고 있습니다. 모든 법의 참모습을 얻어 해탈하나니 해탈하고 나서는 모든 법 가운데 취할 것도 없고 버릴 것도 없으며 니르바나에도 취할 것도 없고 얻을 것도 없습니다. 세존이시여, 이것을 보살의 반야바라밀이라 합니다."

是智不以內色見 是智不以外色見 是智不以內外色見 是智亦不離內外色見 是智不以內受想行識見 是智不以外受想行識見 是智不以內外受想行識見 是智亦不離內外受想行識見 是智先尼梵志信解薩婆若智 以得諸法實相故得解脫 得解脫已 於諸法中無取無捨 乃至涅槃亦無取無捨 世尊 是名菩薩般若波羅蜜

50. 참된 해탈

문 : 만약 온갖 좋은 행을 실천하여 갖추어 이루면 해탈의 언약〔記別〕을 받을 수 있습니까.

답 : 받을 수 없다.

문 : 만약 모든 좋은 행을 실천함도 없고 이룸도 없으면 해탈의 언약을 받을 수 있습니까.

답 : 받을 수 없다.

문 : 만약 이럴 때에는 무슨 법으로써 해탈의 언약을 받을 수 있습니까.

답 : 행함이 있음도 아니고 또한 행함이 없음도 아니면 곧 해탈의 언약을 받는다.

왜 그런가. 『유마경』에 '모든 행의 성품과 모습〔性相〕이 모두 다 항상함이 없다'고 하였으며, 『열반경』에서 '붇다는 가섭에게 모든 행이 늘 항상하다 하면 옳지 못하다'고 하였기 때문이다.

그대가 다만 온갖 곳에 물든 마음이 없으면 곧 모든 행도 없고 행함 없음도 없으니 이것을 '해탈의 언약 받음〔受記〕'이라 한다.

여기서 말하고 있는 '온갖 곳에 물든 마음이 없다〔一切處無心〕'는 것은 미움과 사랑의 마음이 없는 것이 이것이다.

미움과 사랑이 없다고 말하는 것은 좋은 일을 보고 사랑하는 마음을 일으키지 않는 것을 사랑의 마음이 없다고 하고, 나쁜 일을 보고 미워하는 마음을 일으키지 않는 것을 미워하는 마음이 없다고 한다.

사랑의 마음이 없는 것을 물든 마음이 없음이라 하니, 이것은 곧 물질의 성품이 공하기〔色性空〕 때문이다.

물질의 성품이 공하므로 경계에 대한 만 가지 생각함이 모두 끊어지는 것〔萬緣俱絶〕이니, 만 가지 생각함이 끊어지면 스스로 해탈을 이루게 된다.

그대는 자세히 살펴보라. 그리고 아직 또렷이 사무쳐 보지 못했으면 어서 빨리 물어서 세월을 헛되이 보내지 말라.

그대들이 만약 이 가르침을 의지해 실천해도 자기해탈을 이루지 못한다면, 내가 곧 이 몸을 마치도록 그대들을 위해 크나큰 지옥의 괴로움을 받을 것이다. 내가 만약 그대들을 속였다면 나는 태어나는 곳마다 사자와 범, 이리의 먹이가 될 것이다.

그러나 그대들이 가르침을 의지하지 않고 스스로 부지런히 실천하지 않는 것은 내가 알바 아니다.

한번 사람의 몸 잃어버리면 만겁에 돌이킬 수 없으니 힘을 쓰고 힘을 써 반드시 깨달아가야 할 것이다.

問 若有修一切諸行 具足成就 得受記否 答 不得

問 若以一切法無修得成就 得受記否 答 不得

問 若恁麼時 當以何法 而得受記 答 不以有行 亦不以無行 卽得受記 何以故 維摩經云 諸行性相 悉皆無常 涅槃經云 佛告迦葉 諸行是常 無有是處

汝但一切處無心 卽無諸行 亦無無行 卽名受記 所言一切處無心者 無憎愛心是 言無憎愛者 見好事不起愛心 卽名無愛心也 見惡

事亦不起憎心 卽名無憎心也

無愛者 卽名無染心 卽是色性空也 色性空者 卽是萬緣俱絶 萬緣俱絶者 自然解脫

汝細看之 若未惺惺了時 卽須早問 勿使空度 汝等若依此教修不解脫者 吾卽終身爲汝受大地獄 吾若誑汝者 吾當所生處 爲師子虎狼所食 汝若不依教 自不勤修 卽不知也

一失人身 萬劫不復 努力努力 須合知爾

해설

실천하여 얻을 것이 있다 하면 행할 것이 있고 얻을 것이 있으므로 붇다로부터 해탈의 언약을 받을 수가 없고, 실천하여 얻을 것이 없다 해도 허무에 빠져 놓아지내는 것이므로 붇다로부터 해탈의 언약을 받을 수가 없다.

창조적 인간은 모든 행이 항상함이 없으므로 취하지 않고, 나고 나는 모든 행이 남 그대로 남이 없으므로 모든 행을 버리지도 않아서, 행함도 없고 행하지 않음도 없게 되니 그러한 사람이 붇다로부터 해탈의 언약을 받게 된다.

창조적 인간은 모든 법이 나가 없지만 나 없음도 없고〔無我無無我〕 항상함 없지만 항상하지 않음도 없음〔無常無無常〕을 사무쳐 보아, 나라고 할 존재의 실체성에 갇혀 사물을 취하지도 않고 나 없음의 허무에 빠져 사물을 버리지 않는다.

그는 날이 다하도록 대상을 보되 보는 바가 없고 만나서 소리를 듣되 듣는 바가 없으니, 그가 바로 온갖 곳에 물든 마음이 없는 자이며 스스로 해탈을 이루어 붇다로부터 해탈의 언약을 받는 자이다.

스스로 해탈을 이루는 길 그것은 대중의 근기와 요구, 각기 다른 지향에 따라 그 원칙마저 바뀌는 삶의 길이 아니라〔無二亦無三〕, 존재의 연기적인 실상을 깨달아 중도의 삶을 사는 오직 하나인 생명의 길〔唯有一佛乘〕일 뿐이니, 어찌 함부로 놓아지내며 헛되게 세월을 보내 버릴 것인가.

깨달음의 한 길 속에서만 우리들 미망의 범부가 대주선사의 은혜를 갚고 삼세의 붇다를 친견하며 나와 뭇 삶들이 함께 해탈언덕에 오르는 기쁜 소식을 보게 될 것이다.

51. 스스로를 구제함〔衆生自度〕

이 논은 믿음 없는 이에게 전하지 말고 오직 견해를 같이하고 행함을 같이하는 이에게만 전해야 한다. 마땅히 앞에 있는 사람이 진실한 믿음이 있어서 감당하여 물러서지 않을 수 있는 사람인가 살펴서 이와 같은 사람에게만 설해 보여서 깨닫게 해야 한다.

내가 이 논을 지은 것은 붇다의 법에 인연 있는 사람을 위해서요, 세상의 헛된 이름과 이익을 구함이 아니다. 다만 모든 붇다가 설한 천 가지 경, 만 가지 논은 뭇 삶들이 어리석어 마음과 행동이 같지 않으므로 뭇 삶들의 삿된 생활을 따라 설한 것이어서 각기 차별이 있는 것이다.

그러나 맨 끝 해탈의 진리를 논한다면 다만 이것은 일이 닥쳐올 때 그것을 실체적인 것으로 받아들이지 않아서 온갖 곳에 물든 마음이 없음이니, 그렇게 하면 길이 고요함이 저 허공과 같아 깨끗함의 자취마저 없이 끝내 깨끗해져 스스로 해탈하게 된다.

그대는 세상의 헛된 이름을 구하지 말라. 입으로는 참되고 한결같은 진리를 말하면서도 마음은 원숭이처럼 날뛰면 곧 말과 행동이 서로 어긋나 스스로를 속임이 되는 것이니 마땅히 고통스런 삶의 길〔惡道〕에 떨어지게 될 것이다.

그리고 한 세상의 헛된 이름과 쾌락을 구하지 말라. 모르는 사이에 영겁의 재앙을 받게 되니 힘을 쓰고 힘을 써야 한다.

고통받는 뭇 삶들이 스스로 건지는 것[120]이요, 붇다가 해탈시켜주는 것이 아니다. 만약 붇다가 삶들을 구제해주는 것이라면 과거의 모든 붇다가 티끌 수처럼 많아서 뭇 삶들을 마땅히 모두 다 구제했을 것인데, 왜 우리들은 지금껏 나고 죽음의 고통바다에 흘러 다녀 붇다와 같은 해탈을 성취하지 못하고 있는가.

그러므로 고통 받는 삶들이 스스로 건지는 것이요, 붇다가 해탈시켜주는 것이 아닌 줄 반드시 알아야 한다. 힘을 쓰고 힘을 써서 스스로 실천하여 밖에 있는 붇다의 소외된 힘을 의지하지 말라. 그래서 경은 '진리를 구하는 자는 붇다에 집착해서도 구하지 말라[121]'고 말한다.

此論不傳無信 唯傳同見同行 當觀前人有誠信心堪任不退者 如是之人 乃可爲說示之令悟

吾作此論 爲有緣人 非求名利 只如諸佛所說千經萬論 只爲衆生迷故 心行不同 隨邪應說 卽有差別

知論究竟解脫理者 只是事來不受 一切處無心 永寂如空 畢竟淸淨 自然解脫 汝莫求虛名 口說眞如 心似猿猴 卽言行相違 名爲自誑 當墮惡道

莫求一世虛名快樂 不覺長劫受殃 努力努力

衆生自度 佛不能度 若佛能度衆生時 過去諸佛如微塵數 一切衆

---

120) 중생이 스스로 건짐 : 이 구절은 『수심요론(修心要論)』에 보인다. 또 『능가사자기(楞伽師資記)』「혜가전(慧可傳)」에서도 볼 수 있다.

121) 붇다에 집착해서 구하지 않음 : 『유마경』「부사의품」에 말한다. "법을 구하는 이는 붇다에 집착해서 구하지 않고 법에 집착해서 구하지도 않으며 승가에 집착해서 구하지도 않는다〔夫求法者 不着佛求 不着法求 不着衆求〕."

生 總應度盡 何故我等至今流浪生死 不得成佛

當知衆生自度 佛不能度 努力努力 自修莫기他佛力 經云 夫求法者 不著佛求

해설

대주선사는 이 단에서 돈오선이 제시하는 해탈의 실천이 신적인 구원의 길이거나 타율적인 삶의 길이 아니라 주체적인 자기 해탈의 길임을 보이고 있다. 그러나 주체적인 해탈은 자기만이 홀로 누리는 고립된 해탈의 길이라는 뜻이거나 사적 공간 안에서 일어나는 유아론적 해탈이라는 뜻이 아니다.

대주선사가 스스로 건짐〔自度〕이라 말함에서 그 스스로 이루어가는 해탈의 길은, 주체이되 주체가 아니며 객체가 아니되 객체 아님도 아닌 실상에의 복귀를 뜻하는 것이다. 그러므로 그처럼 스스로 해탈을 이루어가는 창조적 인간은 자기 진실에의 복귀가 여래에의 귀의가 되며, 중생에 대한 대비원력의 시현이 된다.

돈오문에서 주체적인 해탈은 자신의 창조적 실천을 통해 성취되고 자신의 생활 속에서 검증되는 해탈을 뜻하며, 참된 자기 진실에의 복귀가 법계회향이 되고 중생회향이 되는 해탈의 길이다. 남악혜사선사의 『법화경안락행의(法華經安樂行義)』는 그러한 주체적인 해탈의 길을 '대승의 단박 깨치는 길로서 스승 없이 스스로 깨쳐 빨리 붇다를 이루는 길〔大乘頓覺 無師自悟 疾成佛道〕'이라고 정의한다.

연기론적 해탈의 길, 돈오선이 제창하는 해탈의 길은 소외와 고통이 이미 실체가 아닌 곳에서 실로 이룸이 없이 이루어지는 해탈이다. 그러므로 그것은 늘 이르되 이르지 않고〔到不到〕 이르지 않되 이르며〔不到到〕 이르지 않되 이르지 않음도 아닌〔不到不到〕 해탈의 길인 것이다.

대주는 돈오선을 대중에게 일깨워주는 이 논의 저술이 결코 자신의 헛된 이익과 명예를 위함이 아니라 모든 이를 해탈의 길에 이끌어 들이기 위함이며 해탈을 더불어 사는 이웃에 넓히고 역사 속에 이어가기 위함임을 밝히고 있다.

그러므로 이 법문을 듣고 도리어 비방하거나 자신의 탐욕과 허위의식을 합리화하려는 이들에게는 가장 높은 진리의 길〔最上乘〕, 돈오선의 길을 설하지 말도록 당부한다.

『금강경』은 이 뜻을 '이 법은 오직 크나큰 진리의 수레 탈 뜻을 낸 자를 위해서 설하며, 가장 으뜸가는 실천의 수레 탈 뜻을 낸 자를 위해서 설한다〔爲發大乘者說 爲發最上乘者說〕'고 말한다.

52. 세상 사람들과 함께 하는 법〔共住法〕

문 : 앞으로 올 세상 가운데는 여러 가지 잘못된 사상에 물든 무리들이 많이 있을 것인데 그들과 어떻게 함께 머물러야 합니까.

답 : 다만 밝은 빛을 누그러뜨려 그들과 함께할 뿐 그 행동을 같이 해서는 안 된다. 곧 처소는 같이하되 머묾을 같이하지는 않으니, 경은 그 뜻을 '흐름을 따르되 성품은 늘 한결같다'고 말한다.

다만 진리를 배우는 사람들은 스스로 한 큰 일의 인연〔一大事因緣〕인 해탈의 일을 위하되 뒤늦게 배우는 사람들을 업신여기지 말고 그들을 붇다처럼 공경하고 배우며, 자신의 덕을 높이지 않고 남의 능력을 미워하지 않으며, 자신의 행동을 스스로 살피고 남의 허물을 들춰내지 않으면, 온갖 곳 어디서나 막히거나 걸림이 없게 되어 스스로 큰 기쁨을 얻게 될 것이다. 다시 게송으로 말한다.

욕됨 참음 으뜸가는 삶의 길이니
너니 내니 하는 마음 먼저 없애라.
일이 옴에 실로 그것을 받지 않으면
참다운 깨달음의 몸을 이루리.

問 於來世中 多有雜學之徒 云何共住

答 但和其光 不同其業 同處不同住 經云 隨流而性常也 只如學道者 自爲大事因緣解脫之事 俱勿輕末學 敬學如佛 不高己德 不疾彼能 自察於行 不恭他過 於一切處 悉無妨碍 自然快樂也 重說

偈云

忍辱第一道　先須除我人
事來無所受　卽眞菩提身

해설

중생의 삶은 세계를 의지해 세계를 마주하며, 다른 뭇 삶들과 어울려 살아가는 삶이니 어울림으로 주어지는 중생의 삶을 중생세간(衆生世間)이라 말하고, 중생이 의지하는〔依報〕 저 세계를 기세간(器世間)이라 말한다. 그리고 세계의 실상을 깨달아 해탈의 길에 들어선 여래의 삶을 지정각세간(智正覺世間)이라 함에 비해, 번뇌에 물든 중생세간은 다섯 가지가 흐린 악한 세상으로 표현한다.

곧 『법화경』은 허위의식과 탐욕, 갈등과 투쟁으로 가득찬 중생의 역사현실을 시대가 혼탁하고〔劫濁〕 사상이 혼란하며〔見濁〕 허위의식이 넘쳐나고〔煩惱濁〕 인간주체가 소외되며〔衆生濁〕 대중의 생활이 오염된〔命濁〕 험악한 상황〔五濁惡世〕으로 진단한다.

이처럼 장애와 곤란이 넘치는 역사현실을 창조적 인간은 어떻게 살아야 하며 어떻게 혼돈의 역사를 정토의 역사로 바꾸어 갈 것인가.

대주선사는 자신의 밝은 빛을 누그러뜨리고 날카로운 지혜의 칼날을 감추어 저 티끌 세상의 뭇 삶들과 함께 하되〔和其光 同其塵〕, 세상의 물든 흐름에 따라 가지 않고 투쟁과 혼돈의 역사 속에서 늘 생활의 안락과 평화를 지키며 삶의 청정성을 견지하라고 한다.

그 빛을 누그러뜨려 티끌과 함께한다는 말은 노자(老子) 『도덕경

(道德經)』 56장에 나오는 가르침이다.
『도덕경』은 말한다.

참으로 아는 자는 부질없이 말하지 않고
부질없이 말하는 자는 참으로 알지 못한다.
그 구멍을 막고
그 문을 닫으며
그 날카로움을 꺾고
그 나뉨을 풀며
그 빛을 누그러뜨리어
그 티끌에 함께 하니
이를 그윽이 함께 함이라 한다.
그러므로 가까이 할 수도 없고
멀리 할 수도 없으며
이롭게 할 수도 없고
해롭게 할 수도 없다.
귀하게 할 수도 없고
천하게 할 수도 없으므로
하늘 아래 귀함이 된다.[122]

노자 『도덕경』의 가르침은 거짓의 언어, 속임수의 정치가 넘치는 세상에서 지혜로운 이가 살아갈 삶의 길을 가르치고 있다.

---

122) 知者不言 言者不知
塞其兌 閉其門 挫其銳 解其紛 和其光 同其塵 是謂玄同
故不可得而親 不可得而疏 不可得而利 不可得而害 不可得而貴 不可得而賤 故爲天下貴

곧 스스로 거짓의 언어에 속지 않고 날카로운 지혜의 칼을 감추고 넘치는 빛을 누그러뜨려 세상에 함께하되 미망의 세상에 물들지 않음이, 참으로 말할 줄 알고 참으로 지혜로운 이가 미망의 세간에 잘 처하는 길이다.

그에 비해 불교에서 티끌세상에 함께하는 보디사트바의 길은 나고 죽음이 나고 죽음 아닌 곳에 보디나 니르바나의 이름이 세워지므로, 나고 죽음의 흐름에 따라가지 않되 머물러야 할 보디와 니르바나를 보지 않고 나고 죽음의 세간에 함께하며 세간을 지혜의 길로 이끄는 것이 티끌에 함께함이며 그윽이 세상에 하나됨의 길이다.

곧 나고 죽음이 나고 죽음이 아닌 줄 깨친 창조적 인간은 혼돈의 흐름 속에서 삶의 자주성을 지키고 청정성을 견지하되〔隨流認得性〕 다만 청정성에 머묾 없이 이웃과 세상에 빛을 전하고 뭇 삶들과 함께 손 맞잡고 해탈의 길을 더불어 걸어가야 하는 것이다.

그리하여 보살은 미망의 중생과 함께 바른 삶의 질서를 공유하고〔同戒和敬〕 바른 세계관을 공유하며〔同見和敬〕 가짐을 서로 나누고〔同利和敬〕 각자의 노동·언어·인식을 서로가 서로를 살려내는 공동체적인 노동·언어·인식〔身慈和敬·口慈和敬·意慈和敬〕으로 전환시켜가야 한다.

우리가 사는 이 세상을 참고 견디어야 한다는 뜻으로 사바(娑婆 : sabhā)라 하듯 이 세상은 온갖 욕됨을 참고 갖가지 시련 고난을 겪으며 앞으로 나아가야 할 곳이며, 보살은 나에게 욕됨을 주고 고난을 안겨주는 자까지 끝내 해탈의 품 안에 끌어들일 크나큰 원력으로 자신의 삶을 이끌어가는 것이다.

그러므로 대주선사는 지금 비록 미망 속에 있되 본디 보디의 빛을 여의지 않는 대중을 신뢰하고 대중을 붇다처럼 공경하며 온갖 욕됨을 참고 살아갈 때 깨달음의 몸을 이루게 된다고 말한다.

그러나 참으로 크게 참음〔大忍〕이란 다만 세상의 잘못과 불의를 그냥 눈감아 주고 덮어두는 자가 아니라, 불의와 잘못을 저지르는 자까지 진리의 품 안에 싸안는 크나큰 자비심으로 불의를 꾸짖고 불의의 세력을 진리의 편에 끌어들이는 자이다.

오탁의 세간 속에서 미망에 물듦 없되 니르바나에도 머묾 없이 고나의 세간에 함께하는 자가 보살인 것이며, 단박 모든 모습이 모습 아님을 깨닫되 모습 없음에 머묾 없이 모습을 모습 아닌 모습으로 돌려쓰는 자가 돈오선문(頓悟禪門)의 참된 수행자인 것이다.

53. 해탈의 삶을 노래로 보임

『금강경』에 '보살로서 나 없음의 법〔無我法〕을 통달한 자를 여래는 이 사람이야말로 참된 보살이라 한다'고 했으며, 또 '존재가 실로 있지 않으므로 취하지 않고 아주 끊어져 없지 않으므로 버리지 않아 길이 나고 죽음을 끊어 온갖 곳에 물든 마음이 없으면 바로 모든 붇다의 아들이라 이름한다'고 하였다.

그리고 『열반경』은 '여래는 니르바나를 얻어 길이 나고 죽음을 끊었다'고 하였다. 게로써 말한다.

나의 지금 뜻은 매우 넉넉하고 좋아서
남이 나를 욕할 때도 괴로워함이 없고
부질없는 말이 없이 옳고 그름 안 따지니
열반과 나고 죽음 서로 같은 길이로다.
나의 집안 근본종지 사무쳐 깊이 알면
본래부터 푸르고 검음 있지 않나니
허망한 온갖 생각 갖가지 분별들은
세상의 뭇 삶들이 모습 없는 참된 모습
깨달아 알지 못함인 줄 장차 알게 되리라.
그러므로 뒷세상 범부들께 말해주니
그대들의 마음속 우거진 풀 없애라.

그대의 지금 뜻은 매우 너그럽고 툭 트이여
부질없는 말 없고 일 없이 편안하며

고요하여 즐거웁고 묶임 없이 자유로워
동이나 서 어디 가든 어려움이 없도다.
하루해가 다하도록 말없이 고요하여
생각 생각 모습 없는 참된 진리 살펴보아
스스로 자유로운 삶의 길에 노닐며
남이 없는 법의 모습 지혜로 바로 보니
삶과 죽음 간섭하여 걸림 되지 않도다.

나의 뜻은 지금 매우 빼어나고 밝아서
세상의 거짓 속임 향해 가지 않으며
세상의 모든 영화 허망한 줄 알아서
헤진 옷 거친 밥에 주린 배 채우도다.
길에서 사람 만나 말을 거의 하잖으니
사람들은 날더러 어리석다 말하네.
밖으로 보인 모습 캄캄하고 무디나
안의 마음 유리처럼 맑고도 환하나니
라훌라의 그윽한 행에 말없이 하나됨은
그대들 범부들이 알 바가 아니로다.

나는 그대들이 참된 해탈의 길 깨달아 알지 못할까 걱정하여 이렇게 노래로써 그대들에게 다시 보여주는 것이다.

金剛經云 菩薩無我法者 如來說名眞是菩薩 又云 不取卽不捨 永斷於生死 一切處無心 卽名諸佛子 涅槃經云 如來證涅槃 永斷於生死 偈曰

我今意況大好　他人罵時無惱
無言不說是非　涅槃生死同道
識達自家本宗　猶來無有青皁
一切妄想分別　將知世人不了
寄言凡夫末代　除却心中藁草

我今意況大覺　不語無事心安
從容自在解脫　東西去易不難
終日無言寂寞　念念向理思看
自然逍遙見道　生死定不相干

我今意況大奇　不向世上侵欺
榮華總是虛誑　幣衣麤食充飢
道逢世人懶語　世人咸說我癡
外現瞪瞪暗鈍　心中明若瑠璃
黙契羅睺密行　非汝凡夫所知

吾恐汝等不會了眞解脫理　再示汝等

해설

참된 보살은 존재의 있는 모습을 실로 있지 않은 것으로 깨달았기 때문에 있는 모습을 취하지 않고, 존재의 참모습이 끊어져 아주 없음이 아니기 때문에 존재의 연기적 활동상을 버리지도 않는다.

대주선사가 게송에서 '마음 속 우거진 풀 없애기'를 당부한 것은 지혜의 눈으로 허위의식과 환상의 장애〔煩惱障〕 없애기를 당부함이며, '묶임 없이 자유로워 모든 곳에 난관 없음'은 소유와 대립에 막힌 활동의 장애〔業障〕가 사라졌음을 뜻하며, '삶과 죽음이 서로 간섭하여 걸리지 않음'은 모순과 대립으로 주어지는 삶 속에서 모든 소외와 질곡〔報障〕이 끊어졌음을 뜻한다.

그리고 '헤진 옷 거친 밥에 주린 배 채우는 생활'은 소유를 위해 끝없이 치달려가고 자기 것을 늘리기 위해 남을 억누르고 남의 것을 빼앗는 범부의 삶에 대해 가진 것을 모두 앞에 회향하는 창조적 무소유의 삶을 말한다.

다시 '안의 마음 환하나 밖의 모습 어둑하게 라훌라의 밀행을 짓는 것'은 대립과 투쟁의 역사 속에서 자신의 밝은 빛을 누그러뜨려 티끌 세상과 함께하며 지음 없이 해탈의 불사를 짓는 모습을 말한다.

돈오선의 수행자는 모습에 물든 허위의식을 버릴 뿐만 아니라 깨달음의 신비성마저 세우지 않으며 모습에 갇힌 어지러움을 버리지만, 동정일여, 숙면일여, 오매일여로 표시되는 단계론적 선정의 신비함마저 지양하여 끝내 나고 죽음 속에서만 나고 죽음 없음〔生死一如〕을 증득하는 자일 것이다.

어찌 그에게 산 속의 적막함이 머물러야 할 하나의 장으로 남아 있을 것이며, 역사현실의 혼란함이 피해가야 할 실체로서 남아 있을 것인가.

하나의 크게 열린 실천의 수레를 타려는 자, 그는 여섯 가지 객관 경계를 싫어하지 않는 자이다〔欲趣一乘 勿惡六塵〕.

제3부

제방문인참문어록

| 諸方門人參問語錄 |

제2부의 『돈오입도요문론』이 대주선사가 직접 단박 깨달아 해탈의 길에 들어서는[頓悟入道] 선의 종지를 저술한 것이라면, 제3부 『제방문인참문어록』은 여러 종[諸宗]의 종지를 따르는 이들이 묻는 바에 답변한 대주선사의 법문을 후학들이 기록한 것이다.

명나라 초기 묘협이 간행한 『돈오요문』에서 처음으로 앞의 『돈오입도요문론』과 상하 양권으로 합본되어 발간되었는데, 묘협본에서는 『제종소문어록(諸宗所問語錄)』으로 되어 있다.

본 『참문록』의 법신(法身)과 반야(般若)에 대한 사상은 그가 하택신회선사(荷澤神會禪師)의 강한 영향을 받고 있음을 나타내며, 천태지관(天台止觀)에 대한 그의 법문은 대주선사가 천태의 『마하지관(摩訶止觀)』에 정통하고 있음을 보여준다.

1. 월주의 큰 구슬〔越州大珠〕

스님이 처음 강서(江西)에 이르러 마조(馬祖)스님을 뵈니, 마조가 물었다.

"어디서 왔는가?"

"월주(越州) 대운사(大雲寺)에서 왔습니다."

"이 곳에 와 무슨 일을 하려 하는가?"

"이 곳에 와 불법을 구하고자 합니다."

"자기 집 보배 창고는 돌아보지 않고 집을 버리고 이리저리 좇아다니며 무엇을 하려는가? 나는 이 속에 한 물건도 없으니 무슨 불법을 구하겠는가?"

스님이 드디어 절을 하고 물었다.

"어떤 것이 혜해 자기 집안의 보배 창고입니까?"

마조가 대답했다.

"지금 나에게 묻고 있는 것, 이것이 그대의 보배 창고이다. 온갖 것이 다 갖추어져 빠지거나 모자람이 없고, 부리어 쓰면 자유로우니 어찌 밖을 향해 찾아 구할 것인가?"

스님이 그 말 끝에 크게 깨치고 자기의 머묾 없는 근본 마음을 알았으니, 따지고 헤아림으로 말미암은 것이 아니었다. 뛸 듯이 기뻐하면서 절하여 사례하고 6년 동안 마조스님을 섬겼다.

뒤에 은사의 나이가 늙어지므로 돌아가서 은사스님을 받들어 모셨다.

이에 자취를 감추고 쓰임새를 숨기며 겉으로는 어리석음과 더듬거림을 보이면서 『돈오입도요문론(頓悟入道要門論)』 한 권을 지었다.

그것을 법문(法門)의 조카인 현안(玄晏)이 가만히 밖으로 가져와서 마조스님에게 갖다 바치니, 마조스님이 보신 뒤 대중에게 말했다.

"월주에 큰 구슬(大珠)이 있는데 두렷이 밝은 빛이 환히 꿰뚫어 있으며, 자유로와 어디에도 가려 막히는 곳이 없다."

대중 가운데 스님의 성이 주(朱)씨임을 아는 이가 있어서 마조의 말씀이 스님을 뜻하는 것인 줄 서로 서로 미루어 알게 되어 모임을 짜 월주로 와서 대사를 찾아뵙고 의지하였다. 당시 사람들이 스님을 대주화상(大珠和尙)이라 불렀다.

師初至江西 參馬祖 祖問 從何處來 曰 越州大雲寺來

祖曰 來此擬須何事 曰 來求佛法

祖曰 自家寶藏不顧 拋家散走作什麼 我這裏一物也無 求什麼佛法

師遂禮拜 問曰 阿那箇是慧海自家寶藏 祖曰 卽今問我者 是汝寶藏 一切具足 更無欠少 使用自在 何假向外求覓

師於言下大悟 識自本心 不由知覺 踊躍禮謝 師事六載 後以受業師年老遽歸奉養 乃晦迹藏用 外示癡訥 自撰頓悟入道要門論一卷

法門師姪玄晏 竊出江外 呈馬祖 祖覽訖 謂衆曰 越州有大珠 圓明光透 自在無遮障處也

衆中有知師姓朱者 迭相推識 結契來越上 尋訪依附 時號大珠和尙也

덧붙이는 글

대주선사가 스승인 마조선사를 찾아가 깨달음을 얻고 『돈오입도요문론』 1권을 짓게 된 인연을 밝히고 있다. 마조는 남악회양선사의 제자이다. 덕이본 『육조단경』에는 인도 27조 반야다라존자가 마조에 대해 '한 망아지가 천하사람을 밟아 죽일 것이다〔一馬駒踏殺天下人〕'라고 예언하였다고 한다.

그러나 이는 아마 후대 오가칠종(五家七宗)의 법통이 세워진 뒤에 마조·황벽으로 이어지는 홍주종의 법통에 정통성을 부여하기 위해 붙여진 이야기일 것이다.

혜능선사(慧能禪師)를 달마선문의 육조로 현창하면서 달마남종을 선문의 중심으로 세워내고 돈오선(頓悟禪)을 사상적으로 크게 피력한 이는 하택신회선사(荷澤神會禪師)이다. 그렇지만 홍주종의 법통이 강화된 뒤에 하택신회선사는 지해종사(知解宗師)로 평가절하되었다.

본 『제방문인참문어록』의 주인인 대주선사는 비록 마조선사의 제자지만 돈오선의 주된 법문을 하택신회선사의 어록에 의지해 설하고 있으니, 하택·마조·대주·황벽선사에게 어찌 뒷대 법통주의자들처럼 법통에 관한 치우친 분별이 있었겠는가.

2. 한 법도 보일 것 없음〔無一法可示〕

스님이 배우는 이들에게 말씀하셨다.

"나는 선(禪)을 모른다. 아울러 한 법도 여러분들에게 보일 만한 것이 없다. 그러므로 그대들이 서서 기다리게 하고 싶지 않다. 이제 스스로 쉬어가기나 하라."

이때에 배우는 무리들이 점점 늘어서 밤낮으로 문을 두드려 법을 물음에, 마지못해 물음에 따라 대답을 하였는데 그 말씀이 걸림 없었다.

師謂學徒曰 我不會禪 竝無一法可示於人 故不勞汝久立 且自歇去
時學侶漸多 日夜叩激 事不得已 隨問隨答 其辯無碍

덧붙이는 글

선(禪)은 대상화된 지식으로 알 수 있는 것이 아니며, 삶 자체로서의 불법은 사물화된 모습으로 내보일 수 없다.

그러므로 대주선사는 선을 모른다고〔我不會禪〕 했으며, 혜능조사는 '나는 불법을 알지 못한다〔我不會佛法〕'고 했다.

그러나 이 모른다〔不會〕는 말 속에 실로 앎이 없되 알지 못하는 바 없는〔無知而無所不知〕 큰 뜻이 있으니 한 번 살펴볼 일이다.

3. 여래의 뜻〔如來義〕

이때에 법사(法師) 몇 사람이 와서 뵙고 말했다.
"한 가지 묻겠으니 대답해 주시지 않겠습니까?"
스님이 대답했다.
"깊은 못의 달 그림자를 마음대로 거둬잡겠는가."
"어떤 것이 부처입니까?"
"맑은 못에 얼굴을 대하고 있는 것, 그것이 부처가 아니고 누구겠소."
무리가 모두 아득하여 무슨 뜻인 줄 몰랐다.
잠자코 있다가 그 승려가 또 물었다.
"스님은 무슨 법을 말해 사람들을 제도하십니까?"
"나는 일찍이 한 법이라도 있어서 그것으로 사람을 제도하지 않았소."
"선사들 모두가 이렇군요."
스님이 되려 물었다.
"대덕(大德)은 무슨 법을 말해 사람을 제도하오?"
그 승려가 대답했다.
"『금강반야경』을 강의합니다."
"몇 번이나 강의하였소?"
"20여 차례 강의했습니다."
스님이 물었다.
"이 경은 누가 말한 것이오?"
그 승려가 대들며 말했다.

"선사는 서로 놀리십니까? 어찌 이것이 부처님의 말씀인 줄 모르신단 말이요."

스님이 말했다.

"부처님께서 '만일 여래가 설한 법이 있다고 하면 이는 부처를 비방함이 되는 것이니, 이 사람은 내가 말한 뜻을 알지 못한다'고 하였소. 그러나 만약 이 경을 부처님의 말씀이 아니라 하면 이것은 경을 비방하는 것이오. 대덕은 말을 해보시오."

그 승려가 대답이 없었다. 조금 있다가 스님이 물었다.

"경에 말씀하시기를 '만일 빛깔〔色〕로써 나를 보거나 음성으로 나를 구하면 이 사람은 삿된 길을 가는 자라 여래를 보지 못한다'고 하였으니, 대덕은 말해 보시오. 어느 것이 여래인가?"

그 승려가 대답했다.

"제가 여기에 이르러서는 도리어 미혹합니다."

"지금껏 깨침도 아니거니 무엇을 미혹했다 하오?"

그 승려가 말했다.

"선사께서는 자세히 설명해 주십시오."

스님이 말했다.

"대덕은 『금강경』을 20여 차례나 강의했다면서 도리어 여래를 모르고 있소."

그 승려가 절을 하면서 열어 보여주기를 청하니 스님이 말했다.

"여래라는 것은 바로 모든 법의 한결같은〔諸法如〕 뜻이라 했는데 어찌 잊어 먹었소?"

"그렇습니다, 그렇습니다. 여래란 바로 모든 법의 한결같은 뜻입니다."

"대덕이 그렇다고 하는 것은 또한 아직 그렇지가 못하오."

"경문에 뜻이 분명한데 어찌 그렇지 못합니까?"

"대덕은 한결같으오〔大德如〕?"

"예, 그렇습니다."

"나무와 돌도 한결같으오〔木石如〕?"

"그렇습니다."

"대덕의 한결같음과 나무와 돌의 한결같음은 같은가?"

"둘이 없습니다."

"대덕은 나무와 돌과 무엇이 다르오?"

그 승려가 대꾸가 없다가 찬탄하여 말하였다.

"이 뛰어난 분은 상대하여 문답하기 어려운 분이시오."

잠자코 있다가 다시 물었다.

"어떻게 큰 열반을 얻을 수 있습니까?"

"나고 죽음의 업을 짓지 않아야 하오."

"어떤 것이 나고 죽음의 업입니까?"

"큰 열반을 구하는 것이 나고 죽음의 업이며, 더러움을 버리고 깨끗함을 취하는 것이 나고 죽음의 업이며, 얻음이 있고 깨달음이 있는 것이 나고 죽음의 업이며, 상대하여 다스리는 문〔對治門〕을 벗어나지 못하는 것이 나고 죽음의 업이오."

"어떻게 해야 해탈할 수 있습니까?"

"본래 스스로 묶임이 없으니, 해탈을 구할 필요가 없소. 바로 쓰고 바로 행하면 일마다 평등함 없이 평등하게 될 것〔無等等〕이오."

그 승려가 말했다.

"선사 같으신 분은 실로 드물게 계시는 분입니다."

그리고는 절을 하고 물러갔다.

時有法師數人來謁曰 擬伸一問 師還對否 師曰 深潭月影 任意撮摩

問 如何是佛 師曰 清譚對面 非佛而誰 衆皆忙然

良久 其僧又問 師說何法度人 師曰 貧道未曾有一法度人

曰 禪師家渾如此 師却問曰 大德說何法度人 曰 講金剛般若經 師曰 講幾座來 曰 二十餘座

師曰 此經是阿誰說 僧抗聲曰 禪師相弄 豈不知是佛說也 師曰 若言如來有所說法 則爲謗佛 是人不解我所說義 若言此經不是佛說 則是謗經 請大德說看 僧無對

師少頃又問 經云 若以色見我 以音聲求我 是人行邪道 不能見如來 大德且道 阿那箇是如來 曰 某甲到此却迷去

師曰 從來未悟 說什麼却迷 僧曰 請禪師爲說 師曰 大德講經二十餘座 却不識如來 其僧再禮拜 願垂開示

師曰 如來者是諸法如義 何得忘却 曰 是 是 諸法如義

師曰 大德 是亦未是 曰 經文分明 那得未是

師曰 大德如否 曰 如 師曰 木石如否 曰 如 師曰 大德如同木石如否 曰 無二

師曰 大德與木石何別 僧無對 乃歎云 此上人者難爲酬對

良久却問 如何得大涅槃 師曰 不造生死業 對曰 如何是生死業 師曰 求大涅槃 是生死業 捨垢取淨 是生死業 有得有證 是生死業 不脫對治門 是生死業

曰 云何卽得解脫 師曰 本自無縛 不用求解 直用直行 是無等等

僧曰 如禪師和尙者 實謂希有 禮謝而去

덧붙이는 글

『금강경』을 강의하는 법사에게 대주선사는 여래가 『금강경』을 설한 바 있다고 해도 여래의 뜻을 모르는 사람이며 『금강경』이 여래의 말씀이 아니라 해도 여래의 뜻을 모른다고 가르친다.

여래에게 경을 설한 바 있다 하면 모습에 집착한 자일 것이요, 경이 여래의 말씀이 아니라 하면 경을 비방한 자가 될 것이다. 그리고 대주선사는 경전이 밝히고 있는 한결같음〔如如〕이 이것과 저것, 의식과 존재를 무차별적으로 통일하는 '하나의 있는 모습〔一合相〕'이 아니라 이것도 공하고 저것도 공하므로 이것은 이것 아닌 이것이며 저것은 저것 아닌 저것임을 밝히는 뜻이라고 풀이한다.

그리고 나고 죽음이 공한 줄 알지 못하고 나고 죽음 밖에 깨달음과 니르바나를 구하는 것이 바로 나고 죽음의 소외된 업이라 가르친다.

대주의 뜻으로 보면 물듦이 곧 공하고 중생의 번뇌가 본디 깨끗함인 줄 알지 못하고, 물듦을 끊고 깨끗함을 구하고 번뇌를 끊고 보디를 구함이 곧 나고 죽음의 업이 되는 것이고 묶임이 되는 것이니, 이 뜻을 『유마경』은 다음 같이 말한다.

> "부처님의 말씀과 같이 만약 스스로 얽매임이 있고서는 남의 얽매임을 푼다는 것은 있을 수 없으며, 만약 스스로 얽매임이 없다면 남의 얽매임을 풀어주는 것은 그럴 수 있는 것이다.
>
> 그러므로 보살은 마땅히 얽매임을 일으키지 말아야 하니, 어떤 것을 얽매임이라 하고 어떤 것을 풀림이라 하는가.
>
> 선정의 맛을 탐착하는 것이 바로 보살의 얽매임이요, 방편으로 나되 남이 없이 나는 것이 보살의 풀림이다."123)

---

123) 如佛所說 若自有縛 能解彼縛 無有是處 若自無縛 能解彼縛 斯有是處 是故 菩薩不應起縛 何謂縛 何謂解 貪着禪味 是菩薩縛 以方便生 是菩薩解

4. 온 세계가 부처〔徧境卽佛〕

어떤 수행자가 물었다.
"마음 그대로가 바로 부처라 하는데 어떤 것이 부처입니까?"
스님이 말했다.
"그대는 어느 것이 부처가 아니라고 의심하는가? 가르켜 내어 보아라."
대답이 없자, 스님이 말했다.
"통달하면 두루한 경계가 바로 부처요, 깨치지 못하면 길이 어긋나 멀어지리라."

有行者 問 卽心卽佛 那箇是佛 師云 汝疑那箇不是佛 指出看
無對 師曰 達卽徧境是 不悟永乖疎

덧붙이는 글

깨달으면 온 세계가 바로 부처란 뜻을 범신론적으로 이해하거나 우주가 하나인 부처의 나타남이라고 이해해서는 안 된다. 그 뜻은 구할 것이 없고 얻을 것이 없는〔不可得空〕 존재의 실상이 바로 붇다의 깨달음이므로, 바른 지혜일 때 온 세계가 모습 없는 참모습〔無相實相〕으로 드러남을 말한다.

아는 마음에 마음이 없고〔於心無心〕 아는 바 법이 법에 머물지 않은 줄〔法不住法〕 깨달으면, 마음과 법이 모두 두루 통한 진리의 경계〔圓通境界〕가 되는 것이지만, 깨닫지 못하면 곳곳이 막혀 걸림이 된다. 그러나 무엇이 막힘없는 부처의 경계이며, 그 어느 곳이 부처 아닌 것인가. 눈을 대고 살필 일이다.

5. 공에 떨어짐〔豈不落空〕

율사(律師)인 법명(法明)이 스님께 여쭈었다.

"선사들은 많이들 '공(空)'에 떨어집니다."

스님이 말했다.

"도리어 좌주(座主)들이 흔히 '공'에 떨어진다."

법명이 크게 놀라서 말했다.

"어떻게 '공'에 떨어집니까?"

스님이 말했다.

"경(經)과 논(論)은 종이와 먹으로 된 문자이다. 종이와 먹으로 된 문자란 모두가 공하고 설사 소리 위에다 이름〔名〕과 구절〔句〕 따위를 세운 법들도 바로 '공' 아님이 없다. 좌주들은 공한 가르침의 모습〔教體〕에 집착하여 걸렸으니, 어찌 '공'에 떨어지지 않았겠는가?"

"선사는 '공'에 떨어지지 않습니까?"

"'공'에 떨어지지 않는다."

"왜 '공'에 떨어지지 않습니까?"

"문자 등은 모두 지혜에서 생겼다. 지혜의 큰 작용〔大用〕이 나타난 것이니 어찌 '공'에 떨어졌다 하겠는가."

법명이 말했다.

"그러므로 한 법이라도 통달치 못한 것이 있으면 실달(悉達)이라 하지 못합니다."

스님이 말했다.

"율사는 '공'에 떨어졌을 뿐 아니라 낱말도 잘못 쓰고 있구나."

법명이 얼굴빛을 달리하여 물었다.

"어디가 잘못되었습니까?"

스님이 다시 말했다.

"율사는 중국과 인도의 말도 가리지도 못하면서 어떻게 강의했는가?"

"선사께서 법명의 잘못된 곳을 가르쳐 보여 주십시오."

"어찌 실달이라는 말이 범어(梵語)인 줄 알지 못하는가."

율사가 비록 잘못을 깨달았으나 아직도 마음에 분한 생각이 남아서 다시 물었다.

"경과 율과 논은 부처님의 말씀인데, 읽고 외워서 가르침대로 받들어 수행하는 이들이 왜 성품을 보지 못합니까?"

스님이 대답했다.

"미친 개는 흙덩이를 좇지만 사자는 사람을 무는 것과 같다. 경·율·논은 자성(自性)의 작용이요, 읽고 외우는 것은 자성의 법일 뿐이다."

법명이 다시 물었다.

"아미타불(阿彌陀佛)도 부모와 성이 있습니까?"

"아미타의 성은 교시가(憍尸迦)요, 아버지의 이름은 월상(月上)이요, 어머니의 이름은 '빼어나고 묘한 얼굴〔殊勝妙顔〕'이다."

"어떤 교문(敎文)에 나옵니까?"

"『다라니집(陀羅尼集)』에 나온다."124)

법명이 절을 하고, 찬탄하면서 물러갔다.

---

124) 『다라니집(陀羅尼集)』에 말하되 : 『다라니집』 제4권에 "아버지의 이름은 월상전륜성왕(月上轉輪聖王)이며, 그 어머니 이름은 수승묘안(殊勝妙顔)이며, 아들은 월명(月明)이라 한다"고 하였다.

有律師法明 謂師曰 禪師家多落空 師曰 却是座主家多落空

法明大驚曰 何得落空 師曰 經論是紙墨文字 紙墨文字者俱空 設於聲上建立名句等法 無非是空 座主執滯敎體 豈不落空

法明曰 禪師落空否 師曰 不落空 曰 何却不落空 師曰 文字等皆從智慧而生 大用現前 那得落空

法明曰 故知一法不達 不名悉達 師曰 律師不唯落空 兼乃錯用名言 法明作色問曰 何處是錯 師曰 律師未辨華竺之音 如何講說 曰 請禪師指出法明錯處 師曰 豈不知悉達是梵語耶 律師雖省過 而心猶憤然 (具梵語薩婆曷刺他悉陀 中國翻云一切義成 舊云悉達多 猶是訛略具語)[125]

又問曰 夫經律論 是佛語 讀誦依敎奉行 何故不見性 師曰 如狂狗趂塊 師子咬人 經律論是自性用 讀誦者是性法

法明又曰 阿彌陀佛有父母及姓否 師曰 阿彌陀姓憍尸迦 父名月上 母名殊勝妙顔 曰 出何敎文 師曰 出陀羅尼集 法明禮謝 讚歎而退

덧붙이는 글

있음을 있음으로 보는 자는 공을 공으로 보는 자이므로 있음에 집착한 자가 바로 공에 떨어진 자라 할 것이다. 경전의 언어가 연기된 것인 줄 모르고 문자의 모습에 집착한 자는 있음이 바로 공한 줄 모르는 자이므로 도리어 공에 빠진 자라 할 것이다.

그러나 경전의 언어가 연기된 것이므로 그 문자의 모습에 집착하지 않으나, 경전의 언어가 존재의 실상에서 일어난 것이므로 문자의

125) 범어를 갖춰보이면 '살바갈자타실타(薩婆曷刺他悉陀, Sarvārthasiddha)'이니, 중국말로 온갖 뜻이 이루어짐〔一切義成〕이다. 옛 번역에는 실달다(悉達多)라 했는데 갖춰진 단어를 잘못 줄인 것이다

모습을 버리지 않고 문자를 통해 깨달음에 이르는 자는 문자의 중도 실상을 본 자이므로 공에 빠지지 않는 자인 것이다.

그러므로 문자가 본디 공한 곳에 서서 해탈의 언교(言敎)를 세울 줄 아는 이가 공에 빠짐이 없이 문자의 모습이 있음도 아니고 없음도 아닌 중도상을 바로 본 자라 할 것이니, 남양혜충선사나 대주선사, 천태대사나 영가대사 같은 분이 그와 같은 분이라고나 할까.

6. 바뀜과 바뀌지 않음〔變與不變〕

어떤 삼장법사(三藏法師)가 물었다.

“진여(眞如)에도 달라지고 바뀜이〔變易〕이 있습니까?”

스님이 말했다.

“달라지고 바뀜이 있소.”

삼장이 말했다.

“선사는 잘못 알고 계십니다.”

스님이 도리어 삼장에게 물었다.

“진여가 있소?”

“있습니다.”

“만약 진여에 달라지고 바뀜이 없다면 당신은 반드시 범속한 승려로 그대로 있어야 하오. 그대는 듣지 못했소? 선지식은 세 가지 독〔三毒〕[126]을 돌리어 세 가지 깨끗한 계〔三聚淨戒〕[127]를 삼고, 여섯

---

126) 세 가지 독을 돌려 : 『관심론(觀心論)』에 “만약 어떤 사람이 그 본원(本源)을 끊으면 곧 뭇 흐름이 모두 쉬게 된다. 해탈을 구하는 사람이 세 가지 독을 삼취정계로 바꾸고 육적(六賊)을 육바라밀로 바꾸면, 스스로 길이 온갖 괴로움의 바다를 떠나리라〔若復有人 斷其根源則 衆流皆息. 求解脫者 能轉三毒 爲三聚淨戒 能轉六賊 爲六波羅密 自然永離一切諸苦〕”고 하였다.

127) 삼취정계(三聚淨戒) : 삼취계(三聚戒)라고도 한다. 계(戒)의 뜻을 적극적 보살행으로 넓힌 것이니, 섭율의계(攝律儀戒), 섭선법계(攝善法戒), 섭중생계(攝衆生戒)의 세 가지이다. 섭율의계란 악을 그쳐 그 몸가짐을 바르게 거두는 것이고, 섭선법계란 능동적으로 선행을 지어 세상의 복밭이 되는 것이며, 섭중생계란 널리 중생을 교화하고 거두어 함께 해탈의 길에 나아감이다.

가지 앎〔六識〕을 돌리어 여섯 가지 신통〔六識通〕으로 삼으며, 번뇌를 돌리어 보리로 만들고, 무명을 돌리어 큰 지혜〔大智〕를 만든다 하였는데, 만일 진여가 달라지고 바뀜이 없다면 삼장은 참으로 스스로 그러함에 따르는 외도〔自然外道〕요."

삼장이 말했다.

"만약 그렇다면 진여에 달라지고 바뀜이 있습니까.?"

스님이 대답했다.

"진여에 달라지고 바뀜이 있다고 집착하면 그것도 또한 외도요."

"선사는 아까까지는 진여에 달라지고 바뀜이 있다고 하시더니 지금은 또 달라지고 바뀜이 없다 하시니, 어떤 것이 꼭 맞는 말씀입니까?"

"만일 밝게 성품을 본 이라면 마니구슬〔摩尼珠〕이 빛을 나타내는 것 같아서, 달라진다 해도 맞고 달라지지 않는다고 하여도 맞소. 그러나 성품을 보지 못한 이는 진여가 달라진다는 말을 들으면 달라진다는 견해를 짓고, 달라지지 않는다는 말을 들으면 달라지지 않는다는 견해를 짓소."

삼장이 말했다.

"그러기에 이제 남종(南宗)은 실로 헤아릴 수 없는 줄 알았습니다."

有三藏法師 問 眞如有變易否 師曰 有變易

三藏曰 禪師錯也 師却問 三藏有眞如否 曰 有 師曰 若無變易 決定是凡僧也 豈不聞 善知識者能廻三毒爲三聚淨戒 廻六識爲六神通 廻煩惱作菩提 廻無明爲大智 眞如若無變易 三藏眞是自然外道也

三藏曰 若爾者 眞如卽有變易 師曰 若執眞如有變易 亦是外道 曰 禪師適來說眞如有變易 如今又道不變易 如何卽是的當

師曰 若了了見性者 如摩尼珠現色 說變亦得 說不變亦得 若不見性人 聞說眞如變 便作變解 聞說不變 便作不變解 三藏曰 故知南宗實不可測

덧붙이는 글

진여란 변화 밖에 있는 영원불변한 절대의 성품을 뜻하지 않는다. 진여란 일어나고 사라지는 세간의 모습이 실로 일어나고 사라짐이 없음을 뜻하니, 세간의 모습이 실체적으로 일어났다 사라진다고 생각하면 단견외도〔斷見〕가 될 것이요, 세간의 모습이 늘 변하지 않고 있다 하면 상견외도〔常見〕가 될 것이다.

천태의 표현으로 보면 달라짐은 연기됨이고 달라지지 않음은 공함이다. 그런데 연기이므로 공하고 공하므로 연기되는 것이라면, 달라진다 해도 중도를 보지 못한 것이며 달라지지 않는다 해도 중도를 보지 못한 것이다.

오직 아(我)와 무아(無我), 상(常)과 무상(無常)의 치우침을 함께 넘어선 자만이 달라짐과 달라지지 않음에 걸리지 않고 중도실상을 볼 수 있는 것이다. 『법화경』「방편품」은 이 뜻을 '연기되는 세간법이 진여법에 머물러 세간의 모습이 항상 머문다〔是法住法位 世間相常住〕'고 말한다.

다시 『법화경(法華經)』 안락행품(安樂行品)」은 항상함과 아주 없어짐이 모두 아닌〔不常不斷〕 중도실상을 '모든 법이 공하여 있는 바가 없어서 늘 머묾도 없고 일어나 사라짐도 없으니, 이것을 지혜로운 이가 가까이 할 곳이라 한다〔一切諸法空無所有 無有常住亦無起滅 是名智者所親近處〕'고 가르친다.

진여(眞如)가 변화하되 변하지 않음이여!

봄날 시냇가에 서서
흐르는 물이 이와 같이 흘러가고 흘러가
낮과 밤으로 그치지 않음을 보아야 하리.

春日溪邊 應看流水 如是逝往 不舍晝夜

7. 스스로 그러함보다 뛰어난 법〔過自然法〕

도가를 따르는 어떤 사람〔道流〕이 와서 물었다.
"세간에 스스로 그러한 도〔自然〕보다 더 뛰어난 법이 있습니까?"
스님이 대답했다.
"있다."
"어떤 법이 더 뛰어납니까?"
"스스로 그러함을 알 수 있는 것이다."
"그러면 원기(元氣)가 도입니까?"
"원기는 스스로 원기이고, 도는 스스로 도이다."
"만약 그렇다면 반드시 둘이 있겠습니다."
"앎에는 두 사람이 없다."
그가 또 물었다.
"어떤 것이 삿됨이고, 어떤 것이 바름입니까?"
스님이 대답했다.
"마음이 물건을 좇으면 삿됨이요, 물건이 마음을 따르면 바름이다."

有道流問 世間有法過自然否 師曰 有
曰 何法過得 師曰 能知自然者 曰 元氣是道否 師曰 元氣自元氣 道自道
曰 若如是者 則應有二 師曰 知無兩人
又問 云何爲邪 云何爲正 師曰 心逐物爲邪 物從心爲正

덧붙이는 글

도가(道家)에서 말하는 스스로 그러한 도〔自然道〕는 천지, 음양의 통일물로서의 우주의 도이다. 그러나 연기론에서 보면 주체가 인식할 수 없고 생활할 수 없는 절대의 도가 삶 밖에 따로 있는 것은 아니다. 인간을 초월한 것처럼 보이는 우주의 무한한 도마저 삶의 객관적 토대이자 삶의 활동으로 주어지는 도인 것이니, 주체적인 생활의 도가 그 무엇보다 크고 뛰어난 생명의 도인 것이다.

원기(元氣)란 모습 없고〔無像〕 이름 없는〔無名〕 도(道)가 생성의 힘으로 표출됨을 말한다. 곧 원기는 우주 인생의 순환과 운행을 포괄하는 원초적인 한 기운〔氣〕을 말하는데, 그것은 다양한 만물의 운동이 서로 동떨어져 있지 않다는 인식을 통해서 만물의 다양성 속에서 추상된 언어다.

그러므로 주체의 앎을 원기로 환원해서도 안 되고 객관적인 원기를 주체의 앎으로 환원하여도 안 되지만, 스스로 그러한 도와 원기가 함께 공한 줄 알면 도와 원기는 앎인 도와 원기이므로 열려진 생활의 도 가운데서 그 둘은 둘이 없는 것이다.

곧 도가(道家)에서 도(道)와 원기(元氣)는 모두 인간의 앎과는 관계 없이 스스로 그러한 생명의 원천을 가리키는 말이 되지만, 연기의 실상에서 보면 닫혀진 인연법(因緣法)도 스스로 그러한 진리〔自然法〕도 모두 바른 진리가 아니니, 『수능엄경』의 다음 가르침을 깊이 새겨보아야 하리라.

> "아난다여 네가 원래 알지 못하는구나.
>
> 여래장 성품 가운데, 성품이 물질인 참된 공과 성품이 공한 참된 물질이 청정하고 본디 그러하여 법계에 두루 하여 중생의

마음을 따르고 아는바 헤아림을 따른다. 업을 따라 나타나는데 세간은 알지 못해 실체적 인연(因緣)이라 하고, 스스로 그러한 성품〔自然性〕이라 의혹한다.

그러나 이는 알음알이의 마음으로 분별하여 헤아림이라 다만 말만 있고 도무지 진실한 뜻이 없다."[128]

128) 汝元不知如來藏中 性色眞空性空眞色 淸淨本然周遍法界 隨衆生心應所知量 循業發現世間無知 惑爲因緣及自然性 皆是識心分別計度 但有言說都無實義

8. 참된 공력

원율사(源律師)라는 이가 와서 물었다.
"화상께서는 도를 닦으실 때 도리어 공력을 쓰십니까?"
스님이 말했다.
"공력을 쓴다."
"어떻게 공력을 쓰십니까?"
"배고프면 밥을 먹고, 피곤하면 잠을 잔다."
"모든 사람들이 다 이와 같아서 스님처럼 공력을 씁니까?"
"같지 않다."
"왜 같지 않습니까?"
"저들은 밥 먹을 때에 밥을 먹지 않고 백 가지를 뒤져 살피고, 잠 잘 때에는 잠을 자지 않고 천 가지를 따져 헤아린다. 그러므로 같지 않다."
율사는 입을 다물었다.

有源律師 來問 和尙修道還用功否 師曰 用功
曰 如何用功 師曰 飢來喫飯 困來卽眠
曰 一切人總如是 同師用功否 師曰 不同 曰 何故不同
師曰 他喫飯時 不肯喫飯 百種須索 睡時不肯睡 千般計校 所以不同也 律師杜口

덧붙이는 글

깨친 이는 일어나되 일어남이 없는 행(行)의 참모습〔無住妙行〕을 쓰므로 하되 함이 없고 짓되 지음 없다. 그에 비해 범부들은 행위의 연기적 본질을 통달하지 못함으로써 함과 지음 속에 머묾과 대립이 있고 물듦과 소외가 있는 것이다.

그는 함이 있음이 곧 공한 줄 알므로 함이 있음을 다하지 않고 하되 함이 없으며, 함이 없음에 머물 함이 없음도 없으므로 함이 없음에 빠지거나 머물지 않는다.

그는 밥 먹을 때는 함이 없이 밥을 먹으며 잠을 잘 때는 실로 잠이 없이 잘 쉬는 자이다.

이처럼 지혜로운 삶의 길은 하되 함이 없으므로 함이 있음을 다하지도 않고 함이 없음에 머물지도 않는 것인데, 밤에 잠들지 않는 신아(神我)를 끌어안고 오매일여(寤寐一如)를 말하는 이들이 어찌 피곤하면 곧 잠자는 대주의 뜻을 알 것인가.

9. 법신과 반야〔法身·般若〕

온광대덕(韞光大德)이 물었다.

"선사께서는 스스로 태어나신 곳을 알고 계십니까?"

스님께서 대답했다.

"일찍이 죽지 않았는데 어찌 태어남을 논하겠소. 태어남을 알면 곧 바로 태어남에 태어나는 법이 없음이니, 나는 법을 여의고 남이 없음을 말함도 없는 것이오. 이에 조사께서도 '태어남 그대로 나지 않음이다'라고 하셨소."

"성품을 보지 못한 이도 이렇게 됩니까?"

"스스로 성품을 보지 못했을 뿐이지, 성품이 없는 것은 아니오. 무슨 까닭이겠소? 보는 것이 곧 성품이니, 성품이 없으면 볼 수 없소. 아는 것〔識〕이 곧 성품이므로 아는 성품〔識性〕이라 하고, 깨닫는 것이 곧 성품이므로 깨닫는 성품〔了性〕이 된다 하고, 만법을 내므로 법성(法性)이라 부르며, 또는 법신(法身)이라 이름하오.

마명조사(馬鳴祖師)도 '법이라 말한 것은 중생의 마음〔衆生心〕을 말함이다. 마음이 나면 온갖 법이 나고, 마음에 남이 없으면 온갖 법도 좇아 나옴이 없고 또한 이름도 없다'고 했소.

미혹한 사람은 법신이 모습이 없으나 사물에 응해 모습을 나타낸 줄 모르기 때문에 푸르고 푸른 대숲〔翠竹〕을 보고는 모두가 법신이라 하고, 우거져 핀 노란 꽃〔黃花〕이 모두 반야 아님이 없다고 하오. 노란 꽃이 반야라면 반야는 곧 뜻 없는 물건〔無情物〕과 같을 것이고, 푸른 대가 법신이라면 법신은 돌과 나무와 같을 것이오.

그렇다면 어떤 사람이 죽순(竹筍)을 먹으면 모두가 법신을 먹은 것이니, 이와 같은 말이야 어디 되새겨 기록해둘 필요나 있겠소? 얼굴을 마주하고서도 부처를 몰라 헤매어 기나긴 겁에 찾아 구하며, 전체의 법 가운데에서 헤매어 밖으로 찾고 있소. 그러므로 도를 아는 이는 다니거나 머물거나 앉거나 눕거나 바로 도 아님이 없고, 법을 깨달은 이는 가로로나 세로로나 자재하여 법 아님이 없소."

대덕이 또 물었다.

"태허공이 신령한 지혜를 낼 수 있습니까?

참마음이 선과 악의 경계를 생각합니까?

탐욕에 빠진 사람이 바로 도입니까?

옳고 그름에 집착하는 사람도 나중 마음이 통합니까?

경계를 접촉하여 마음을 내는 사람에게 선정이 있습니까?

고요함에 머무른 사람에게 지혜가 있습니까?

높은 체하고 남에게 오만한 사람에게 '나'가 있습니까?

'공함'을 집착하고 '있음'을 집착하는 사람에게 지혜가 있습니까?

글줄만을 찾아 깨닫기를 구하는 사람과 고행으로 부처를 구하는 사람과 마음을 떠나서 부처를 구하는 사람과 마음을 집착하여 부처라 하는 사람들을 모두 도라 할 수 있습니까?

선사께서 낱낱이 열어 보여주십시오."

스님이 대답했다.

"태허공은 신령한 지혜를 내지 못하고,

참마음은 선과 악의 경계를 생각하지 않으며,

탐욕을 깊이 좋아하는 이는 근기가 얕고,

옳고 그름을 서로 다투는 이는 통하지 못하며,

경계를 접촉하여 마음을 내는 이는 선정이 적고,

고요함에 빠져서 산 기틀을 잊은 이는 지혜가 가라앉고,

남에게 오만하고 높은 체하는 이는 '나'라는 생각이 강하고,
'공함'을 집착하고 있음을 집착하는 이는 모두 어리석고,
글줄을 찾아 깨치려 하는 이는 더욱 막히며,
고행으로 부처를 구하는 이는 모두 미혹되고,
마음을 떠나 부처를 구하는 이는 외도이고,
마음을 집착하여 부처라 하는 이는 바로 마구니가 되오."

대덕이 다시 말했다.

"만약 이와 같다면 반드시 마쳐 다하게 되면 아무 것도 없겠습니다."

스님이 말했다.

"마쳐 다함에 바로 대덕이오. 그러므로 마쳐 다함에 아무 것도 없는 것은 아니오."

대덕이 뛸듯이 기뻐하면서 절하고 물러갔다.

有韞光大德 問 禪師自知生處否 師曰 未曾死 何用論生 知生卽是無生法 無離生法說有無生 祖師云 當生卽不生

曰 不見性人 亦得如此否 師曰 自不見性 不是無性 何以故 見卽是性 無性不能見 識卽是性 故名識性 了卽是性 喚作了性 能生萬法 喚作法性 亦名法身

馬鳴祖師云 所言法者 謂衆生心 若心生故 一切法生 若心無生 法無從生 亦無名字

迷人不知法身無象 應物現形 遂喚靑靑翠竹總是法身 鬱鬱黃華無非般若 黃華若是般若 般若卽同無情 翠竹若是法身 法身卽同草木 如人喫筍 應總喫法身也 如此之言 寧堪齒錄

對面迷佛 長劫希求 全體法中 迷而外覓 是以解道者 行住坐臥 無非是道

悟法者 縱橫自在 無非是法

大德又問 太虛能生靈智否 眞心緣於善惡否 貪欲人是道否 執是執非人向後心通否 觸境生心人有定否 住於寂寞人有慧否 懷於傲物人有我否 執空執有人有智否 尋文取證人 苦行求佛人 離心求佛人 執心是佛人 此皆稱道否 請禪師一一開示

師曰 太虛不生靈智 眞心不緣善惡 嗜欲深者機淺 是非交爭者未通 觸境生心者少定 寂寞忘機者慧沈 傲物高心者我壯 執空執有者 皆愚 尋文取證者益滯 苦行求佛者俱迷 離心求佛者外道 執心是佛者爲魔

大德曰 若如是 應畢竟無所有 師曰 畢竟是大德 不是畢竟無所有

大德踊躍 禮謝而去

덧붙이는 글

불교에서 법신은 만유를 포괄하는 신적인 존재일 수 없다. 앎에서 앎을 떠난 반야를 통해 드러나는 모습에 모습 없는 실상이 법신이니, 법신이 반야의 모습 없는 바탕〔體〕이라면 반야는 법신이 모습 없되 모습 없음도 없으므로 드러나는 지혜〔相〕이며 해탈의 삶은 법신의 다함없는 쓰임〔用〕이다.

곧 법신·반야·해탈이 모두 삶의 실상과 해탈된 주체의 삶을 기술한 표현이니, 그 언어들을 주체의 삶과 무관하게 스스로 존재하는 절대적인 것을 기술한 언어로 보아서는 안 된다.

반야일 때 노란 꽃, 푸른 대는 모습 없되 모습 없음도 없는 법신으로 드러나니, 반야와 법신을 물활론적인 입장이나 범신론적인 입장으로 해석해서는 불교적 세계관과는 무관한 것이다.

그러므로 대주선사는 법신·반야를 주체적 삶의 세계로 보지 않고 절대관념론이나 범신론적으로 이해하는 잘못된 견해를 깨기 위해 '푸른 대숲이 법신이며 노란 꽃이 반야 아님이 없다'는 말을 부정한다. 그에 비해 남양혜충선사와 형계담연선사는 법신·반야를 주관관념론적으로 이해하는 치우친 견해를 깨기 위해 '노란 꽃, 푸른 대가 법신과 반야 아님이 없다'고 말한다.

그러나 저 세계가 마음인 세계이나 마음에 마음 없으며 중생의 뜻에 뜻 없음을 알면 대주선사와 남양선사의 두 말이 다르지 않음을 알 수 있다.

법신·반야에 관한 대주선사의 법문은 그대로 하택신회선사의 뜻을 다시 이끌어온 것이니, 『하택어록』은 말한다.

> "선배 큰스님들이 모두 '늘어선 푸른 대가 모두 법신이고 우거진 노란 꽃이 반야 아님이 없다'고 말하는데, 이제 선사는 왜 불성은 오직 온갖 유정에는 두루하지만 온갖 무정에게는 두루하지 않다고 하십니까."
>
> "어찌 늘어선 푸른 대로 공덕의 법신과 같다 할 것이며, 어찌 우거진 노란 꽃으로 반야의 지혜와 평등하다 할 것이오. 여래가 어느 경 가운데서 푸른 대, 노란 꽃에게 깨달음의 언약을 주었던가. 만약 푸른 대, 노란 꽃이 법신·반야와 같다면 이것은 바로 외도의 이야기요. 왜 그럴까요. 『열반경』에 분명히 글로 쓰여 있기를 '불성 없는 것은 바로 무정물이 이것이다'고 하였기 때문이오."[129]

---

129) 問曰 先輩大德皆言道 青青翠竹 盡是法身 鬱鬱黃花 等般若之智 若青竹黃花同於法身般若者 如來於何經中 說與青竹黃華授菩提記 若是將青竹黃華同於法身般若者 此卽外道說也 何以故 涅槃經云 具有明文 無佛性者 所謂無情物是也 (『하택어록』 30단)

10. 일없는 사람〔無事人〕

스님이 당에 올라〔上堂〕 이렇게 말했다.

"여러분은 다행히 스스로 저 일없는 사람을 좋아하면서도 괴롭게 죽는 업을 지어 칼〔枷〕을 짊어지고 지옥에 빠지려 하니, 무슨 짓들인가?

날마다 밤늦도록 바삐 쏘다니면서 참선을 하여 도를 배우며 불법을 안다고 말하는데, 이렇게 하면 더욱 어울려 함께 할 수 없을 뿐이다. 다만 이것은 빛과 소리를 좇아 달릴 뿐이니, 어찌 쉴 때가 있겠는가.

나〔貧道〕는 강서(江西) 화상〔馬祖〕이 '너의 자기 집 보배창고가 온갖 것을 다 갖추어서 부리어 씀에 자유로우니 밖에서 구할 것이 없다'고 하신 말씀을 듣고, 그로부터 한때에 쉬어버리고 자기의 보배를 몸을 따라 받아 쓰게 되었으니 참으로 쾌활하였다.

한 법도 취할 것이 없고 한 법도 버릴 것이 없으며, 한 법도 나고 사라지는 모습을 보지 않고, 한 법도 오가는 모습을 보지 않아서 온 시방세계에 한 작은 티끌이라도 자기집 보배 아닌 것이 없었다.

다만 스스로 자기의 마음을 자세히 살피라. 한 바탕의 삼보〔一體三寶〕가 항상 스스로 나타날 것이니, 의심하여 생각할 것이 없다. 찾아 생각하지 말고 찾아 구하지도 말라. 마음의 성품은 본래 청정한 것이다.

그러므로 『화엄경(華嚴經)』은 이렇게 말한다.

"온갖 법이 생겨나지 않고
온갖 법이 사라지지 않는다.

만약 이와 같이 바로 알면
부처님들이 늘 앞에 나타나시리."

또 『정명경(淨名經)』에서는 '몸의 참모습〔實相〕을 살피고, 부처를 살핌도 또한 그렇게 하라' 하였으니, 만일 소리와 빛깔을 따라 생각을 움직이지 않고, 모습과 얼굴을 따라 알음알이를 내지 않으면 저절로 일이 없이 될 것이다.

오래 서 있을 것 없다. 진중하라."

師上堂曰 諸人幸自好箇無事人 苦死造作 要擔枷落獄作麼 每日至夜奔波道我參禪學道 解會佛法 如此轉無交涉也 只是逐聲色走 有何歇時

貧道聞江西和尚道 汝自家寶藏 一切具足 使用自在 不假外求 我從此一時休去 自己財寶 隨身受用 可謂快活

無一法可取 無一法可捨 不見一法生滅相 不見一法去來相 편十方界 無一微塵許不是自家財寶

但自子細觀察自心 一體三寶 常自現前 無可疑慮 莫尋思 莫求覓 心性本來清淨 故華嚴經云

一切法不生 一切法不滅
若能如是解 諸佛常現前

又 淨名經云 觀身實相 觀佛亦然 若不隨聲色動念 不逐相貌生解 自然無事去

莫久立 珍重

덧붙이는 글

모든 법이 인연으로 일어나기 때문에 일어남이 없고, 모든 법이 인연으로 사라지기 때문에 사라짐이 없는 줄 알면, 빛깔과 소리를 보고 듣되 빛깔과 소리에 따라가지 않고 늘 일하되 일이 없게 된다.

남이 없는 뜻〔無生義〕을 깨쳐 일이 없는 자, 그가 한 바탕의 삼보를 늘 친견하고 온 시방세계가 바로 자기 집안 보배 아닌 것이 없는 줄 아는 자이다.

일 없는 사람은 중생과 세계가 물속의 달과 같고 허깨비의 변화 같은 줄 살펴, 일하되 일이 없고 하되 함이 없는 사람이니 『정명경(淨名經)』은 말한다.

> 이때 문수사리보살이 유마힐에게 물었다.
>
> "보살은 어떻게 중생을 살핍니까."
>
> 유마힐이 말한다.
>
> "비유하면 환술사가 허깨비사람 보듯 보살이 중생 살핌도 이와 같소.
>
> 지혜로운 이가 물속의 달을 봄과 같으며, 거울 가운데 얼굴을 봄과 같으며, 더울 때 불꽃, 소리 지를 때 메아리, 허공 가운데 구름, 물속의 물방울덩이, 물위의 거품과 같이 보며, 파초가 굳셈 같이 보고, 번개가 오래 머묾과 같이 보며, 다섯 번째 물질의 요소와 같이 보며, 여섯째 쌓임〔六陰〕과 같이 보며, 일곱째 뜻〔七情〕, 열세 번째 들임〔十三入〕, 열아홉째 지위 계〔十九界〕와 같이 보나니 보살이 중생 살핌도 이와 같소."[130]

130) 爾時文殊師利問維摩詰言 菩薩云何觀於衆生 維摩詰言 譬如幻師見所幻人 菩薩觀衆生爲若此 如智者見水中月 如鏡中見其面像 如熱時焰 如呼聲響 如空中雲 如水聚沫 如水上泡 如芭蕉堅 如電久住 如第五大 如第六陰 如第七情 如十三入 如十九界 菩薩觀衆生爲若此

「관중생품」의 법문처럼 중생과 세 가지 모습을 물속의 달, 허깨비의 변화처럼 보면 함이 있음과 함이 없음, 나고 죽음과 니르바나의 이원성을 벗어나 둘 아닌 법문에 들어가니 『정명경』은 다시 이렇게 말한다.

정해보살이 말했다.

"함이 있음과 함이 없음이 둘이 되나 만약 온갖 숫자를 떠나면 곧 마음이 허공과 같아 깨끗한 지혜가 걸릴 바 없으니, 이것이 둘 아닌 법문에 들어감입니다."

나라연보살이 말했다.

"세간과 출세간이 둘이 되나 세간의 성품이 공한 것이 곧 출세간이라 그 가운데 들어가지도 않고 나가지도 않으며, 넘치지도 않고 흩어지지 않으면 이것이 둘 아닌 법문에 들어감입니다."

선의보살이 말했다.

"나고 죽음과 니르바나가 둘이 되나 만약 나고 죽음의 성품을 보면 곧 나고 죽음이 없어서 묶임도 없고 풀림도 없으며, 나지 않고 사라지지도 않소. 이와 같이 아는 자는 이것이 둘이 아닌 법문에 들어감이오.131)

---

131) 淨解菩薩曰 有爲無爲爲二 若離一切數則心如虛空 以淸淨慧無所礙者 是爲入不二法門 那羅延菩薩曰 世間出世間爲二 世間性空卽是出世間 於其中不入不出不溢不散 是爲入不二法門 善意菩薩曰 生死涅槃爲二 若見生死性則無生死 無縛無解不生不滅 如是解者 是爲入不二法門

11. 한 바탕의 삼보〔一體三寶〕

그날, 대중이 많이 모였다가 오래도록 흩어지지 않으니, 스님이 말했다.

"여러분, 왜 여기 머물러 떠나지 않는가. 나는 이미 얼굴을 마주 할 때에 서로 보여 주었다. 그래도 인정하지 못하는가. 무슨 의심할 일이 있는가? 마음을 잘못 쓰지 말라. 힘을 헛되이 쓸 뿐이다. 만일 그래도 의심 가는 뜻이 있거든 여러분에게 맡길 테니 마음대로 빨리 물으라."

그때 법연(法淵)이라는 스님이 물었다.

"무엇이 부처이며, 무엇이 법이며, 무엇이 승(僧)이며, 무엇이 한 바탕의 삼보〔一體三寶〕입니까? 스님께서는 보여 주십시오."

스님이 대답했다.

"마음이 부처이니 부처로써 부처를 구하려 하지 말라. 마음이 법이니, 법으로써 법을 구하려 하지 말라. 부처와 법이 둘이 없어서 늘 화합함이 승이니 이것이 한 바탕의 삼보이다.

경에서는 '마음과 부처와 중생, 세 가지는 차별이 없다'고 했으니, 몸과 입과 뜻이 깨끗하면 부처님이 세상에 나셨다 하고, 몸과 입과 뜻이 깨끗하지 못하면 부처님이 열반에 드셨다고 한다.

마치 성낼 때엔 기쁨이 없고 기쁠 때엔 성냄이 없듯이 오직 한마음뿐이어서 실로 두 몸이 없다. 근본 지혜의 법이 그러하니 샘이 없는 지혜〔無漏〕가 앞에 나타나게 된다.

마치 뱀이 바뀌어 용이 될 때에 그 비늘을 바꾸지 않는 것과 같이 중생이 마음을 돌려 부처가 될 때에 그 얼굴을 바꾸지 않는다. 성품이 본래 청정하므로 닦아서 이루는 것이 아니니, 깨침이 있고 닦음이 있다면 깨친 체하여 오만을 키우는 자〔增上慢者〕와 같은 사람이다.

참된 공〔眞空〕은 막힘이 없으니 응하여 쓰면 다함이 없고, 비롯함도 없고 마침도 없다. 날카로운 근기가 단박 깨달으면, 평등함이 없이 평등한 법〔無等等〕을 쓰게 되니 이것이 곧 위없는 깨달음〔阿耨菩提〕이다. 마음이 모습이 없는 것이 바로 미묘한 색신〔微妙色身〕이요, 모습 없음이 바로 참모습의 법신〔實相法身〕이요, 성품과 모습의 바탕이 모두 공한 것이 곧 허공처럼 끝없는 몸〔虛空無邊身〕이요, 만 가지 행〔萬行〕으로 장엄함이 곧 공덕의 법신〔功德法身〕이다.

이 법신은 만 가지 바뀜의 바탕이므로 곳을 따라 이름을 세운다. 지혜의 작용이 다함없으므로 무진장(無盡藏)이라 하고, 만 가지 법을 낼 수 있으므로 본법장(本法藏)이라 하며, 온갖 지혜를 갖추었으므로 지혜장(智慧藏)이라 하고, 만법이 한결같음에 돌아가므로 여래장(如來藏)이라 한다.

그러므로 경에서는 '여래라는 것은 모든 법이 한결같은 뜻〔諸法如義〕'이라 하였고, 또 '세간의 온갖 나고 사라지는 법이 한결같음에 돌아가지 않는 것이 없다'고 하였다.

此日大衆普集 久而不散

師曰 諸人何故在此不去 貧道已對面相呈 還肯休麽 有何事可疑 莫錯用心 枉費氣力 若有疑情 一任諸人恣意早問

時有僧法淵 問曰 云何是佛 云何是法 云何是僧 云何是一切三寶 願師垂示

師曰 心是佛 不用將佛求佛 心是法 不用將法求法 佛法無二 和合爲僧 卽

是一切三寶 經云 心佛與衆生 是三無差別 身口意淸淨 名爲佛出世 三業不淸淨 名爲佛滅度 喩如瞋時無喜 喜時無瞋 唯是一心 實無二體 本智法爾 無漏現前 如蛇化爲龍 不改其鱗 衆生廻心作佛 不改其面 性本淸淨 不待修成 有證有修 卽同增上慢者

眞空無滯 應用無窮 無始無終 利根頓悟 用無等等 卽是阿耨菩提

心無形相 卽是微妙色身 無相卽是實相法身 性相體空 卽是虛空無邊身 萬行莊嚴 卽是功德法身

此法身者 乃是萬化之本 隨處立名 智用無盡 名無盡藏 能生萬法 名本法藏 具一切智 是智慧藏 萬法歸如 名如來藏

經云 如來者卽諸法如義 又云 世間一切生滅法 無有一法不歸如也

덧붙이는 글

자신의 생활 밖에 따로 구할 붇다와 가르침과 승보가 없다. 다만 모습 없는 존재의 실상을 단박 깨달아 모습에 물든 모든 허위의식이 없으면, 자신의 삶이 바로 실상법신이고 미묘색신이며 허공처럼 끝없는 몸인 것이다.

마음은 마음인 마음이 아니라 세계인 마음이며 마음 아닌 마음이다. 마음 아닌 마음에 물든 번뇌가 있고 모습의 실체성이 있으면 중생이라 하고, 마음 아닌 마음의 실상이 온전히 실현되면 부처라 하니, 마음과 부처와 중생은 평등하게 차별이 없다.

이 뜻을 『화엄경』은 말한다.

마음은 화가와 같아서
갖가지 오음을 그려내나니

온갖 모든 세계 가운데
짓지 않는 법이 없도다.
마음처럼 부처도 또한 그렇고
부처처럼 중생도 그러하니
마음과 부처 중생
이 세 가지는 차별이 없다.
모든 부처님은 온갖 것이
마음 따라 구름을 깨달았으니
만약 이와 같이 바로 안다면
그 사람은 참된 부처님 보네.

心如工畵師　畵種種五陰
一切世界中　無法而不造
如心佛亦爾　如佛衆生然
心佛及衆生　是三無差別
諸佛悉了知　一切從心轉
若能如是解　彼人見眞佛

이렇게 보면 마음의 실상 밖에 부처님과 법과 승가가 없으니, 마음의 모습 없는 참모습이 법신(法身)이고, 법신의 머뭄 없는 바탕이 허공처럼 끝없는 몸〔虛空無邊身〕이며, 모습 있음도 모습 없음도 없음이 미묘한 색신이요, 미묘한 색신의 다함없는 작용이 공덕법신이다.

이 법신이 다시 여래장이며 다함없는 공덕의 창고이니, 이 여래의 공덕의 곳간에 돌아감이 바로 진리의 삼보 한바탕의 삼보에 돌아감이다.

12. 삼학의 하나됨〔三學平等〕

어떤 손님이 물었다.

"제자는 율사(律師)·법사(法師)·선사(禪師) 가운데서 어느 분이 가장 빼어난지 모르겠습니다. 화상께서는 자비로써 가르쳐 보여 주십시오."

스님이 대답했다.

"율사란 비니(毘尼 ; 계율)의 법장을 열어서 부처님의 살아있는 유풍(遺風)을 전하고, 지키고 범함〔持犯〕을 잘 꿰뚫어 알고, 열고 막음〔開遮〕을 사무쳐 통해, 위엄 있는 몸가짐을 갖추고 올바른 삶의 질서를 잘 행하여, 세 차례의 갈마(羯磨)[132]를 이루어서 네 가지 해탈의 과위(果位)[133]에 첫 원인을 지으니, 만일 오래도록 공덕을 쌓은 대덕〔宿德白眉〕이 아니면 어찌 감히 이렇게 나아갈 수 있겠는가?

법사란 사자의 자리에 걸터앉아 폭포 같은 웅변을 쏟고, 빽빽이 찬 많은 사람들을 마주해 현묘한 관문을 뚫어 주며, 반야의 묘한 문을 열어 주어 삼륜이 공한 진리의 보시〔三輪空施〕[134]를 고루 행하니,

---

132) 갈마(羯磨) : 갈마는 범어 karma의 소리 옮김으로 업(業)·소작(所作)·판사(辦事) 등으로 번역된다. 보통 수계(受戒)·참회·결계(結戒) 등 계율에 관한 의식을 할 경우에 의지(意志)를 몸의 동작과 말로 나타내어, 그에 따라 선을 생하고 악을 없애는 것을 맹세하는 작법이다.

133) 사과(四果) : 수다원(須陀洹), 사다함(斯陀含), 아나함(阿那含), 아라한(阿羅漢)의 네 가지 과위.

134) 삼륜이 공한 보시〔三輪空施〕 : 주는 자〔施〕 받는 자〔受〕 주는 물건〔物〕이 모두 공한 실상을 사무쳐 알아, 주되 줌이 없고 받되 받음이 없는 진리의 보시를 말한다.

용과 코끼리의 발걸음이 아니면 어찌 감히 이 일을 해낼 수 있겠는가.

선사란 진리의 요점〔樞要〕을 간추려서 마음의 근원을 바로 깨치고, 나고 들고 펴고 오므리며 가로세로 자유로이 사물에 응하며, 일과 이치를 모두 가지런히 하며, 단박에 여래를 보아 나고 죽음의 깊은 뿌리를 뽑아버리며, 바로 눈앞에 드러내는 삼매를 얻으니, 선정에 편안히 하여 생각을 조용하게 하지 않는 이는 모두 여기에 이르러서 반드시 어쩔 줄 모르게 된다.

기틀에 따라 법을 가르쳐 주는 것은 세 가지 배움〔三學〕이 비록 다르지만, 뜻을 얻고 말을 잊는다면 하나인 진리의 길〔一乘〕에서 무엇이 다르겠는가?

그러므로 『법화경』에서는135) 이 뜻을 다음 같이 말한다.

시방의 불토 가운데에는
오직 일승의 법만이 있고
이승이나 삼승은 있지 않다.
부처님의 방편설만 제외하나니
오직 거짓이름과 글자로
중생을 이끌어들인다.”

이에 손님이 말했다.

“화상께서는 깊이 부처님의 뜻을 통달하시고 걸림없는 변재를 얻으셨군요.”

그리고는 다시 물었다.

“유교·도교·불교 이 세 가르침은 같습니까, 다릅니까?”

스님이 대답했다.

---

135) 『법화경』「방편품」의 구절이다.

"국량이 큰 사람이 이를 쓰면 같고, 기틀이 작은 이가 이를 집착하면 다르다. 모두가 한 성품을 좇아 작용을 일으킨 것이니 기틀이 차별됨을 보므로 세 가지를 이루지만, 헤매임과 깨달음은 사람 때문이고 가르침의 다르고 같음에 있지 않다."

有客 問云 弟子未知 律師法師禪師 何者最勝 願和尚慈悲指示

師曰 夫律師者 啓毗尼之法藏 傳壽命之遺風 洞持犯而達開遮 秉威儀而行軌範 牒三番羯磨 作四果初因 若非宿德白眉 焉敢造次

夫法師者 踞師子之座 瀉懸河之辯 對稠人廣衆 啓鑿玄關 開般若妙門 等三輪空施 若非龍象蹴踏 安敢當斯

夫禪師者 撮其樞要 直了心源 出沒卷舒 縱橫應物 咸均事理 頓見如來 拔生死深根 獲現前三昧 若不安禪靜慮 到這裏總須忙然

隨機授法 三學雖殊 得意忘言 一乘何異 故經云 十方佛土中 唯有一乘法 無二亦無三 除佛方便說 但以假名字 引導於衆生

客曰 和尚深達佛旨 得無碍辯 又問 儒道釋三教 爲同爲異 師曰 大量者用之卽同 小機者執之卽異 總從一性上起用 機見差別成三 迷悟由人 不在敎之異同

덧붙이는 글

계학을 떠난 정학과 혜학이 없고 정학을 떠난 혜학과 계학이 없으며 혜학을 떠난 정학과 계학이 없다면, 계·정·혜의 세 가지 배움은 서로 떨어진 것이 아니고 서로 다른 법이 아니다.

또한 율사는 계학을 중심으로 불법을 실천하지만 참된 계는 정혜가 토대가 되어야 하며, 법사는 혜학을 통해 불법을 대중에게 연설하지만 선정과 계율이 함께 통일될 때 참으로 바른 진리의 보시를 행할 수 있으며, 선사는 정학을 통해 단박 진리의 실상을 사무쳐 깨닫지만 늘 선사의 선정은 혜학을 통해서만 얻어지고 혜학을 통해서 발현되며 계행의 공덕과 함께 하는 것이다.

율사와 법사와 선사가 지향하는 일승의 법에는 차별이 없지만 대중을 교화할 방편으로 말미암아 계·정·혜 삼학의 다른 이름이 벌어지는 것이다.

『법화경』은 하나인 진리의 길에서 방편의 도가 갈라지는 뜻을 '하나인 붇다의 진리의 수레에서 삼승을 분별한다〔於一佛乘分別說三〕'고 말하고, 비록 여러 가지 방편의 길을 보이지만 진리의 핵심은 다르지 않음을 '오직 하나인 붇다의 수레가 있을 뿐 이승도 없고 삼승도 없다〔唯有一佛乘 無二亦無三〕'고 말한다.

그러므로 가르침 따라 어떤 때는 선정으로 계와 지혜를 거두고, 어떤 때는 계로써 선정과 지혜를 거두며, 어떤 때는 지혜로써 선정과 계를 거두는 것이니, 『반야경』은 '반야바라밀이 다섯 바라밀을 이끈다'고 말하고, 『범망경』은 '이 계를 받으면 바로 붇다의 지위에 들어간다' 말하며, 혜사선사의 『제법무쟁삼매행문』은 '선정바라밀이 온갖 바라밀을 거둔다'고 말한다.

불교·유교·도교의 같고 다름에 대한 대주선사의 답변은 교설의 서로 다름에 착안한 답변이 아니라 그 궁극적 귀결처의 같음에 착안한 답변이다.

유교·도교 등의 가르침은 가르침이 일어날 때 시대대중의 요구와 역사적 상황이 다르므로 가르침의 강조점에 다름이 있고 가르친 이의 세계관에도 치우침이 있다.

그러나 큰 지혜의 눈을 떠서 가르침의 이론적 방향과 귀결처, 세계관의 치우침을 바로 아는 이는 치우침과 강조점의 차이에 떨어짐이 없이 인간의 해탈을 위해 그 가르침을 다시 쓸 수 있다. 다름이 실로 다름 아닌 다름인 줄 알 때 대중 속에서 같음을 쓸 수 있는 것이다.

13. 닦을 도가 없음〔無道可修〕

유식(唯識)을 강의하는 도광좌주(道光座主)가 물었다.
"선사께선 어떤 마음을 써서 도를 닦으십니까?"
스님이 대답했다.
"노승(老僧)은 쓸 마음도 없고, 닦을 도도 없소."
"이미 쓸 마음이 없고 닦을 도가 없다면, 왜 날마다 대중을 모아놓고 선을 배우고 도를 닦으라 하십니까?"
"노승에게는 송곳 꽂을 땅도 없는데 어느 곳에다 대중을 모았다 하며, 노승에게는 혀도 없는데 언제 사람들을 권했다 하오."
"선사께선 얼굴을 마주대고 거짓말을 하십니다."
"노승은 혀가 없어서 사람들에게 권장하지도 않았는데 어떻게 거짓말을 하겠소?"
"저는 선사께서 말씀하신 뜻을 알지 못하겠습니다."
"노승 스스로도 알지 못하오."

講唯識道光座主問曰 禪師用何心修道 師曰 老僧無心可用 無道可修 曰 旣無心可用 無道可修 云何每日聚衆 勸人學禪修道 師曰 老僧尙無卓錐之地 什麼處聚衆來 老僧無舌 何曾勸人來 曰 禪師對面妄語 師曰 老僧尙無舌勸人 焉解妄語 曰 某甲却不會禪師語論也 師曰 老僧自亦不會

덧붙이는 글

나의 마음으로 구할 도가 따로 있다면 붇다의 뜻이 아니다. 나날이 사는 나의 마음이 남이 없는 줄〔無生〕 아는 곳에서 생활 그 자체로서의 주체적인 삶의 도가 현전해 나오는 것이다.

번뇌가 본디 공한 줄 알면 번뇌를 끊기 위해 닦을 도가 없음이고, 삶의 고통이 공한 줄 알면 고제가 곧 법계라 얻을 열반이 없는 것이니, 지음 없는 사제〔無作四諦〕를 깨달아 쓰는 자는 끊음도 없고 닦음도 없고 얻음도 없이 위없는 도를 생각 생각 걸음걸음 온전히 쓰는 자이니, 무슨 쓸 마음이 있고 어디에 설할 법이 있겠는가.

설할 법이 없는 곳이 곧 대주선사의 다함없는 설법과 변재가 일어나는 곳이니, 이곳은 대주 노승만 모르는 것이 아니라 삼세의 모든 부처님도 알 수 없는 곳이다.

14. 만약 참성품을 본 사람이라면〔若見性人〕

화엄(華嚴)을 강의하는 지좌주(志座主)가 물었다.

"왜 푸르게 서있는 대숲이 모두가 법신이요, 우거져 핀 노란 꽃이 반야 아닌 것이 없다는 말씀을 인정치 않으십니까?"

스님이 대답했다.

"법신은 모습이 없는데 푸른 대에 응하여 형상〔象〕을 이루고, 반야는 앎이 없는데 노란 꽃을 마주하여 모습〔相〕을 드러내오. 저 노란 꽃과 푸른 대에 반야와 법신이 있는 것은 아니오.

그러므로 『금광명경』에서는 '부처님의 참된 법신은 허공과 같은데, 사물에 따라 모습을 나타내는 것이 물속의 달과 같다'고 하셨소. 노란 꽃이 만약 반야라면 반야는 뜻 없는 것〔無情〕과 같을 것이고, 푸른 대가 만약 법신이라면 푸른 대가 도리어 사물에 응해 작용할 수 있어야 할 것이오. 좌주여, 알겠소?"

"이 뜻을 모르겠습니다."

"성품을 본 사람은 그렇다 해도 되고, 그렇지 않다 하여도 되오. 작용에 따라 말해도 그러함과 그렇지 않음에 막히지 않는 것이오. 성품을 보지 못한 사람은 푸른 대를 말하면 푸른 대에 집착하고, 노란 꽃을 말하면 노란 꽃에 집착하며, 법신을 말하면 법신에 걸리고, 반야를 말하면 반야를 알지 못하오. 그러므로 모두 말다툼이 되는 것이오."

지좌주가 절을 하고 물러갔다.

講華嚴志座主問 何故不許青青翠竹盡是法身 鬱鬱黃華無非般若

師曰 法身無象 應翠竹以成形 般若無知 對黃華而顯相 非彼黃華翠竹而有般若法身也

故經云 佛眞法身 猶若虛空 應物現形 如水中月

黃華若是般若 般若卽同無情 翠竹若是法身 翠竹還能應用 座主會麼 曰 不了此意

師曰 若見性人 道是亦得 道不是亦得 隨用而說 不滯是非 若不見性人 說翠竹箸翠竹 說黃華箸黃華 說法身滯法身 說般若不識般若 所以皆成諍論

志禮謝而去

덧붙이는 글

법신(法身)과 반야(般若)는 주체의 삶을 초월한 보편자이거나 절대의 성품이 아니다. 반야일 때 드러나는 푸른 대의 모습이되 모습 아님을 법신(法身)이라 거짓 이름하였으니, 법신은 저 푸른 대의 있는 모습이 아니지만 모습 아님도 아니다.

그러므로 푸른 대가 그대로 법신이라 해도 안 되고, 푸른 대를 떠나 법신이 있다 해도 안 된다.

반야는 앎에서 앎을 떠났으므로 앎이 아니지만 앎 아님도 아니다. 그러므로 지금 앎으로 드러난 노란 꽃이 그대로 반야라 해도 안 되고, 노란 꽃을 떠나 반야가 있다 해도 안 된다.

다만 노란 꽃 푸른 대가 그것이되 그것 아닌 곳에 법신과 반야의 이름을 세웠으므로 다시 법신과 반야 또한 그것 아닌 그것인 줄 볼 수 있을 때 '노란 꽃 푸른 대가 반야 아님이 없고〔黃花翠竹無非般若〕 한 빛깔 한 냄새가 중도 아님이 없다〔一色一香無非中道〕'는 뜻을 알게 될 것이다.

15. 깨달은 사람〔見性悟人〕

어떤 사람이 물었다.

“마음을 가지고 수행하면 언제 해탈할 수 있겠습니까?”

스님이 대답했다.

“마음을 가지고 수행하는 것은 마치 미끄러운 진흙물로 때를 씻는 것과 같다. 반야는 현묘하여 본래 스스로 남이 없으니 큰 작용이 나타남에는 때와 철을 논하지 않는다.”

“범부도 이와 같을 수 있습니까?”

“성품을 본 사람은 곧 범부가 아니다. 최상승(最上乘)을 단박 깨쳐 범부도 뛰어넘고 성인도 뛰어넘는다. 헤매는 사람은 범부를 논하고 성인을 논하지만 깨달은 사람은 나고 죽음과 열반을 함께 뛰어넘는다. 헤매는 사람은 일을 말하고 이치를 말하지만 깨달은 사람은 큰 작용이 방위가 없다. 헤매는 사람은 얻음을 구하고 깨침을 구하지만 깨달은 사람은 얻음도 없고 구함도 없으며, 헤매는 사람은 먼 겁을 기다려 증득하지만 깨달은 사람은 단박에 본다.”

人問 將心修行 幾時得解脫 師曰 將心修行 喩如滑泥洗垢 般若玄妙 本自無生 大用現前 不論時節

曰 凡夫亦得如此否 師曰 見性者卽非凡夫 頓悟上乘 超凡越聖 迷人論凡論聖 悟人超越生死涅槃 迷人說事說理 悟人大用無方

迷人求得求證 悟人無得無求 迷人期遠劫證 悟人頓見

덧붙이는 글

중생의 중생됨을 붙들어 쥐고 닦아 깨달음을 얻으려 하는 것은 진흙물로 때를 씻는 것과 같아 오랜 겁을 두고 닦아간다 하더라도 끝내 붇다의 땅에 들어갈 수 없을 것이다. 오직 중생의 중생됨이 본래 공하고 존재가 본래 남이 없는 줄〔無生〕 단박 깨달으면, 때를 사이에 두지 않고 붇다의 땅에 들어가 여래의 공덕을 현전의 생활 속에서 바로 쓰게 될 것이다.

견성법은 마음을 가지고 수행해서 해탈을 얻는 길이 아니라 마음이 곧 마음 아님을 바로 보아 범부와 성인을 한꺼번에 뛰어넘는 길이다.

『하택어록』 또한 다음 같이 말한다.

> "지금 성품을 본다고 말하는 것은 성품에 안과 밖이 없음이요. 만약 안과 밖으로 비춤 때문이라고 한다면 원래 망녕된 마음을 본 것이니 어떻게 성품을 보겠소.
>
> 경에 '만약 모든 삼매를 배운다면 이것은 움직임이지 좌선이 아니다'라고 하였소. 마음이 경계를 따라 흐르니 어떻게 선정이라 이름하겠소. 만약 이 선정이 옳다고 한다면 유마힐은 마땅히 사리불의 좌선〔宴坐〕을 꾸짖지 않아야 할 것이오."[136]

136) 今言見性者 性無內外 若言因內外照故 元見妄心 若爲見性 經云 若學諸三昧 是動非坐禪 心隨境界流 云何名爲定 若指此定爲是者 維摩詰卽不應訶舍利弗宴坐也 (『하택어록(荷澤語錄)』 10段)

16. 진리의 밥〔法喜禪悅之食〕

『유마경(維摩經)』을 강하는 좌주가 물었다.

"경에 이렇게 말했습니다.137)

'저 외도의 여섯 스승〔外道六師〕들이 그대의 스승이오. 그들로 인해 집을 나와 그들이 떨어진 곳에 그대도 따라 떨어져야 합니다. 그대에게 보시하는 것은 복밭〔福田〕이라 할 수 없으며, 그대에게 공양하는 이는 세 가지 나쁜 길에 떨어지게 되오.

부처를 비방하고 법을 헐며 승가의 숫자에 들지 않고, 끝내 열반을 얻지도 않아서 그대가 이와 같을 수 있으면 밥을 받을 수 있을 것이오.'

이제 선사께서는 밝게 풀어서 말씀해주십시오."

스님이 대답했다.

"육근(六根)을 두루 헤매는 자를 육사(六師)라 부르고, 마음 밖에서 부처 구하는 것을 외도(外道)라 하며, 보시할 물건이 있으면 복밭이라 할 수 없고, 마음을 내어 공양을 받으면 세 가지 나쁜 길에 빠짐이오.

그대가 부처를 비방할 수 있다면 부처에 집착하여 구하는 것이 아니고, 법을 비방할 수 있다면 법에 집착하여 구하는 것이 아니며, 승가의 숫자에 들지 않는다면 승가에 집착하여 구하는 것이 아니요, 끝내 열반을 얻지 않는다는 것은 지혜의 작용이 눈앞에 드러난 것이오.

만일 이와 같이 아는 이가 있다면 그는 곧 법의 기쁨과 선정의 즐

137) 經云 : 『유마경』「제자품(弟子品)」에 보인다.

거움〔法喜禪悅〕인 진리의 밥[138]을 얻을 것이오."

維摩座主問 經云 彼外道六師等是汝之師 因其出家 彼師所墮 汝亦隨墮 其施汝者 不名福田 供養汝者 墮三惡道 謗於佛 毁於法 不入衆數 終不得滅度 汝若如是 乃可取食 今請禪師 明爲解說

師曰 迷徇六根者 號之爲六師 心外求佛 名爲外道 有物可施 不名福田 生心受供 墮三惡道

汝若能謗於佛者 是不箸佛求 毁於法者 是不箸法求 不入衆數者 是不箸僧求[139] 終不得滅度者 智用現前

若有如是解者 便得法喜禪悅之食

덧붙이는 글

외도의 62견이 지향하는 세계의 모습 밖에 붇다가 제시하는 연기중도의 세계가 따로 있지 않다. 62견 속에 담긴 허위의식이 본래 공한 줄 알면 62견이 여래의 해탈이다. 허위의식이 허위의식인 줄 아는 곳에 바른 견해가 있으니 외도의 여섯 스승〔外道六師〕이 바로 우리의 스승이다.

지혜가 밝힌 세계는 현실을 떠나 따로 있는 신비한 곳이 아니며,

138) 진리의 밥〔法喜禪悅之食〕: 번뇌에 물듦 없는 출세간의 밥〔出世間食〕이라고도 한다. 『관심론(觀心論)』에 설해진 다섯 가지 밥〔五食〕이 그것인데, 진리의 기쁨인 밥〔法喜食〕·선정의 기쁨인 밥〔禪悅食〕·생각의 밥〔念食〕·서원의 밥〔願食〕·해탈의 밥〔解脫食〕의 다섯을 말한다.

139) 不著佛求 不著法求 不著僧求: 이 세 구절은 모두 『유마경』「부사의품(不思議品)」에 있다

바른 견해를 강조함은 지혜를 통해 허위의식을 지양하고자 함이니, 외도의 견해가 본디 공한 줄 알아 외도가 떨어진 곳에 함께 떨어질 수 있어야 참된 보살이다.

보시하되 복을 짓는다는 모습이 없이 보시하고 공양하되 공양의 복을 받아들임이 없어야 참된 공양이니, 공양하는 모습이 있으면 선과 악을 벗어나지 못해 삼악도의 길에 떨어지게 되는 것이다. 그러므로 복을 짓되 지음도 없고 복을 받되 받음이 없이 삼악도가 공한 줄 알아 중생과 함께 삼악도에 떨어질 수 있어야 비로소 니르바나에 머묾 없이 해탈의 길을 걷는 자이다.

그리고 붇다, 달마, 상가의 모습에 집착함이 없이 신비화될 붇다의 모습을 쳐부수고 집착해야 할 법의 모습을 헐어버리며 고정화시킬 승가의 벽을 무너뜨리고 나고 죽음 밖에 니르바나를 구해 얻지도 않는 자, 그가 바로 진리의 공양을 받는 자이며 주는 자와 받는 자와 주는 물건에 걸림 없이 진리의 밥을 받아먹는 자이다.

『유마경』은 말한다.

> "저 사리불이여, 법을 구하는 자는 붇다에 집착해서 구하지 않으며 법에 집착해 구하지 않으며 승가에 집착해 구하지 않는다. 법을 구하는 자는 괴로움을 보아 구함이 없고 번뇌 끊어 구함이 없으며 열반 증득함과 도 닦음에 나아가 구함이 없다.
>
> 왜 그런가. 법에는 헛된 따짐이 없기 때문이다.
>
> 만약 내가 마땅히 괴로움을 보고 번뇌를 끊으며 열반을 증득하고 도를 닦는다고 말한다면 이는 헛된 따짐이라 법 구함이 아니다.
>
> 저 사리불이여, 법을 고요함이라 하는데 만약 나고 사라짐을

행하면 이는 나고 사라짐을 구함이지 법을 구함이 아니며, 법을 물듦 없음이라 하는데 만약 법에 물들면 이 법이 열반이라 해도 이는 물들어 집착함이지 법을 구함이 아니다."[140]

140) 唯舍利弗 夫求法者 不著佛求不著法求不著衆求 夫求法者 無見苦求無斷集求 無造盡證修道之求 所以者何 法無戲論 若言我當見苦斷集證滅修道 是則戲論 非求法也 唯舍利弗 法名寂滅 若行生滅 是求生滅 非求法也 法名無染 若染於法 乃至涅槃 是則染著 非求法也

17. 뜻길이 끊어진 진리의 길〔都無義趣〕

어떤 수행자(修行者)가 물었다.

"어떤 사람이 부처를 물으면 불(佛)이라 대답하고, 법을 물으면 법(法)이라 대답하면서 한 글자 법문〔一字法門〕이라 말하는데 이것이 옳은지 모르겠습니다."

스님이 대답했다.

"앵무새가 사람의 말을 배워도 제말은 못하는 것은 지혜가 없기 때문이다. 마치 물로써 물을 씻는 것 같고, 불로써 불을 태우는 것 같아서 도무지 아무런 뜻길〔義趣〕이 없는 것이다."

有行者問 有人問佛答佛 問法答法 喚作一字法門 不知是否

師曰 如鸚鵡學人語話 自語不得 爲無智慧故 譬如將水洗水 將火燒火 都無義趣

덧붙이는 글

반야는 앎에서 앎을 떠나고〔知而無知〕, 실상은 모습 밖에 따로 구할 진리가 아니라 모습에 모습 없고 말에 말 없음이 곧 실상이며 법계이다.

그러므로 반야지혜로 법계진리를 쓰는 자는 날이 다하도록 알되 앎이 없고 모습 속에서 모습을 떠나며 뜻이 공한 곳에서 뜻 없는 뜻을 씀이 없이 쓰니, 마음 가는 곳이 끊어지고 말길이 끊어지며 도무지 뜻길이 없는 것이다.

마치 물로써 물을 씻고 불로써 불을 태움과 같으니 어디에서 말길과 뜻길의 자취를 찾을 것인가.

18. 말과 말귀〔言語〕

어떤 사람이 물었다.

"말〔言〕과 말귀〔語〕가 같습니까, 다릅니까?"

스님이 대답했다.

"하나다. 말이 구절을 이루는 것을 말귀라 하니, 영특한 변재가 거침없음〔滔滔〕이 마치 큰 강에 흐르는 물 같고, 빼어난 기틀이 널리 펼쳐짐〔疊疊〕은 마치 둥근 그릇에 구르는 구슬과 같다. 그러므로 만상(萬象)을 툭 통해 소리침이 폭포 같아, 뜻의 바다를 잘 가리어 나누면 이것을 말귀라 한다.

말이란 한 글자는 마음을 표현한 것이니, 안으로 그윽한 뜻을 나타내고 밖으로 묘한 모습을 드러낸다.

지혜로운 이는 만 가지 기틀이 흔들어도 어지럽지 않고, 맑음과 흐림이 뒤섞여도 늘 가려낸다.

(그러므로 지혜의 말에 대해서는) 제왕(齊王 ; 제선왕)도 오히려 대부(大夫)의 말을[141] 부끄러워하였고, 문수도 오히려 정명(淨名)의 말을 찬탄하였으니,[142] 요사이 보통사람들이야 어떻게 알 수 있

---

141) 제선왕이 대부의 말을 : 제나라 선왕〔齊宣王〕이 맹자의 충언에 자신을 반성하고 귀 기울여 들었던 일을 말한다. 『맹자(孟子)』 양혜왕(梁惠王) 하편에 있다.

142) 문수가 정명을 찬탄함 : 『유마경』 「불이법문품(不二法門品)」에서 문수보살이 유마거사의 말 없음〔無言〕에 대해 크게 찬탄한 것을 뜻하니, 『유마경』은 다음 같이 보인다.

> 이와 같은 여러 보살들이 각기 둘 아닌 법문을 설한 다음 문수사리보살에게 물었다.

겠는가."

人問 言之與語 爲同爲異

師曰 一也 謂言成句名語矣 且如靈辯滔滔 譬大川之流水 峻機疊疊 如圓器之傾珠 所以廓萬象號懸河 剖乎義海 此是語也

言者一字表心也 內著玄微 外現妙相 萬機撓而不亂 清濁混而常分 齊王猶慙大夫之辭 文殊尙歎淨名之說 今之常人 云何能解

덧붙이는 글

언어는 마음이 아니되 마음 아님도 아니고 세계가 아니되 세계 아님도 아니니〔不相應行法〕, 말과 말귀는 주체의 의식과 객관존재를 동시에 반영하고 동시에 싣고 있다. 그러므로 그 뜻을 대주선사는 말과 말귀가 안으로 그윽한 뜻을 나타내고 밖으로 묘한 모습을 드러낸다고 말한다.

말과 말귀는 의식과 존재를 통해 일어난 것이므로 지혜로운 이는

"어떤 것이 이 보살의 둘 아닌 법문에 들어감입니까."
문수사리보살이 말했다.
"제 뜻에는 온갖 법에 말이 없고 설함이 없으며 보임이 없고 앎이 없어서 모든 묻고 답함을 따르는 것이 둘 아닌 법문에 들어감이오."
이에 문수사리보살이 유마힐에게 물었다.
"우리들은 각기 설했는데 어진 이는 어떤 것이 보살의 둘 아닌 법문에 들어감이라 말하십니까."
그때 유마힐이 잠자코 말이 없으니, 문수사리가 찬탄해 말했다.
"좋고 좋소. 나아가 문자도 없고 말도 없으니, 이것이 참으로 둘 아닌 법문에 들어가는 것이오."

마음에서 마음을 떠나고 모습에서 모습을 떠나 만 가지 경계의 어지러움 속에 늘 고요하되 고요함에 머묾 없이 맑음과 흐림, 옳고 그름을 잘 가려낸다. 그러므로 말 속에서 말 없되 말 없음마저 없는 자가 진정으로 언어를 지양하여 언어를 옳게 쓰는 자이니, 그런 사람을 『금강경』은 '참된 말 하는 자〔眞語者〕이며 실다운 말 하는 자〔實語者〕'라 이름한다.

19. 마음이 곧 부처〔卽心是佛〕

원(源)율사가 물었다.

"선사는 늘 '마음이 곧 부처'라 말씀하시나 옳지 않습니다. 또 일지(一地)보살은 백 개의 부처님 세계에 몸을 나투고, 한 지위마다 열 배로 늘어나는데, 선사는 신통을 나투어 보십시오."

스님이 대답했다.

"사리(闍梨)께서는 스스로 범부요, 성인이요?"

"범부입니다."

"이미 범부인 스님이지만 이와 같은 경계를 물을 수 있군요. 경에 '그대 마음에 높고 낮음이 있으면143) 부처님의 지혜에 의지하지 않는 것이다'라고 말씀하신 것이 바로 이것이오."

율사가 또 물었다.

"선사는 매번 '도를 깨치면 앞에 드러난 이 몸으로 곧 해탈한다'고 말씀하지만 옳지 않습니다."

스님이 대답했다.

"어떤 사람이 일생 착한 일을 하다가 갑자기 남의 물건을 훔쳐 손에 넣으면 도적이 아니겠소."

"그렇다고 여깁니다."

"지금 바로 성품을 밝게 사무쳐 본다면 어찌 해탈을 얻지 못하겠

---

143) 마음에 높고 낮음이 있어 : 『유마경』「불국품(佛國品)」에 "그대의 마음에 높고 낮음이 있어 붇다의 평등한 지혜에 의거하지 않은 것이니 그 때문에 이 땅이 깨끗하지 못함을 볼 뿐이오〔仁者 心有高下不依佛慧故 見此土爲不淨耳〕"라고 하였다.

소."

"지금 바로는 꼭 그럴 수 없는 것이니 반드시 세 아승지겁을 지내야 얻을 수 있습니다."

"아승지겁이란 것이 수효가 있는 것이오?"

원율사가 소리를 지르면서 말했다.

"도적을 가지고 해탈에다 빗대니, 도리를 통할 수 있겠습니까?"

"사리(闍梨) 스스로가 도를 알지 못하면서 온갖 사람들이 아는 것을 막을 수 없으며, 스스로의 눈이 열리지 못했으면서 온갖 사람들이 사물 보는 것에 화낼 수 없는 것이오."

원율사가 얼굴을 붉히고 떠나면서 말했다.

"늙기만 했을 뿐, 도는 전혀 없으시오."

스님이 답했다.

"바로 걸어가는 것이 그대의 도(道 ; 길)이오."

源律師問 禪師常譚卽心是佛 無有是處 且一地菩薩 分身百佛世界 一地增於十倍 禪師試現神通看

師曰 闍梨自己是凡是聖 曰 是凡 師曰 旣是凡僧 能問如是境界 經云 仁者心有高下 不依佛慧 此之是也

又問 禪師每云 若悟道現前身便解脫 無有是處 師曰 有人一生作善 忽然偸物入手 卽身是賊否 曰 故知是也 師曰 如今了了見性 云何不得解脫 曰 如今必不可 須經三大阿僧祇劫始得 師曰 阿僧祇劫還有數否 源抗聲曰 將賊比解脫 道理得通否 師曰 闍梨自不解道 不可障一切人解 自眼不開 嗔一切人見物

源作色而去云 雖老渾無道 師曰 卽行去者是汝道

덧붙이는 글

중생의 고통과 소외가 공한 줄 알아 범부의 모습을 두지 않는 자는 따로 얻을 깨달음의 모습과 성인의 모습을 세우지 않는다.

그러나 범부의 모습을 두고 성인의 거룩한 모습을 밖으로 구하면 삼아승지겁을 닦아가도 끝내 범부의 모습을 없애지 못하고, 당장 범부의 질곡과 소외가 공한 줄 알면 눈앞의 몸으로 곧 해탈을 이루게 된다.

또 물듦과 깨끗함을 실체로 취하는 마음 때문에 사바국토가 다만 예토로 보이고 예토 밖에 따로 정토를 구하게 되지만, 물들고 깨끗함이 공한 부처님의 지혜로 보면 사바의 예토 밖에 상적광토(常寂光土)가 없는 것이다.

그러므로 『유마경』 「불국품(佛國品)」은 말한다.

> 나계범왕이 말했다.
>
> "어진 이여, 마음이 높고 낮음이 있어 부처님의 지혜에 의지하지 않으므로 이 땅이 깨끗하지 못함을 볼 따름이오. 사리불이여, 보살은 온갖 중생에게 모두 평등하여 깊은 마음이 청정하니 부처님의 지혜에 의지하면 곧 이 부처님의 땅이 청정한 줄 볼 수 있소."144)

---

144) 螺髻梵言 仁者心有高下 不依佛慧故 見此土爲不淨耳 舍利弗 菩薩於一切衆生 悉皆平等 深心淸淨 依佛智慧則能見此佛土淸淨

20. 지관(止觀)을 답함

지관(止觀)을 강의하는 혜(慧) 좌주가 물었다.

"선사는 마(魔)를 가릴 수 있습니까."

스님이 대답했다.

"마음을 일으키면 하늘 마〔天魔〕요, 마음을 일으키지 않으면 음마(陰魔)요, 일으켰다 안 일으켰다 하면 번뇌의 마〔煩惱魔〕이니, 나의 바른 법 가운데에는 이러한 일이 없다."

"한 마음으로 세 가지를 살핀다〔一心三觀〕는 뜻은 또 어떻습니까?"

"과거의 마음은 이미 지나갔고, 미래의 마음은 아직 이르지 않았고, 현재의 마음은 머묾이 없다. 그 가운데 다시 어떤 마음을 써서 살핌〔觀〕을 일으키겠는가."

"선사는 지관(止觀)을 알지 못합니다."

"좌주는 아는가."

"압니다."

"그러면 지자(智者)대사께서 말씀하시기를 '지(止)를 말해서 지를 깨뜨리고, 관(觀)을 말해서 관을 깨뜨린다. 지에 머무르면 생사에 빠지고, 관에 머무르면 정신이 혼란해진다' 하였으니, 이는 마음을 가지고 마음을 그침이 되는가? 다시 마음을 일으키어 살핌을 살핌이 되는가? 만일 마음 있음으로 살피면 이는 상견(常見)의 법이요, 마음 없음으로 살피면 이는 단견(斷見)의 법이요, 마음이 있기도 하고 없기도 하면 두 가지 치우친 견해를 함께 이루는 법〔二見法〕이 된다. 좌주는 자세히 말해 보라."

"이와 같이 물으시면 아무 말도 할 수 없습니다."

"그래서야 어찌 지관을 했다 하겠는가?"

講止觀慧座主問 禪師辨得魔否 師曰 起心是天魔 不起心是陰魔 或起不起 是煩惱魔 我正法中 無如是事

曰 一心三觀義又如何 師曰 過去心已過去 未來心未至 現在心無住 於其中間 更用何心起觀 曰 禪師不解止觀 師曰 座主解否 曰 解

師曰 如智者大師 說止破止 說觀破觀 住止沒生死 住觀心神亂 爲當將心止心 爲復起心觀觀 若有心觀 是常見法 若無心觀 是斷見法 亦有亦無 成二見法 請座主子細說看

曰 若如是問 俱說不得也 師曰 何曾止觀

덧붙이는 글

마음이 나되 남이 없으니 하늘 마〔天魔〕가 없음이요, 마음이 나지 않되 나지 않음도 없으니 음마(陰魔)가 없음이며, 마음이 나되 남이 없고 나지 않되 나지 않음도 없으니 번뇌마(煩惱魔)가 없음이다. 또 있음이 있음 아니므로 공함 또한 얻을 수 없고, 실로 있음과 실로 없음을 모두 얻을 수 없으니 공함을 살핌과 거짓 있음을 살핌과 중도를 살핌이 곧 한마음〔一心三觀〕이니, 한마음의 세 가지 살핌은 차제적이고 점차적인 관(觀)이거나 세 가지 그침〔三止〕과 분리된 들뜬 생각이 아니다.

곧 과거의 마음과 현재의 마음, 미래의 마음을 거두어 얻을 곳이 없는 줄 체달하여 고요할 때〔體眞止〕를 과거·현재·미래의 연기적 활동상이 공한 줄 살펴 드러냄이라 하니〔緣起卽空觀〕, 살핌은 늘 그침 그대로의 살핌〔卽止之觀〕이며 그침은 늘 살핌 그대로의 그침〔卽

觀之止〕이다.

이처럼 지관은 억지로 그치고 억지로 살펴 드러냄이 아니라 의식과 존재가 있되 있지 않음에 계합하는 것이 그침〔止〕이고, 없되 없지 않음에 계합하는 것이 살핌〔觀〕이라, 있음을 그치되 그칠 바 있음이 없고 공함을 살피되 살피는 바 공함이 없어서 그칠 때 그침이 없고 살피 때 살핌이 없다. 그러므로 천태선사는 지(止)를 말해 지(止)를 지양하고 관(觀)을 말해 관(觀)을 지양한다고 하였다.

사조 도신선사(道信禪師) 또한 천태선사의 뜻을 받아 선사(禪師)의 뜻을 다음 같이 말한다.

> 물었다.
> "어떤 것이 선사(禪師)입니까."
> 신선사가 말했다.
> "고요함과 어지러움에 괴롭힘 받지 않는 자가 곧 선(禪)을 좋아해 마음을 잘 쓰는 사람이다. 늘 그침에 머물면 마음은 가라앉고 오래 살핌에 머물면 마음은 흩어져 어지럽다."
> 『법화경』은 말한다.
> "부처님은 스스로 대승 머물러 그 깨쳐 얻은 법과도 같이 선정 지혜의 힘으로 장엄해 이로써 중생을 제도하도다."145)

---

145) 問 何者是禪師 信曰 不爲靜亂所惱者 卽是好禪用心人 常住於止 心則沈沒 久住於觀 心則散亂 法華經云 佛自住大乘 如其所得法 定惠力莊嚴 以此度衆生

21. 반야(般若)

어떤 사람이 물었다.
"반야는 큽니까?"
스님이 대답했다.
"크다."
"얼마나 큽니까?"
"끝이 없다."
"반야는 작습니까?"
"작다."
"얼마나 작습니까?"
"보아도 보이지 않는다."
"어디가 그렇습니까?"
"어디가 그렇지 않은가."

人問 般若大否 師曰 大 曰 幾許大 師曰 無邊際
曰 般若小否 師曰 小 曰 幾許小 師曰 看不見
曰 何處是 師曰 何處不是

덧붙이는 글

큰 것과 작은 것은 서로 상대하여 이름 지어진 것이므로 큰 것도 공하고 작은 것도 공하다. 반야의 눈은 큰 것이 큰 것 아닌 큰 것인 줄 사무쳐 보고 작은 것이 작은 것 아닌 작은 것인 줄 사무쳐 본다.

반야는 모든 모습이 아니므로 큰 것과 작은 것이 아니지만, 모든 모습이 아니므로 큰 것과 작은 것의 연기적인 대립상을 잘 살펴낸다. 반야는 모든 모습이 아니되 모습 아님도 아닌 참모습 자체이므로 크기로 보면 큰 모습보다 더욱 크고 작기로 보면 작은 모습보다 더욱 작다.

곧 반야일 때 세계의 실상이고 세계의 실상은 반야인 세계라 물질이 곧 공해 한량없으면 반야 또한 한량없으니, 이런 뜻을 『반야경』은 '물질이 한량없으므로 반야 또한 한량없다〔色無量故 般若無量〕'고 말한다.

22. 유마경의 말 없음〔維摩黙然〕

유마좌주가 물었다.

"경에 '여러 보살들이 각기 둘이 아닌 법문〔不二法門〕에 들어갔는데 유마거사는 잠자코 있었다'라고 하니, 이것이 마쳐 다한 뜻입니까?"

스님이 대답했다.

"마쳐 다한 뜻이 아니오. 성인의 뜻이 만일 다 했다면 제3권에서 또 무슨 일을 말하겠소."

좌주가 잠자코 있다가 말했다.

"선사께서는 아직 마쳐 다하지 않은 뜻을 설명해 주십시오."

"경의 제1권은 대중을 이끌어들여 십대 제자들의 집착된 마음을 꾸짖었고, 제2권은 보살들이 각기 둘이 아닌 법문에 듦을 말하여 말로써 말 없음을 나타냈고, 문수는 말 없음으로써 말 없음을 나타내니, 유마는 말 있음도 아니고 말 없음도 아니기 때문에 잠자코 있음으로 앞의 말들을 다 거두었소. 그러므로 제3권에선 잠자코 있음으로부터 말을 일으키고 다시 신통의 작용을 나타내셨다.146) 좌주여, 알겠소?"

"기이함이 참으로 이렇군요."

"이렇지도 않소."

"왜 이렇지 않소?"

---

146) 신통 작용을 나타냄 : 『유마경』「불이법문품(不二法門品)」 다음 「향적불품(香積佛品)」에서 유마거사가 '곧 삼매에 들어 신통력으로 여러 대중에게 보인 것〔卽入三昧 以神通力 示諸大衆〕'을 말한다.

스님이 말했다.

“다만 사람들의 집착된 뜻을 깨뜨리기 위하여 이렇게 말했을 뿐이오. 경의 뜻에 의하면 다만 물질과 마음이 공적하다고 말하여 본 성품을 보게 하고, 거짓된 행을 버리고 참된 행에 들도록 가르친 것이오.

언어와 종이 위에 쓴 문자를 향해 이리저리 헤아려 따지지 말고 오직 정명(淨名)이란 두 글자를 알면 되오. 깨끗함〔淨〕이란 본바탕이요 이름〔名〕이란 자취의 작용이니, 본바탕을 좇아 자취의 작용을 일으키고, 자취의 작용을 좇아 본바탕에 돌아가오. 본바탕과 작용이 둘이 아니며, 근본과 자취가 다르지 않소. 그러므로 옛 사람은 ‘근본과 자취가 비록 다르나 말과 생각 끊긴 참모습〔不思議〕은 하나’라고 했지만 그 하나도 하나가 아니오.

만일 정명(淨名)이란 두 글자도 거짓 지은 이름임을 알았다면 다시 무슨 마쳐 다함〔究竟〕이나 마쳐 다하지 않음을 말하겠소. 앞도 없고 뒤도 없으며, 근본도 아니고 끝도 아니며, 깨끗함〔淨〕도 아니고, 이름〔名〕도 아닌 것이오. 다만 중생의 본 성품이 말할 수 없고 생각할 수 없는 해탈임을 보였을 뿐이오. 만일 성품을 보지 못한 이는 몸을 마치도록 이런 이치를 보지 못할 것이오.”

維摩座主問 經云 諸菩薩各入不二法門 維摩默然 是究竟否 師曰 未是究竟 聖意若盡 第三卷更說何事

座主良久曰 請禪師爲說未究竟之意 師曰 如經第一卷 是引衆呼十大弟子住心 第二諸菩薩各說入不二法門 以言顯於無言 文殊以無言顯於無言 維摩不以言不以無言 故默然收前言語也 第三卷從默然起說 又顯神通作用 座主會麼

曰 奇怪如是 師曰 亦未如是 曰 何故未是

師曰 且破人執情 作如此說 若據經意 只說色心空寂 令見本性 教捨僞行入眞行 莫向言語紙墨上討意度 但會淨名兩字便得 淨者本體也 名者迹用也 從本體起迹用 從迹用歸本體 體用不二 本迹非殊 所以古人道 本迹雖殊 不思議一也 一亦非一

若識淨名兩字假號 更說什麽究竟與不究竟 無前無後 非本非末 非淨非名 只示衆生本性不思議解脫 若不見性人 終身不見此理

덧붙이는 글

참으로 언어를 지양하는 일은 말에 말이 없고 말 없음에 말 없음마저 없어야 한다. 유마회상의 여러 보살은 말로써 말과 말 없음이 둘 아닌 법문을 보였고, 문수보살은 일체법에 대해 묻고 답할 것도 없고 말할 것도 없음으로써 말과 말 없음이 둘 아닌 법문을 보였고, 유마거사는 말 없되 말 없음도 없는 침묵으로써 말과 말 없음이 둘 아닌 법문을 보여주었다.

연기중도의 삶에서는 인연으로 일어난 세속제(世俗諦)도 공하고 세속제의 공한 실상인 진제(眞諦)도 또한 공하여 속제와 진제가 부사의한 하나〔不思議一〕이다.

유마회상의 여러 보살들은 이에 말을 일으켜 나고 죽음과 열반, 함이 있음과 함이 없음, 말 있음과 말 없음이 둘 아닌 법문〔不二法門〕을 설했고, 문수보살은 비록 말하되 말함이 없고 말할 것이 없으며 묻고 답함이 없음으로 말 있음과 말 없음이 둘 아닌 법문을 설했다.

문수보살이 다시 유마거사에게 둘 아닌 법문〔不二法門〕에 들어감을 물음에 유마거사는 잠자코 말 없었으니, 이는 말 없음〔無言〕으로 부사의법계에 들어감을 보인 것이다.

유마의 말 없음은 다만 말 없음이 아니라 말 없되 말 없음도 없으므로 말 있음과 말 없음이 둘이 없어 부사의한 하나를 보인 것이다. 그러므로 유마거사는 말 없음으로부터 다시 말을 일으키고 신통을 일으켰으나 실로 말 일으킴도 없고 신통 보임도 없었으니, 말에 말 없는 근본과 바탕, 말 없되 말 없음도 없는 끝과 작용이 끝내 둘이 아닌 것이다.

그러니 문수보살이나 유마거사처럼 둘 아닌 법문에 들어간 이가 어찌 말 일으킨다고 그에게 실로 말함이 있고 잠자코 말 없다고 다만 말 없음일 것인가.

23. 공함의 참된 뜻

어떤 승려가 물었다.

"만 가지 법이 다 공하고 식의 참모습도 또한 그렇습니다. 마치 물거품이 한 번 흩어지면 다시는 합하지 못하는 것 같이, 몸이 죽으면 다시 살아나지 못합니다. 곧 이것은 공하여 없음이거니 어느 곳에 식의 성품이 있겠습니까?"

스님이 대답했다.

"거품이 물로 인하여 있으니 거품이 흩어지면 곧 물이 없다고 해야겠구나. 몸이 성품을 인하여 일어났으니 몸이 죽는다고 어찌 성품이 없어진다고 말하겠는가?"

"이미 성품이 있다고 하면 가져와 보십시오."

"그대는 내일 아침이 있으리라는 것을 믿는가?"

"믿습니다."

"나에게 내일 아침을 갖다 보여다오."

"내일 아침은 참으로 있는 것이나 지금은 얻을 수 없습니다."

스님이 말했다.

"내일 아침을 얻을 수 없지만 내일 아침이 없지는 않소. 그대 스스로가 성품을 보지 못했을지언정 성품이 없다고는 할 수 없소. 그대가 지금 옷을 입고 밥 먹으며, 다니고 머물고 앉고 눕고 함을 보며 얼굴을 마주 보면서도 알지 못하니, 참으로 어리석다 하겠소. 그대는 내일 아침과 오늘을 보고자 하오. 성품을 가지고 성품을 찾는 것과 다를 바 없으니, 만 겁을 지나도 끝내 보지 못할 것이오.

또한 소경이 해를 보지 못한다 해서 해가 없음이 아닌 것과 같소."

僧問 萬法盡空 識性亦爾 譬如水泡一散 更無再合 身死更不再生 卽是空無 何處更有識性 師曰 泡因水有 泡散可卽無水 身因性起 身死豈言性滅

曰 旣言有性 將出來看 師曰 汝信有明朝否 曰 信 師曰 我將明朝來看 曰 明朝實是有 如今不可得

師曰 明朝不可得 不是無明朝 汝自不見性 不可是無性 今見著衣喫飯 行住坐臥 對面不識 可謂愚迷 汝欲見明朝與今日 不異將性覓性 萬劫終不見 亦如有人不見日 不是無日

덧붙이는 글

지금 인연으로 주어진 나의 몸이 실로 있다는 집착 때문에 몸이 사라지면 아주 없다고 집착하게 된다. 인연으로 일어난 이 몸이 실로 있음 아닌 줄 알면 사라져도 사라짐이 없으니, 이 뜻을 대주선사는 몸이 죽는다고 성품이 없어지는 것이 아니라고 표현한다.

곧 대주선사는 인연의 모임이 흩어지면 비어 없음에 돌아간다는 단견(斷見)을 깨기 위해 몸이 사라져도 성품은 사라지지 않는다 했으니, 이 성품을 새로이 집착하면 이는 또다시 상견(常見)의 허물에 떨어지는 것이다.

인연으로 나므로 나되 남이 없으며 가되 감이 없음을 성품이 나지 않음이라 짐짓 이름한 것이니, 세간법은 사라지나 사라지지 않는 성품이 있다 말하면 이는 단견(斷見)·상견(常見)의 허물을 함께 짊어진 것이다.

단견·상견의 허물을 어떻게 벗어날 것인가.

『화엄경』의 다음 가르침을 자세히 살펴야 하리.

온갖 법은 실로 나지 않고
온갖 법은 실로 사라지지 않으니
만약 이와 같이 바로 안다면
모든 부처님이 늘 현전하리라.

一切法不生 一切法不滅
若能如是解 諸佛常現前

24. 설할 법이 없음〔無法可說〕

『청룡소(靑龍疏)』147)를 강하는 좌주가 물었다.

"경에는, '설할 법이 없음을 법을 설함'이라고 하였는데 선사는 어떻게 이해하십니까?"

스님이 대답했다.

"반야의 바탕이 끝내 다하여 깨끗하므로 한 물건도 얻을 수 없는 것을 법 없음〔無法〕이라 말하고, 반야의 비고 고요한 바탕 가운데 강가강 모래알 같은 작용을 갖추어 알지 못하는 일이 없는 것을 법을 설함〔說法〕이라 말하오. 그러므로 '설할 법이 없음을 법을 설함이라 한다'고 하였소."

講靑龍疏座主問 經云 無法可說 是名說法 禪師如何體會

師曰 般若體畢竟淸淨 無有一物可得 是名無法 卽於般若空寂體中 具河沙之用 卽無事不知 是名說法 故云 無法可說 是名說法

덧붙이는 글

법을 설할 것이 없다는 것은 말하는 주체와 말 듣는 자와 말 자체가 모두 꼭 그렇다 할 실체가 없음을 뜻한다. 그러나 주·객이 실체가 아니므로 주·객은 늘 새로운 자기생성을 통해 타자 앞에 자신을

147) 『청룡소(靑龍疏)』: 현종황제(玄宗皇帝)의 『금강경주(金剛經注)』에 청룡사 도인(道氤)이 거듭 주석한 것으로 『어주금강경선연(御注金剛經宣演)』이라고 한다.

열어주며, 법 설할 것이 없으므로 다함없는 언어적 실천이 생활 속에 일어나는 것이니 이것이 법을 설함이다.

곧 비록 말하되 능히 말함과 말할 것이 없으며, 능히 말함과 말할 것이 없으므로 다함없는 말이 일어나는 것이니, 설할 말 없음〔無法可說〕과 법 설함〔說法〕을 어찌 둘로 볼 것인가.

25. 무정이 부처라는 뜻〔無情是佛〕

『화엄경』을 강의하는 좌주가 물었다.

"선사는 무정(無情)이 부처란 말을 믿습니까?"

스님이 대답했다.

"믿지 않소. 만일 무정이 부처라면 산 사람이 마땅히 죽은 사람만 같지 못하고, 죽은 당나귀나 죽은 개도 응당 산 사람보다 나을 것이오. 경에 '부처님의 몸은 법신[148]이니, 계·정·혜를 좇아 생기고, 삼명(三明)과 육통(六通)을 좇아 생기며, 온갖 착한 법을 좇아 생긴다'고 말씀하셨는데, 만일 무정이 부처라고 말하면 대덕이 지금 당장 죽으면 마땅히 부처가 되어갈 것이오."

講華嚴座主問 禪師信無情是佛否

---

148) 부처님의 몸은 법신 : 『유마경』「방편품」에 유마거사는 문병 온 여러 대중에게 다음 같이 말한다.

"여러분들, 이 색신은 걱정거리라 마땅히 부처님의 몸을 즐거워해야 하오. 왜냐하면 부처님 몸은 법신이라 한량없는 공덕 지혜를 따라 나고, 계·정·혜·해탈·해탈지견을 따라 나며, 자비희사를 따라 나고, 보시 지계 인욕 유화 근행정진과 선정 해탈삼매와 다문지혜 여러 바라밀을 좇아 나며, 방편을 좇아 나고, 여섯 신통을 좇아 나며, 삼명을 좇아 나고, 삼십칠도품을 좇아 나며, 지관(止觀)을 좇아 나고, 십력 사무소외 십팔불공법을 좇아 나며, 온갖 착하지 않은 법 끊음을 좇아 나고, 온갖 착한 법 몸을 좇아 나며, 진실을 좇아 나고, 방일하지 않음을 좇아 나서, 이와 같은 한량없는 청정법을 좇아 여래의 몸을 내기 때문이요. 여러분 부처님의 몸을 얻어 온갖 중생의 병을 끊고자 하면 마땅히 위없고 바른 보디의 마음을 내야 하오."

師曰 不信 若無情是佛者 活人應不如死人 死驢死狗亦應勝於活人 經云 佛身者卽法身也 從戒定慧生 從三明六通生 從一切善法生 若說無情是佛者 大德如今便死 應作佛去

덧붙이는 글

선사가 무정이 부처라 함을 반대하는 것은 부처를 범신론적으로 보는 삿된 견해를 깨기 위함이다. 그러나 중생의 뜻 있음〔有情〕이 저 뜻 없는〔無情〕 세계를 매개해서 일어나고 저 객관 세계의 뜻 없음이 나의 뜻 있음 밖에 있는 것이 아닌 줄 알면 나의 뜻 있음도 공하고 저 세계의 뜻 없음도 공하다. 그러므로 뜻 있음이 공한 줄 모르면 유정이 부처라는 말도 틀리고, 뜻 없음이 공한 줄 알면 무정이 부처라는 말도 틀리지 않는다.

26. 경을 외우는 공덕

어떤 법사가 물었다.

“『반야경』을 받아 지니면 가장 공덕이 많다는 말을 스님께선 믿으십니까?”

스님이 대답했다.

“믿지 않는다.”

“그렇다면 『영험전(靈驗傳)』 10여 권이 모두 믿을 수 없겠습니다.”

“산 사람이 효성을 지니면 스스로 감응이 있는 것이요, 백골(白骨)이 감응이 있도록 해주는 것은 아니다. 경은 문자로서 종이와 먹이다. 종이와 먹으로 된 문자의 모습이 공(空)한데 어디에 영험이 있겠는가.

영험이란 경을 받아 지니는 사람이 마음을 씀에 있다. 그러므로 신그럽게 통하여 중생에 느껴 응함이 있는 것이다. 시험삼아 경 한 권을 가져다 책상 위에 올려놓아 보아라. 아무도 받아 지니는 이가 없다면 영험이 저절로 있을 수 있겠는가?”

有法師問 持般若經 最多功德 師還信否 師曰 不信

曰 若爾 靈驗傳十餘卷 皆不堪信也 師曰 生人持孝 自有感應 非是白骨能有感應 經是文字紙墨 文字紙墨性空 何處有靈驗 靈驗者在持經人用心 所以神通感物 試將一卷經 安著案上 無人受持 自能有靈驗否

덧붙이는 글

영험은 물자체로서의 경전 속에서 스스로 일어나는 것도 아니고 초월자가 인간 주체에게 내려주는 것도 아니다.

그리고 영험은 닫혀진 자아 속에서 일어나는 것도 아니고〔非自作〕 대상 속에서 오는 것도 아니며〔非他作〕 자아와 대상을 합한 곳에서 나는 것도 아니며〔非自他作〕 자아와 대상이 없이 저절로 일어나는 것도 아니다〔非無因作〕.

영험은 대상을 향한 주체의 막힘없는 부름〔感〕과 나를 향한 대상의 닫혀짐 없는 다가옴〔應〕이 하나될 때 일어난다. 영험은 공하므로 어디에도 없고 영험은 공하므로 어디에도 있다.

27. 반야를 등짐〔背却般若〕

어떤 승려가 물었다.

“온갖 이름과 법의 모습, 말과 침묵을 어떻게 회통해야 앞뒤가 없게 되겠습니까?”

스님이 대답했다.

“한 생각이 일어날 때 본래 모습도 없고 이름도 없는데 어찌 앞뒤가 있음을 말하겠는가? 이름과 모습이 본래 깨끗함을 깨닫지 못하므로 허망하게 앞뒤가 있음을 헤아리는 것이다. 대체로 이름과 모습이라는 빗장과 자물쇠는 지혜의 열쇠가 아니면 열수 없다.

중도란 병이 중도에 있고, 두 가지 치우친 갓〔二邊〕은 병이 두 가지 치우친 갓에 있다.

현재의 작용이 곧 평등함이 없이 평등한〔無等等〕 법신임을 알지 못하여, 헤매임과 깨달음, 얻음과 잃음처럼 보통사람들이 집착하는 법이 스스로 나고 사라짐을 일으키어 바른 지혜를 묻어버리는 것이다. 그러므로 어떤 이는 번뇌를 끊으려 하고 어떤 이는 보리를 구하면서 반야바라밀을 저버리는 것이다.”

僧問 未審一切名相及法相 語之與默 如何通會卽得無前後

師曰 一念起時 本來無相無名 何得說有前後 不了名相本淨 妄計有前有後 夫名相關鏁 非智鑰不能開

中道者病在中道 二邊者病在二邊 不知現用是無等等法身 迷悟得失 常人之法 自起生滅 埋沒正智 或斷煩惱 或求菩提 背却般若

덧붙이는 글

인연으로 일어난 온갖 법의 모습〔法相〕을 주체의 의식이 분별하여 온갖 이름을 세운 것이니, 법의 모습이 공한 줄 알면 이름이 고요해지고, 이름이 공한 줄 알면 법의 모습이 고요해져 앞뒤가 없게 된다. 그러므로 이름과 법의 모습이 본래 공해 깨끗한 줄 알면 말과 침묵, 법 있음과 법 없음의 대립물에 갇히지 않는다.

두 가지 대립물을 실체로 보기 때문에 중도를 세운 것이지 대립물에 그렇다 할 실체가 없는 줄 알면 중도에도 머무를 모습이 없다. 그러므로 대주선사는 머물 중도가 있는 줄 아는 자에게 병은 중도에 있고, 두 가지 치우친 가〔二 邊〕를 실체로 보는 자는 그 병이 두 가에 있다고 말한다. 이름과 모습이 공해 본래 깨끗한 줄 알며 두 갓〔二邊〕이 공해 머물 중도도 보지 않으면, 이름과 모습을 쓰는 현재의 작용 속에서 법신을 이루고 두 가〔二邊〕를 떠나지 않고 반야바라밀을 행하게 되는 것이다.

그러나 번뇌를 끊고 보디를 구하려 하거나 두 가〔二邊〕를 떠나 중도를 구하는 자는 스스로 반야를 등지고 바른 지혜를 묻어버리는 것이다.

28. 이름과 모습에 걸린 삶

어떤 사람이 물었다.

"율사들은 왜 선(禪)을 믿지 않습니까?"

스님이 대답했다.

"이치는 그윽하여 나타내기 어렵지만 이름과 모습은 지니기 쉽다. 참성품을 보지 못한 사람 때문에 믿지 않는다.

만약 성품을 본 이가 있다면 이를 붇다라 하는데, 붇다를 아는 사람이 비로소 믿어 들어갈 수 있다. 붇다가 사람을 멀리하는 것이 아니라 사람이 붇다를 멀리한다.

붇다는 마음이 짓는 것[149]인데, 미혹한 사람은 문자 속에서 찾는다. 깨친 사람은 마음에서 바로 깨닫고, 미혹한 사람은 원인을 닦아 결과를 기다린다. 깨달은 사람은 마음에 모습 없음을 요달하고, 미혹한 사람은 사물을 집착하고 실체로서의 나〔我〕를 지키어 '자기'라 하며, 깨달은 사람은 반야의 응하여 씀이 앞에 나타난다.

어리석은 사람은 '공함'과 '있음'을 집착하여 막힘을 이루며, 지혜로운 사람은 성품을 보아 모습이 신령스럽게 통해있음을 밝게 깨치고, 마른 지혜로 말재간만 피우는 이는 입이 지치고, 큰 지혜로 바탕을 사무쳐 깨친 이는 마음이 크고 편안하다.

보살은 사물을 접촉하면 지혜로 비추고, 성문은 경계를 겁내어 마

---

149) 이 마음이 부처를 지음〔佛是心作〕: 『관무량수불경』에 다음과 같이 말한다.

"이 마음이야말로 부처를 짓고, 이 마음이야말로 부처인 것이다〔是心作佛 是心是佛〕."

음을 어둡게 하며, 깨달은 사람은 날로 써도 남〔生〕이 없지만, 어리석은 이는 눈앞에 드러나도 붇다와 떨어져 버린다.”

人問 律師何故不信禪 師曰 理幽難顯 名相易持 不見性者 所以不信 若見性者 號之爲佛 識佛之人 方能信入 佛不遠人 而人遠佛 佛是心作 迷人向文字中求 悟人向心而覺 迷人修因待果 悟人了心無相 迷人執物守我爲己 悟人般若應用見前 愚人執空執有生滯 智人見性了相靈通 乾慧辯者口疲 大智體了心泰 菩薩觸物斯照 聲聞怕境昧心 悟者日用無生 迷人見前隔佛

덧붙이는 글

범부는 사물을 접촉하면 그것을 있는 것으로 집착하여 막히고, 성문은 사물을 접촉하면 사물을 도외시하거나 사물을 겁내어 마음의 문을 닫아버린다.

그러나 보살은 사물을 보되 사물에 물든 마음이 나지 않으며, 물든 마음이 나지 않되 사물을 늘 새롭게 주체화해낸다. 범부란 존재의 남이 있는 모습에 가려 참된 지혜의 눈을 가리는 자라면, 치우친 수행자는 존재의 있는 모습이 곧 공한 줄 모르고 있는 모습을 두려워하거나 있는 모습을 깨뜨려서 진여를 구하는 자이다. 보살은 존재의 남이 없는 참모습을 보아 사물과 나 사이에 막힘과 소외가 없이 살아가는 자이다.

그러므로 보살은 날이 다하도록 알되 앎이 없으며 날마다 쓰고 쓰되 남이 없으나, 어리석은 이는 눈앞에 부처님과 진리의 경계가 드러나도 진여를 등지고 부처님과 떨어져버린다.

29. 신통(神通)

어떤 사람이 물었다.

"어떻게 해야 신통을 얻습니까?"

스님이 대답했다.

"신그러운 성품이 영특하게 통하여 한량없는 세계에 두루하다. 산과 내, 석벽에 가고 오되 걸림이 없고, 찰나 사이에 만리를 가서 돌아와도 자취가 없다.

불이 태우지 못하고 물이 빠뜨리지 못한다. 어리석은 사람은 스스로 마음의 지혜가 없어서 사대로 뭉친 이 몸으로 허공을 날려고 한다.

경에 '모습을 취하는 범부에게 마땅함을 따라 말해준다'150) 하시니, 마음에 모습 없는 것이 곧 미묘한 색신(色身)이요, 모습 없음이 곧 실상(實相)이며, 실상의 바탕이 공한 것을 다시 '허공처럼 끝없는

---

150) 마땅함을 따라 설해줌 : 『법화경』 신해품」의 게송에 말한다.

모든 부처님들은 매우 드물게도
한량없고 끝이 없고 불가사의한
큰 신통력으로 샘이 있고 함이 없이
모든 법의 위없는 왕이 되시지만
중생 위해 낮고 못난 모습이 되어
이 모든 일을 견디어내며
모습 취한 여러 모든 범부에게
마땅함 따라 말씀하도다.
諸佛希有 無量無邊 不可思議 大神通力
無漏無爲 諸法之王 能爲下劣 忍于斯事
取相凡夫 隨宜爲說

몸'이라 하고, 만 가지 실천〔萬行〕으로 장엄했으므로 공덕의 법신〔功德法身〕이라 한다.

이 법신이 만 가지 실천의 근본으로서 작용에 따라 이름을 세우는 것이니, 진실로 말하면 다만 깨끗한 법신〔淸淨法身〕인 것이다."

人問 如何得神通去

師曰 神性靈通 徧周沙界 山河石壁 去來無碍 刹那萬里 往返無踪 火不能燒 水不能溺 愚人自無心智 欲得四大飛空 經云 取相凡夫 隨宜爲說 心無形相 卽是微妙色身 無相卽是實相 實相體空 喚作虛空無邊身 萬行莊嚴故 云功德法身 卽此法身 是萬行之本 隨用立名 實而言之 只是淸淨法身也

덧붙이는 글

무엇이 신통이며 어떻게 해야 신통을 얻는가.

모습 있는 이 몸으로 허공을 날고 산하석벽을 마음대로 지나간다 해도 아직 상대가 있고 막힘이 있고 의지함이 있으므로 참으로 신그럽게 통함이 아니다. 오직 모습이 모습 아님을 통달하여 구할 것이 없고 머물 것이 없고 취할 것이 없이 사는 자가 참으로 신그럽게 통한 자이며 허공처럼 끝없는 몸으로 만 가지 실천을 장엄한 자이다.

온갖 신통과 만 가지 실천의 바탕은 법신이다.

이 때 모습에 모습 없는 법신(法身)과 모습 없음도 없는 반야와 미묘색신, 한량없는 만행으로 장엄한 공덕법신과 해탈의 작용은 다만 그 씀을 떠나 이름을 달리한 것일 뿐 오직 하나인 청정법신일 뿐이다.

곧 모습 없는 실상의 공한 바탕이 허공처럼 끝없는 몸이라면, 실상의 바탕이 공하되 반야가 어둡지 않음이 마음에 모습 없는 지혜요 미묘색신이고, 미묘색신의 다함없는 작용이 공덕법신이다.

그러나 공덕법신의 다함없는 작용이 다시 적멸하여 곧 허공처럼 끝없는 몸이 되어 다만 하나인 청정법신이며, 법신·반야·해탈이 곧 부사의한 하나의 실상이 되는 것이다.

30. 업장 소멸(業障消滅)

어떤 사람이 물었다.

"한마음으로 바른 길을 실천하면 과거의 업장을 없앨 수 있습니까?"

스님이 대답했다.

"성품을 보지 못한 이는 없앨 수 없지만 성품을 본 이는 해가 서리와 눈을 비추는 것과 같다. 또 성품을 본 사람은 수미산같이 쌓인 풀더미를 한 별빛 같은 작은 불덩이를 써서 태울 수 있으니 업장은 마른 풀 같다면 지혜는 불과 같다."

"어떻게 해야 업장이 다한 것을 알 수 있습니까?"

스님이 대답했다.

"바로 눈앞에서 앞생과 뒷생의 일을 마음으로 통하게 되니 마치 마주 대하고 보는 것과 같다. 앞 부처님과 뒷 부처님은 만 가지 법이 때를 같이하니, 경은 이런 뜻을 '한 생각에 온갖 법을 알면 이것이 도량이니, 온갖 지혜를 성취했기 때문이다'라고 했다."

人問 一心修道 過去業障得逍滅否

師曰 不見性人 未得消滅 若見性人 如日照霜雪 又見性人猶如積草等須彌山 只用一星之火 業障如草 智慧似火

曰 云何得知業障盡 師曰 見前心通 前後生事 猶如對見 前佛後佛 萬法同時 經云 一念知一切法是道場 成就一切智故

덧붙이는 글

과거의 업이 있음이 아니므로 과거의 업이 그대로 현재로 오는 것이 아니고, 과거의 업이 없음이 아니므로 과거의 업이 아주 사라져 없어지는 것도 아니다. 업은 주·객 속에서 일어나지만 업 속에는 자아도 없고 세계도 없어서 업의 모습이 머물지 않으니, 업 속에 주·객의 대립이 있으면 업은 장애를 이루고 질곡을 이룬다.

한 생각에 업이 일어난 바가 없는 줄 알아 업을 취하지 않고, 업이 일어난 바가 없되 주·객을 매개해서 남이 없이 난 줄 알면 업을 버리지 않고 업 속에서 해탈을 이룬다.

업이 지혜를 통해 해탈의 업을 이루면 그 업을 보살의 만행이라 하고 보현의 광대한 행원이라 한다.

곧 업이 본디 공한 줄 알면 해가 눈과 세계를 녹이듯 업의 장애를 벗어날 수 있으며, 업이 공하되 공도 공해 공에도 머묾 없으면 온갖 지혜를 성취해 앞생과 뒷생의 일을 마음으로 통하게 되어 해탈의 업을 이루고 보살의 바라밀다를 이룬다.

『유마경』「보살품」은 말한다.

> "사제가 곧 도량이니 세간을 속이지 않기 때문이고, 십이연기가 도량이니 무명에서 나아가 늙고 죽음까지 모두 다함이 없기 때문이며, 모든 번뇌가 곧 도량이니 실상과 같음을 알기 때문이고, 중생이 곧 도량이니 나 없음을 알기 때문이며, 온갖 법이 곧 도량이니 모든 법이 공한 줄 알기 때문이고, 마 항복함이 도량이니 흔들려 움직이지 않기 때문이며, 삼계가 곧 도량이니 나아가는 바가 없기 때문이고, 사자 외침이 곧 도량이니 두려워하는 바가 없기 때문이며, 열 가지 힘·두려움 없음·함께하지 않

는 법이 도량이니 모든 허물이 없기 때문이고, 세 가지 밝음이 곧 도량이니 네 가지 걸림이 없기 때문이며, 한 생각에 온갖 법 아는 것이 곧 도량이니 온갖 지혜를 성취하기 때문이다.

이와 같이 잘 행하는 이여, 만약 마땅히 모든 바라밀로 중생을 교화한다면 모든 짓는 바와 발을 들고 발을 내리는 몸가짐이 모두 도량을 좇아 와 불법에 머묾을 알아야 한다."151)

151) 諦是道場不誑世間故 緣起是道場無明乃至老死皆無盡故 諸煩惱是道場知如實故 衆生是道場知無我故 一切法是道場知諸法空故 降魔是道場不傾動故 三界是道場無所趣故 師子吼是道場無所畏故 力無畏不共法是道場無諸過故 三明是道場無餘礙故 一念知一切法是道場成就一切智故 如是善男子 菩薩若應諸波羅蜜敎化衆生 諸有所作擧足下足 當知皆從道場來住於佛法矣

31. 해탈(解脫)

어떤 수행자가 물었다.

"어떻게 바른 법에 머무를 수 있습니까?"

스님이 대답했다.

"바른 법에 머묾을 구하는 것이 삿됨이다. 왜 그런가. 법에는 삿됨과 바름이 없기 때문이다."

"어떻게 해야 부처가 되겠습니까?"

"중생의 마음을 버리지 말고 다만 제 성품을 물들여 더럽히지 말라. 경에 '마음과 부처와 중생, 이 셋은 차별이 없다'고 하셨다."

"이와 같이 알면 해탈을 얻겠습니까?"

"본래 스스로 묶임 없으니 해탈을 구할 것 없다. 법은 언어와 문자를 뛰어 넘었으니 법수(法數)와 구절 속에서 구할 것이 아니요, 법은 과거·현재·미래가 아니니 인과 가운데서도 계합할 수 없고, 법은 온갖 것을 뛰어 넘었으니 그 무엇으로 빗댈 수 있지 않으며, 법신은 모습이 없으나 사물에 따라 형상을 나타낸다. 그러므로 세간을 여의고서 해탈을 구하지도 않는다."

有行者問 云何得住正法 師曰 求住正法者是邪 何以故 法無邪正故

曰 云何得作佛去 師曰 不用捨衆生心 但莫汚染自性 經云 心佛及衆生 是三無差別

曰 若如是解者 得解脫否 師曰 本自無縛 不用求解 法過語言文字 不用數句中求 法非過現未來 不可以因果中契 法過一切 不可比對 法身無象 應物現形 非離世間而求解脫

덧붙이는 글

세간의 나고 사라짐을 실체로 집착하거나 세간의 나고 사라짐 밖에 따로 열반의 바른 법을 구하면 이는 곧 삿됨이다. 그러나 세간의 나고 사라짐이 실체 없는 줄 알아 세간에 머물지 않되 세간의 나고 사라짐이 실체가 없으므로 세간을 버리지 않으면, 그가 바로 중생과 부처의 평등함을 깨친 자이고 그가 바로 세간을 떠나지 않고 해탈을 구현한 자인 것이다.

『유마경』「제자품」은 이러한 뜻을 앉아있음으로 좌선을 삼는 사리불에 대한 유마거사의 다음 경책으로 보인다.

> "저 사리불이시여, 반드시 앉아있음만으로 좌선인 것이 아니오. 좌선이란 삼계에 몸과 뜻을 나타내지 않는 것이 좌선이고, 멸진정에서 일어나지 않고 모든 몸가짐을 나투는 것이 좌선이며, 도법을 바라지 않고 범부의 일 나투는 것이 좌선이오. 마음이 안에 머물지 않고 또 밖에 있지도 않음이 좌선이고, 모든 견해에 움직이지 않고 삼십칠도품을 닦아 행함이 좌선이며, 번뇌를 움직이지 않고 니르바나에 드는 것이 좌선이니, 만약 이와 같이 앉을 수 있다면 부처님이 인가하시는 바요."[152]

152) 唯舍利弗 不必是坐爲宴坐也 夫宴坐者 不於三界現身意 是爲宴坐 不起滅定而現諸威儀 是爲宴坐 不捨道法而現凡夫事 是爲宴坐 心不住內亦不在外 是爲宴坐 於諸見不動而修行三十七品 是爲宴坐 不斷煩惱而入涅槃 是爲宴坐 若能如是坐者 佛所印可

32. 반야와 법신〔般若·法身〕

한 스님이 물었다.

"어떤 것이 반야입니까?"

스님이 대답했다.

"그대가 반야 아니라고 의심하는 것을 말해 보아라."

또 물었다.

"어떻게 성품을 볼 수 있습니까?"

"보는 것 그대로가 성품이다. 성품이 없으면 볼 수 없다."

"어떤 것이 수행입니까?"

"다만 자기 성품을 물들여 더럽히지만 말라. 이것이 수행이다. 스스로 속이지만 말라. 이것이 수행이다. 큰 작용〔大用〕이 나타나면 이것이 평등함이 없이 평등한 법신〔無等等法身〕이다."

"성품에도 악(惡)이 있습니까?"

"이 가운데에는 선(善)도 또한 서지 못한다."

"선과 악이 서지 못하면 마음은 어디에 씁니까?"

"마음을 가지고 마음을 쓴다면 이것은 크나큰 뒤바뀜이다."

"어떻게 해야 옳습니까?"

"어떻게 할 것도 없고 옳다 할 것도 없다."

僧問 何者是般若 師曰 汝疑不是者 試說看

又問 云何得見性 師曰 見卽是性 無性不能見

又問 如何是修行 師曰 但莫汚染自性 卽是修行 莫自欺광 卽是修行 大用現前 卽是無等等法身

又問 性中有惡否 師曰 此中善亦不立 曰 善惡俱不立 將心何處用 師曰 將心用心 是大顚倒

曰 作麼生卽是 師曰 無作麼生 亦無可是

덧붙이는 글

대주선사가 말한 성품〔性〕은 앎〔知〕이 아니나 앎 아님도 아니다. 곧 앎의 앎 없음을 원리적으로 성품이라 이름한 것이니 볼 때 능히 봄과 보는 바가 없음을 알면 성품을 본 자이다.

수행이란 닦아서 깨달음을 얻어가는 길이 아니라 선도 공하고 악도 공하고 선악 아님도 공한 줄 알아 선악의 대립물에 갇히지도 않고 선악의 피안으로 도피하지도 않는 것이다.

선도 공하고 악도 공할 때 성품이 선악에 물들여 더럽혀지지 않게 되고, 선악 아님도 공한 줄 알면 선악의 피안으로 물러서지 않고 지음 없이 악을 선으로 돌려쓰는 크나큰 작용이 나타나니 이것이 평등함 없이 평등한 법신이다.

33. 죄업의 모습

어떤 사람이 물었다.

"어떤 사람이 배를 타는데 배 밑바닥이 달팽이를 찔러 죽이면 이 사람이 죄를 받습니까, 배에 죄가 있습니까?"

스님이 대답했다.

"배와 사람이 모두 마음이 없으니, 죄는 바로 너에게 있다. 마치 미친 바람이 나뭇가지를 꺾어 목숨을 상하는 것 같아서 지은 자도 없고 받는 자도 없지만, 세계 가운데는 중생이 괴로움 받지 않는 곳이 없다."

人問 有人乘船 船底剋殺螺蜆 爲是人受罪 爲復船當罪

師曰 人船兩無心 罪正在汝 譬如狂風折樹損命 無作者 無受者 世界之中無非衆生受苦處

덧붙이는 글

죄업은 내가 지은 것도 아니고 남이 지은 것도 아니며 나와 남의 기계적 결합 속에서 일어난 것도 아니지만 나와 남을 떠나서도 죄업은 없다.

죄업은 어디에도 실체적인 뿌리가 없지만 주체의 왜곡된 행위에 의해서 주·객 사이에 죽임이 있고 빼앗음이 있고 해침이 있으면 그것을 죄업이라 한다. 죄업이 일어날 때 그 죄업이 공한 줄 모르고 물든 업을 반복하면 중생은 윤회 속에 헤매는 범부중생이 되고, 죄업을 돌이켜 육바라밀의 창조적 실천을 일으키면 범부중생이 자기 얼굴을 바꾸지 않고 그대로 보살이 된다.

34. 허공과 같음

한 승려가 물었다.

"뜻에 부치는 기세와 경계를 가리키는 기세와 말하거나 침묵하는 기세, 나아가서는 눈썹을 드날리고 눈알을 굴리는 기세로 어떻게 한 생각 사이에 깨쳐 통함을 얻을 수 있는지 모르겠습니다."

스님이 대답했다.

"성품 밖의 일〔事〕이란 없으니 현묘(玄妙)함을 쓰는 이는 움직이거나 고요함에 모두 현묘하며, 마음이 참된 이는 말하거나 침묵함에 모두 참되고, 도를 아는 이는 가고 머물고 앉고 누움이 바로 도이다. 그러나 자기 성품을 미혹함으로써 만 가지 미혹이 여기에서 생겨나는 것이다."

또 물었다.

"어떤 것이 법에 종지(宗旨)가 있는 것입니까?"

스님이 대답했다.

"그 세우는 바에 따라 여러 뜻이 있으니, 문수는 머묾 없는 근본에서 온갖 법을 세웠다."

"허공과 같지 않습니까?"

스님이 말했다.

"그대는 허공과 같음을 두려워하지 않는가?"

"두려워합니다."

"두려움을 아는 것은 허공과 같지 않다."

또 물었다.

"말이 바야흐로 미치지 못하는 곳을 어떻게 알 수 있습니까?"

스님이 대답했다.
"그대가 지금 바로 말할 때 어느 곳에 미치지 못한다고 의심하는가?"

僧問 未審託情勢 指境勢 語默勢 乃至揚眉動目等勢 如何得通會於一念間

師曰 無有性外事 用妙者動寂俱妙 心眞者語黙總眞 會道者行住坐臥是道 爲迷自性 萬惑茲生

又問 如何是法有宗旨 師曰 隨其所立 卽有衆義 文殊 於無住本 立一切法

曰 莫同太虛否 師曰 汝怕同太虛否 曰 怕 師曰 解怕者不同太虛

又問 言方不及處 如何得解 師曰 汝今正說時 疑何處不及

덧붙이는 글

뜻을 말하고 경계를 가리키는 주체의 앎에는 앎이 없으므로 앎 그대로 공한 성품이고, 모든 있음은 있되 있음 아님이므로 있음이 바로 공함이 된다. 그러므로 있되 공한 줄 알면 말할 때 말이 없고 침묵할 때 말 없음도 없으며 대상을 보되 가로막혀 걸림이 되지 않는다.

있음이 바로 있음 아님이므로 공했다는 말을 듣고 허공과 같아짐을 두려워해서는 안 된다. 오히려 있음이 있음 아님이 되면 머묾 없는 근본으로부터 온갖 법을 세워내며 막힘없는 생활의 터전으로부터 온갖 실천을 세워낼 수 있다. 있되 공함을 머묾 없음이라 하고 보살의 지혜는 이 머묾 없음을 근본으로 삼는다고 하니, 머묾 없음은 근본 없는 근본이다. 머물러 있는 뿌리가 없기 때문에 만법은 머묾 없음을 따라 남이 없이 나는 것이니, 『유마경』「관중생품」은 문수보살과 유마거사의 문답을 통해 다음 같이 보인다.

> "거사시여, 머묾 없음은 무엇으로 근본을 삼습니까."
> 유마거사가 답했다.
> "머묾 없음은 근본이 없습니다, 문수사리시여. 근본 없음을 좇아 온갖 법을 세웁니다."153)

이때 머묾 없음과 근본 없음은 나되 실로 남이 없음과 있되 공함의 다른 표현이니, 근본 없기 때문에 온갖 법을 세워낼 수 있고 공하기 때문에 온갖 존재가 연기한 줄 알아야 한다.

또 말을 낼 때 말이 오는 곳이 있고 이르는 곳이 있다면 말이 미치지 않는 곳이 있을 것이지만, 말이 본래 오는 곳이 없고 이르는 곳이 없다면 지금 나의 이 말은 미치지 않는 곳이 없고 다함도 없는 것이다.

그러므로 지금 말을 낼 때 말이 오는 곳도 없고 가는 곳도 없는 줄 알면 말의 공한 실상이 그 어디인들 미치지 않겠는가.

지금 내가 말할 때 그 어느 곳인들 미치지 않는다고 의심할 것인가.

---

153) 問 無住孰爲本 答曰 無住則無本 文殊師利 從無住本立一切法

35. 허깨비 같은 중생교화

오래 닦은 대덕〔宿德〕 여남은 사람이 함께 물었다.

“경에 ‘불법을 깨뜨려 없앤다’ 하였는데, 불법이 깨뜨려 없앨 수 있는 것입니까?”

스님이 대답했다.

“범부나 외도들은 불법을 깨뜨려 없앨 수 있다 하고, 이승(二乘)의 사람들은 깨뜨려 없앨 수 없다 하지만, 나의 바른 법 가운데에는 이런 두 가지 치우친 견해란 없소. 만일 바른 법을 말하면 범부 외도만이 붇다의 땅에 이르지 못한 자일 뿐 아니라 이승도 또한 나쁜 사람들인 것이오.”

“참된 법과 헛된 법, 공한 법과 공하지 않은 법들이 각기 자기 씨앗의 성품〔種性〕이 있는 것이 아닙니까?”

스님이 대답했다.

“비록 법에 자기 씨앗의 성품이 없지만 사물에 따라 모두 나타나니 마음이 헛되므로 온갖 것이 함께 헛되오. 만약 한 법이라도 헛되지 않은 것이 있다면 헛됨이란 정함이 있는 것이오. 또 마음이 공하므로 온갖 것이 모두 공하니 만약 한 법이라도 공하지 않은 것이 있다면154) 공하다는 뜻은 서지 못하오.

---

154) 만약 한 법이라도 공하지 않은 법이 있다면 : 『중론』 「관사제품(觀四諦品)」의 제14게송이니 다음과 같다.

공한 뜻이 있으므로
온갖 법은 이루어질 수 있다.
만약 공한 뜻이 없다면

미혹할 때엔 사람이 법을 좇고 깨달을 때엔 법이 사람을 말미암게 되오. 마치 삼라만상이 공에 이르름으로 극치를 이루고, 백 갈래의 냇물은 바다에 이르름으로 극치를 이루듯, 모든 성현은 부처에 이르름으로 극치를 이루고, 십이분경과 다섯 부의 율장〔毘尼〕155)과 다섯 가지 베다는 마음에 이르름으로 극치를 이루오.

마음은 총지(總持)의 묘한 근본이며, 만 가지 법의 큰 근원이오. 또한 마음을 크나큰 지혜장(智慧藏)이라고 하고, 머묾 없는 열반〔無住涅槃〕이라고도 하여 백 천 가지 이름들이 다 마음의 다른 이름일 뿐이오."

"어떤 것이 허깨비입니까?"

스님이 대답했다.

"허깨비란 정한 모습이 없으니, 마치 돌아가는 불바퀴와 같고 건달바의 성과 같으며 꼭두각시 나무사람과 같고 아지랑이 허공의 꽃과 같아서 모두 실다운 법이 없소."

또 물었다.

"누구를 큰 환술장이라 합니까?"

"마음을 큰 환술장이라 하고, 몸을 큰 환술의 성이라 하고, 이름과 모습은 큰 환술의 옷과 밥〔衣食〕이라 하오. 강가강 모래수의 세계에는 허깨비 밖의 일이 없는데, 범부는 허깨비인 줄 알지 못하고 곳곳에서 허깨비 같은 업에 헤매고, 성문은 허깨비의 경계를 두려워하여

온갖 것은 이루어지지 않는다.
以有空義故　一切法得成
若無空義者　一切則不成

155) 다섯 부의 비니〔五部毘尼〕: 오부율(五部律)을 말한다. 법장부의 사분율, 유부의 십송율, 화타부의 오분율, 음광부의 율, 대중부의 마하승지율의 다섯을 말한다. 이는 소승의 대표적인 율이다.

마음을 어둡게 하여 고요함에 들고, 보살은 허깨비의 법을 알고 허깨비의 바탕을 통달하여 온갖 이름과 모습에 매이지 않소.

붇다는 큰 환술장이로서 큰 허깨비의 법바퀴를 굴리어 큰 허깨비의 열반을 이루고, 허깨비 같은 나고 사라짐을 바꾸어 나고 사라지지 않음을 얻고, 강가강 모래수 같은 더러운 국토를 바꾸어 깨끗한 법계를 이루는 것이오."

有宿德十餘人同問 經云 破滅佛法 未審佛法可破滅否

師曰 凡夫外道謂佛法可破滅 二乘人謂不可破滅 我正法中 無此二見 若論正法 非但凡夫外道 未至佛地者 二乘亦是惡人

又問 眞法幻法 空法非空法 各有種性否 師曰 夫法雖無種性 應物俱現 心幻也 一切俱幻 若有一法不是幻者 幻卽有定 心空也 一切皆空 若有一法不空 空義不立 迷時人逐法 悟時法由人

如森羅萬象 至空而極 百川衆流 至海而極 一切賢聖 至佛而極 十二分經 五部毗尼 五圍陀論 至心而極 心者是總持之妙本 萬法之洪源 亦名大智慧藏 無住涅槃 百千萬名 盡心之異號耳

又問 如何是幻 師曰 幻無定相 如旋火輪 如乾闥婆城 如機關木人 如陽燄 如空華 俱無實法

又問 何名大幻師 師曰 心名大幻師 身爲大幻城 名相爲大幻衣食 河沙世界 無有幻外事 凡夫不識幻 處處迷幻業 聲聞叵幻境 昧心而入寂 菩薩識幻法 達幻體 不拘一切名相

佛是大幻師 轉大幻法輪 成大幻涅槃 轉幻生滅 得不生不滅 轉河沙穢土 成清淨法界

덧붙이는 글

불법은 세간법 밖에 따로 있는 것이 아니라 나고 사라지는 세간법의 나되 남이 없는 참모습일 뿐이다. 외도와 범부는 세간법의 나고 사라짐이 실로 그렇다고 보기 때문에 불법을 깨뜨려 없앨 수 있다 하고, 이승의 사람들은 나고 사라지는 법 밖에 나지 않고 없어지지 않는 법을 불법으로 세우기 때문에 불법은 깨뜨려 없앨 수 없다 한다.

그러나 바른 지혜의 사람은 세간법이 나되 남이 없고 사라지되 사라짐이 없는 참모습을 불법으로 보기 때문에, 남과 나지 않음〔生·不生〕, 나와 나없음〔我·無我〕의 두 가지 집착이 모두 없다.

세간법은 인연으로 일어나고 사라지기 때문에 허깨비 같이 일어나고 허깨비처럼 사라진다. 범부는 세간법의 일어나고 사라짐이 허깨비 같은 줄 모르므로 허깨비 같은 법에 갇혀 헤매고, 성문은 세간법의 나고 사라짐이 허깨비와 같으므로 실로 없앨 것이 없는데도 그 허깨비 같은 법을 없애고 진리를 구하려 하므로 대상에 마음의 문을 닫고 고요함에 들려 한다. 그에 비해 보살은 세간법의 일어남과 사라짐이 허깨비와 같아 실로 없앨 것이 없음을 요달하므로 허깨비와 같은 업을 일으켜 허깨비 같은 중생을 구함 없이 구해 허깨비와 같은 큰 열반을 얻는다. 보살이 스스로 짓는 허깨비 같은 행에도 다시 매이지 않아서 끝내 얻음이 없고 구함이 없으면 그것을 붇다의 행이라 한다.

36. 뜻의 말과 나그네의 말

어떤 승려가 물었다.

"왜 경을 외움을 허락지 않고 경을 나그네의 말이라 부릅니까?"

스님이 대답했다.

"마치 앵무새가 다만 사람의 말을 배우고, 사람의 뜻은 얻지 못함과 같기 때문이다. 경은 붇다의 뜻을 전하는데 붇다의 뜻은 얻지 못하고 다만 외우기만 하니, 이는 말을 배우는 사람이다. 그러므로 허락지 않는다."

"문자와 언어를 떠나서 따로 뜻이 있습니까?"

스님이 말했다.

"그대가 이렇게 말하는 것도 또한 말을 배우는 것이다."

"모두 한 가지 말인데 어째서 치우쳐 허락하지 않습니까?"

"그대는 지금 자세히 들으라. 경전에 다음 같은 분명한 글이 있다. 곧 '내가 말하는 것은 뜻의 말〔義語〕이고 글이 아니며, 중생이 말하는 것은 글의 말〔文語〕이고 뜻의 말이 아니다.'

뜻을 얻은 이는 들뜬 말을 뛰어넘고 진리를 깨달은 이는 문자를 넘어선다. 법은 언어와 문자를 벗어난 것이니 어찌 법수와 언구 속에서 구할 것인가. 그러므로 보리의 마음을 일으킨 이는 뜻을 얻고 말을 잊으며, 진리를 깨닫고는 가르침을 버린다. 이는 마치 물고기를 얻고는 통발을 잊고, 토끼를 잡고는 올가미를 버리는 것[156]과 같다."

---

156) 물고기를 얻고는 통발을 잊고 : 『장자』에 나오는 구절로서 전(筌)은 물고기를 잡는 통발이고 제(蹄)는 토끼를 잡는 올가미를 뜻한다.

僧問 何故不許誦經 喚作客語 師曰 如鸚鵡只學人言 不得人意 經傳佛意 不得佛意 而但誦是學語人 所以不許

曰 不可離文字言語 別有意耶 師曰 汝如是說 亦是學語

曰 同是語言 何偏不許 師曰 汝今諦聽 經有明文 我所說者義語非文 衆生說者文語非義 得意者越於浮言 悟理者超於文字 法過語言文字 何向數句中求 是以發菩提者 得意而忘言 悟理而遺敎 亦有得魚忘筌 得兎忘蹄也

덧붙이는 글

경전의 언어는 세계의 실상을 깨친 여래의 지혜가 언어로 표출된 것이다. 경전의 언어는 진리를 깨친 여래가 중생구제를 위해 펼친 해탈의 활동에 다름 아니니, 중생해탈을 위한 여래의 언어적 실천 밖에 여래의 지혜가 없고 여래의 지혜 밖에 법계진리가 없다.

그러므로 반야교는 깨친바 법계진리를 실상반야(實相般若)라 하고, 진리인 지혜를 관조반야(觀照般若)라 하며, 해탈을 위한 언어적 활동을 문자반야(文字般若)라 한다.

지혜는 법계진리에서 일어나지만 지혜가 아니면 진리는 주체화될 수 없고, 진리를 깨친 이의 언어적 활동이 아니면 진리는 역사 속에 전승될 수 없다.

또 경전의 언어는 깨친 이의 언어적 활동이라 지혜와 깨친 진리에서 연기하나, 문자반야가 아니면 미망의 중생은 다시 보리에 나아갈 수 없고 진리의 문에 들어갈 수 없다.

이처럼 진리와 지혜와 문자반야가 서로 의지해 있어서 앞뒤를 말할 수 없으나, 경전의 언어를 외우고 읽되 언어를 통해 실상에 돌아가지 못하고 보리의 뜻을 내지 못한 자를 상대해 대주선사는 문자에 집착한 외움을 진리의 뜻 밖에 헤매는 나그네의 말이라 하여 꾸짖는 것이다.

'물고기를 얻고는 통발을 잊고 토끼를 잡고는 올가미를 버린다'고 함은 장자의 말이니, 이 또한 진리의 뜻을 보이는 말에 집착해 진리문에 들어서지 못하는 미망의 중생을 깨우치기 위함이다.

그러므로 대주선사의 나그네의 말이라 함과 통발과 올가미를 잊으라 한 『장자』의 말은 대치실단의 뜻을 보인 가르침이라 아직 제일의실단의 뜻을 다 보이지 못한 것이다.

제일의실단으로 보면 말에 말 없고 경전의 문자가 곧 공함이 법계진리이니, 말을 깨뜨릴 것도 없고 문자를 버릴 것도 없다.

제일의실단으로 보면 참으로 지혜로운 이는 문자를 버리지 않고 보리의 문에 나아가며, 비록 말하되 말함과 말한 것 없음을 아는 그 자리에서 곧 진여의 문에 들어가는 것이다.

그러니 어찌 그에게 말을 집착하는 허물과 말을 버리고 보리에 나아갈 어리석음이 있을 것인가.

37. 불법과 불성

어떤 법사가 물었다.

"염불은 모습 있는 대승선(大乘禪)인데, 선사의 뜻은 어떠십니까?"

스님이 대답했다.

"모습 없음도 오히려 대승이 아닌데, 하물며 모습 있음이겠는가? 경에 '모습을 취하는 범부에게는 그에게 맞음을 따라 말해준다' 하셨다."

또 물었다.

"정토(淨土)에 태어나기를 원하는데, 실제로 정토가 있지 않습니까?"

스님이 말했다.

"경에 '정토를 얻고자 하면 그 마음을 깨끗하게 하라. 그 마음이 깨끗해짐에 따라 부처님의 국토도 깨끗해진다'고 하였다. 만약 마음이 깨끗하면 있는 곳마다 모두가 정토이니, 마치 왕의 집에 태어난 아들은 결정코 왕의 일을 이어 받는 것 같이, 마음을 내 불도에 향하면 이것이 부처님의 정토에 나는 것이다. 만일 마음이 깨끗하지 못하면 태어나는 곳마다 모두 더러운 국토이니, 더럽고 깨끗함은 마음에 있고 국토에 있지 않다."

또 물었다.

"매양 도를 말씀하시는 것을 듣는데, 어떤 사람이 볼 수 있습니까?"

스님이 말했다.

"지혜의 눈이 있는 이가 볼 수 있다."

"대승을 아주 좋아하는데, 어떻게 배울 수 있습니까?"
스님이 말했다.
"깨치면 얻고 깨치지 못하면 얻지 못한다."
"어떻게 해야 깨친 곳을 얻을 수 있습니까?"
"다만 자세히 살필 뿐이다."
"무엇과 비슷합니까?"
"비슷한 물건이 없다."
"그렇다면 마쳐 다해 공하겠군요."
"'공'에는 마쳐 다함이란 것이 없다."
"그렇다면 있는 것이겠습니다."
"있되 모습이 없다."
"깨닫지 못하면 어떻습니까?"
"대덕 스스로가 깨닫지 못할 뿐이지, 아무도 막는 사람은 없다."
또 물었다.
"불법이 세 군데〔三際 : 겉 · 안 · 중간〕에 있는 것이 아닙니까?"
스님이 답했다.
"봄〔見〕은 모습 없음〔無相〕에 있으니 밖에 있지도 않고, 그 응하여 씀〔應用〕이 다함없으니 안에 있지도 않으며, 가운데에도 머무는 곳이 없으니, 세 군데를 얻을 수 없다."
"이 말씀은 퍽 혼돈스럽습니다."
"그대가 바로 혼돈스럽다는 한 마디를 할 때에 그것이 안과 밖에 있는 것이 아닌가?"
"제자가 살펴 찾아보아도 안팎에 자취가 없습니다."
스님이 말했다.
"만약 자취가 없다면 앞에서 말한 것이 혼돈치 않음을 분명히 알

것이다."

"어떻게 부처가 되겠습니까?"

"이 마음이 바로 부처며, 이 마음이 부처를 짓는다."

"중생이 지옥에 들어가면 불성도 들어가는 것이 아닙니까?"

스님이 말했다.

"지금 바로 악을 지을 때에 따로 선이 있는가?"

"없습니다."

"중생이 지옥에 들 때에 불성도 또한 이와 같다."

"온갖 중생이 모두 불성이 있다는데, 어떻습니까?"

"부처의 작용을 지으면 바로 불성이요, 도적의 작용을 지으면 도적의 성품이며, 중생의 작용을 지으면 중생의 성품이다. 성품은 모습이 없지만 작용에 따라 이름을 세운다. 그러므로 경에, '온갖 성현들은 모두가 함이 없는 법에 의하여 차별이 있다' 하였다."

有法師問 念佛是有相大乘 禪師意如何 師曰 無相猶非大乘 何況有相 經云 取相凡夫 隨宜爲說

又問 願生淨土 未審實有淨土否 師曰 經云 欲得淨土 當淨其心 隨其心淨卽佛土淨 若心清淨 所在之處 皆爲淨土 譬如生國王家 決定紹王業 發心向佛道 是生淨佛國 其心若不淨 在所生處 皆是穢土 淨穢在心 不在國土

又問 每聞說道 未審何人能見 師曰 有慧眼者能見 曰 甚樂大乘 如何學得 師曰 悟卽得 不悟不得 曰 如何得悟去 師曰 但諦觀 曰 似何物 師曰 無物似 曰 應是畢竟空 師曰 空無畢竟 曰 應是在 師曰 有而無相 曰 不悟如何 師曰 大德自不悟 亦無人相障

又問 佛法在於三際否 師曰 見在無相 不在其外 應用無窮 不在於內 中間無住處 三際不可得 曰 此言大混 師曰 汝正說混之一字時 在內外否 曰 弟

子究檢內外無踪跡 師曰 若無踪跡 明知上來說不混

曰 如何得作佛 師曰 是心是佛 是心作佛

曰 衆生入地獄 佛性入否 師曰 如今正作惡時 更有善否 曰 無 師曰 衆生入地獄 佛性亦如是

曰 一切衆生皆有佛性 如何 師曰 作佛用是佛性 作賊用是賊性 作衆生用是衆生性 性無形相 隨用立名 經云 一切賢聖 皆以無爲法 而有差別

덧붙이는 글

대승선(大乘禪)은 모습 있음도 넘어서고 모습 없음도 넘어선다. 그러므로 중도실상을 깨친 대승선사(大乘禪師)는 모습 있음을 쓰되 모습에 물들지 않고 모습 없음을 말하되 없음에 빠지지 않는다.

불법은 십팔계의 공한 모습 자체이니 불법은 안에도 없고 밖에도 없고 가운데도 없지만 안과 밖 가운데를 떠나서도 볼 수 없다. 지금 보는 작용〔見 : 眼識〕은 육근(六根 : 內)과 육경(六境 : 外)이 의지해 일어났으나, 육근도 공하고 육경도 공하고 육식 자체도 머무는 곳이 없다. 봄〔見〕은 육근에도 없고 육경에도 없지만 육근 육경을 떠나서도 없다.

그러므로 안과 밖과 가운데에 있지 않고 안과 밖을 떠나지도 않으며, 지금 봄〔見〕은 머무는 곳이 없으나 경계에 응하여 그 씀이 다함 없으니 머무는 곳 없음도 없다.

그러니 어찌 불법이 안과 밖 중간에 있다 할 것인가. 불성이란 무엇인가. 중생상이 공하되 그 공함도 공한 곳에서 불성의 이름을 세운 것이며, 개체〔我〕가 공하고 개체를 이루는 여러 계기와 조건들〔諸法〕이 공하되 공도 공한 실상을 불성이라 거짓 이름했다.

그러므로 불성은 정해진 모습 신묘한 실재로 있는 것이 아니니 부처의 작용을 지으면 불성이요, 중생의 작용을 지으면 중생성이다.

그러므로 불성을 참으로 깨친 보살은 중생의 악이 공한 줄 요달하여 악에 물듦 없되, 악을 써서 세간을 제도하는 것이니 그가 바로 대승선사(大乘禪師)이다.

38. 큰 뜻의 성과 큰 뜻의 왕

한 스님이 물었다.

"어떤 것이 부처입니까?"

스님이 대답했다.

"마음을 떠나서는 부처가 없다."

"어떤 것이 법신입니까?"

"마음이 법신이다. 만 가지 법을 낼 수 있기 때문에 법계의 몸〔法界身〕이라고도 한다. 『기신론(起信論)』에 '법이라는 것은 중생의 마음〔衆生心〕[157]을 이르는 말이니, 이 마음에 의지하여 마하야나〔摩訶衍〕의 뜻을 나타내 보인다'고 하셨다."

또 물었다.

"무엇을 큰 경전이 한 작은 티끌 안에 있다고 합니까?"

스님이 대답했다.

"지혜가 경전이다. 경에 '큰 경전이 있어[158] 크기가 삼천대천세계

---

157) 법은 중생의 마음 : 『기신론』에 말한다.

"이른바 법이란 중생심을 말한다. 이 마음이 곧 온갖 세간법과 출세간법을 모두 거두니 이 마음에 의하여 대승의 뜻을 드러내 보인다. 무슨 까닭인가. 이 마음의 참되고 한결같은 모습〔眞如相〕이 곧 대승의 바탕〔體〕을 보여주기 때문이며, 이 마음의 일어나고 사라지는 모습〔生滅因緣相〕이 능히 대승의 바탕〔體〕과 모습〔相〕과 작용〔用〕을 보여주기 때문이다."

所言法者 謂衆生心 是心則攝一切世間出世間法 依於此心 顯示摩訶衍義 何以故 是心眞如相 卽是摩訶衍故 是心生滅因緣相 能是摩訶衍自體相用故

158) 대천세계의 경 : 『화엄경』에 말한다.

"저 삼천대천세계의 경전이 모두 한 티끌 속에 있으며, 모든 티끌 또한 다시 이와 같다."

와 같은데 한 작은 티끌 안에 있다' 하였으니, 한 티끌이란 한 생각 마음의 티끌이다. 그러므로 한 생각의 티끌 속에서 강가강 모래 수의 게송을 연설해 내지만 사람들이 알지 못할 뿐이다."

"무엇을 큰 뜻의 성〔大義城〕이라 하며, 무엇을 큰 뜻의 왕〔大義王〕이라 합니까?"

"몸이 큰 뜻의 성이며, 마음이 큰 뜻의 왕이다. 경에 '많이 듣는 이는 뜻에 대해서 잘 하는 것이지 말을 잘하는 것이 아니다' 하시니, 말이란 나고 사라짐이고 뜻은 나고 사라지지 않음이다. 뜻은 모습이 없어서 말 밖에 있다. 몸이 큰 경전이요, 마음이 큰 뜻의 왕이다. 만약 분명하게 마음을 깨달아 알지 못하는 이는 뜻을 밝게 잘 아는 자가 아니라 다만 말을 배우는 사람일 뿐이다."

또 물었다.

"『반야경』에 '아홉 종류의 중생을 제도하여 모두 남음 없는 열반에 들게 한다' 하셨고, 또 '실로 한 중생도 열반을 얻은 이가 없다' 하시니, 이 두 가지 경의 말씀을 어떻게 앞뒤를 꿰뚫어 알 수 있습니까? 사람들이 모두 '실로 중생을 제도하지만 중생의 모습을 취하지 않는다'고 말하는데, 늘 의심이 풀리지 않습니다. 스님께서는 설명해 주십시오."

스님이 대답했다.

"아홉 종류의 중생이 한 몸에 갖추어져 있어 지음을 따라 이루어지는 것이다. 그러므로 무명(無明)은 알로 낳는 것〔卵生〕이고, 번뇌의 포대기로 싼 것은 태로 낳는 것〔胎生〕이요, 애욕의 물에 젖은 것은 습기로 낳는 것〔濕生〕이요, 잠깐 사이에 번뇌를 일으키는 것은 변화로 낳은 것〔化生〕이다.

깨치면 부처지만 미혹하면 중생이라 부르니, 보살은 다만 생각생각의 마음으로 중생을 삼아, 생각생각과 마음의 본체가 모두 공한 것을 깨달으면 중생을 제도한다 말한다.

지혜로운 이는 근본 바탕 위에서 아직 꼴이 되지 않은 것〔未形〕[159]마저 제도하나, 꼴이 되지 않은 것도 이미 공하니 곧 실로 열반 얻는 중생이 없음을 알게 된다."

僧問 何者是佛 師曰 離心之外 卽無有佛 曰 何者是法身 師曰 心是法身 謂能生萬法 故號法界之身 起信論云 所言法者謂衆生心 卽依此心 顯示摩訶衍義

又問 何名有大經卷 內在一微塵 師曰 智慧是經卷 經云 有大經卷 量等三千大千界 內在一微塵中 一塵者是一念心塵也 故云 一念塵中 演出河沙偈 時人自不識

又問 何名大義城 何名大義王 師曰 身爲大義城 心爲大義王 經云 多聞者善於義 不善於言說 言說生滅 義不生滅 義無形相 在言說之外 身爲大經卷 心爲大義王 若不了了識心者 不名善義 只是學語人也

又問 般若經云 度九類衆生 皆入無餘涅槃 又云 實無衆生得滅度者 此兩段經文 如何通會前後 人說皆云 實度衆生 而不取衆生相 常疑未決 請師爲說

師曰 九類衆生 一身具足 隨造隨成 是故無明爲卵生 煩惱包裹爲胎生 愛水浸潤爲濕生 欻起煩惱爲化生 悟卽是佛 迷號衆生 菩薩只以念念心爲衆生

159) 꼴이 되지 않음〔未形〕: 『한서(漢書)』의 오피전(五被傳)에 '귀 밝은 이〔聰者〕는 아직 나지 않은 소리를 듣고, 눈 밝은 이〔明者〕는 아직 드러나지 않은 것〔未形〕을 본다'고 하였다. 아직 꼴로 드러나지 않은 것이란 모습으로 현행(現行)하기 전 무규정적 생명활동의 태동〔種子〕이라 할 수 있으나, 규정적 모습과 무규정적 활동이 모두 공한 것이므로, 대주선사는 꼴이 되지 않은 것도 공하다고 하였다.

若了念念心體俱空 名爲度衆生也 智者於自本際上 度於未形 未形旣空 卽知實無衆生得滅度者

덧붙이는 글

법은 중생의 주체적 활동이니 한 생각 마음의 티끌이 크나큰 경전이며 큰 뜻의 왕이다. 한 작은 티끌〔一微塵〕이 공한 티끌이라 작은 티끌이 곧 허공의 몸이자 법계인 티끌이듯, 중생의 한 생각 망상의 티끌이 공하되 공도 공하여 한량없는 공덕이 다함없으므로 이 마음의 티끌이 곧 법계의 경전인 것이다.

그리고 한 생각 중생의 마음이 일어나고 사라져도 일어나고 사라짐이 없는 줄 알면 큰 뜻의 왕을 안 것이다. 중생의 몸이 내가 없는 줄 알면 몸이라는 큰 뜻의 성을 안 것이며, 큰 뜻의 성을 안 자에게는 자기 밖에 있는 아홉 가지 중생도 큰 뜻의 성 밖에 벗어나지 않는다. 보살은 나도 공하고 중생도 공한 본바탕 위에서 구함 없이 중생을 구하므로, 비록 한량없는 중생을 제도하지만 실로 제도함이 없고 구하는 바 중생의 모습을 취하지 않는 것이다.

39. 마음

한 스님이 물었다.
“언어가 마음이 아닙니까?”
스님이 대답했다.
“언어가 인연으로 일어난 것이지 마음은 아니다.”
“인연을 떠나서 무엇이 마음입니까?”
“언어를 떠나서는 마음이 없다.”
“언어를 떠나서 이미 마음이 없다면 무엇이 마음입니까?”
스님이 말했다.
“마음은 모습이 없다. 언어를 여의지도 않았고, 언어를 여의지 않은 것도 아니다. 마음은 늘 맑고 고요하여서〔湛然〕 응하여 씀이 자유롭다. 이에 조사께서 늘 ‘마음이 마음 아닌 줄 알면 비로소 마음과 마음의 법을 안다’고 하였다.”

僧問 言語是心否 師曰 言語是緣 不是心
曰 離緣何者是心 師曰 離言語無心
曰 離言語旣無心 若爲是心 師曰 心無形相 非離言語 非不離言語 心常湛然 應用自在 祖師云 若了心非心 始解心心法

덧붙이는 글

마음은 십팔계의 총체적 활동상을 앎〔識〕을 중심으로 기술한 말이다. 달리 말하면 제8아라야식의 있되〔心生滅〕 있지 않은〔心眞如〕 참모습〔二門一心〕이 마음이다.

언어는 의식도 아니고 존재도 아니되 의식과 존재를 떠나지 않고 세워지는 법〔心不相應行法〕이니, 참마음은 언어를 떠나지 않되 언어의 연기된 모습에 갇히지 않는다. 참마음을 깨친 자 그는 언어가 공한 곳에 서서 언어를 쓰며 모든 모습을 떠나되 모습을 모습 아닌 모습으로 굴려쓰니, 그 뜻이 바로 '마음이 마음 아닌 줄 알면 마음과 마음의 법을 앎'인 것이다.

끝의 조사(祖師)의 말이란 선종 제6조 미차가존자의 전법게의 법문이니 게는 다음과 같다.

> 마음이 없으면 얻을 것이 없으니
> 얻음 말해도 어떤 법을 이름하지 않는다.
> 만약 마음이 마음 아닌 줄 깨달으면
> 비로소 마음과 마음의 법 아는 것이다.
>
> 無心不可得 說得不名法
> 若了心非心 始了心心法

40. 선정과 지혜

한 스님이 물었다.
"어떤 것이 선정과 지혜를 평등하게 배우는 것입니까?"
스님이 대답했다.
"선정은 지혜의 바탕이요 지혜는 선정의 작용이다. 선정을 좇아 지혜가 일어나고, 지혜를 좇아 선정으로 들어간다. 마치 물과 물결이 한 몸이라 앞뒤가 없는 것과 같으면 선정과 지혜를 함께 배우는 것이라 한다.
출가한 사람들은 말을 찾고 말끝만을 따르지 말라. 가고 머물고 앉아 누움이 모두가 그대의 성품의 작용이다. 어느 곳에서 도(道)와 서로 응하지 않겠는가. 우선 스스로 한 때에 쉬어가라. 만일 바깥 경계의 바람을 따르지 않으면 성품의 물이 늘 스스로 맑을 것이다.
일없이 늘 진중하라."

僧問 如何是定慧等學 師曰 定是體 慧是用 從定起慧 從慧歸定 如水與波一體更無前後 名定慧等學

夫出家兒 莫尋言逐語 行住坐臥 竝是汝性用 什麼處與道不相應 且自一時休歇去 若不隨外境之風 性水常自湛湛 無事珍重

덧붙이는 글

선정 속에서 인식주체와 인식대상의 닫혀진 모습이 부정되고, 지혜 속에서 인식주체와 인식대상의 모습 아닌 참모습이 드러난다. 그러므로 지혜는 선정의 지혜이며 선정은 지혜의 선정이니 서로 앞뒤가 없다. 옛 선사의 게송에 '쉬고 쉬어가면 쇠나무에 꽃이 핀다〔休去歇去 鐵樹開花〕'고 했으니, 쉬고 쉬어감이 지혜 그대로의 선정이라면 쇠나무에 꽃핌은 바로 선정 그대로의 지혜라 할 것이다.

『하택어록』에서도 선정과 지혜가 하나됨을 다음 같이 문답으로 보인다.

> 철법사가 물었다.
> "어떤 것이 선정과 지혜가 평등한 것입니까."
> 답했다.
> "생각이 일어나지 않고 공하여 있는 바가 없음을 곧 바른 선정이라 하고, 생각이 일어나지 않고 공하여 있는 바가 없음 볼 수 있음을 바른 지혜라 하오. 만약 이와 같음을 얻으면 선정일 때가 지혜의 바탕이 된다고 말하고, 지혜일 때는 곧 선정의 작용이 되는 것이오.
> 곧 선정일 때 지혜와 다르지 않고 곧 지혜일 때 선정과 다르지 않으며, 곧 선정일 때 지혜이고 곧 지혜일 때 선정이오.
> 이는 곧 선정일 때 선정 있음이 없고 곧 지혜일 때 지혜 있음이 없소.
> 왜 그런가 하면, 참성품이 스스로 같기 때문이니 이를 선정과 지혜를 같이 배움〔定慧等學〕이라 하오."160)

---

160) 哲法師問 云何是定慧等義
答曰 念不起 空無所有 卽名正定 以能見念不起 空無所有 卽名正慧 若得如是 卽定之時 名爲慧體 卽慧之時 卽是定用 卽定之時不異慧 卽慧之時不異定 卽定之時卽是慧 卽慧之時卽是定 卽定之時無有定 卽慧之時無有慧 何以故 性自如故 是名定慧等學 (『하택어록(荷澤語錄)』 19단)

찾아보기

〔마〕

〔아〕

〔자〕

〔차〕

학담(鶴潭) 스님

『돈오입도요문론』을 연의한 학담스님은 1970년 도문화상(道文和尙)을 은사로 출가하여 동헌선사(東軒禪師)의 문하에서 몇 년의 선수업을 거친 뒤 상원사, 해인사, 봉암사, 백련사 등 제방선원에서 정진하였다.

스님은 선(禪)이 언어적 실천, 사회적 실천과 둘이 아닌 창조적 선풍을 각운동(覺運動)의 이름으로 제창하며, 선(禪)의 대중화, 선원제도개혁에 진력하고 있다. 용성진종선사의 유지를 이어 서울 종로에 대승사 도량을 개설하고 역경불사를 진행하여 『사십이장경강의』·『간화선 입문』·『원각경관심석』·『육조법보단경』·『남양혜충선사어록』·『법화삼매의 길』 등 많은 불전 해석서를 발간하였다.

돈오입도요문론

초 판 1쇄 발행 | 1992년 7월 23일
초 판 4쇄 발행 | 2000년 4월 15일
증보판 1쇄 발행 | 2009년 5월 29일

연의(衍義) | 학담(鶴潭)

펴 낸 이 | 배 환 우
기획·편집 | 백경희·김수진·홍창희
펴 낸 곳 | 도서출판 큰수레
주 소 | 서울 종로구 계동 15-14 대승사
전 화 | (02)764-3678·(02)3673-5741
이 메 일 | daeseungsa@hanmail.net
출판등록 | 101-90-22365(2000. 8. 10)

값 18,000원

ISBN 978-89-87258-32-4 04220